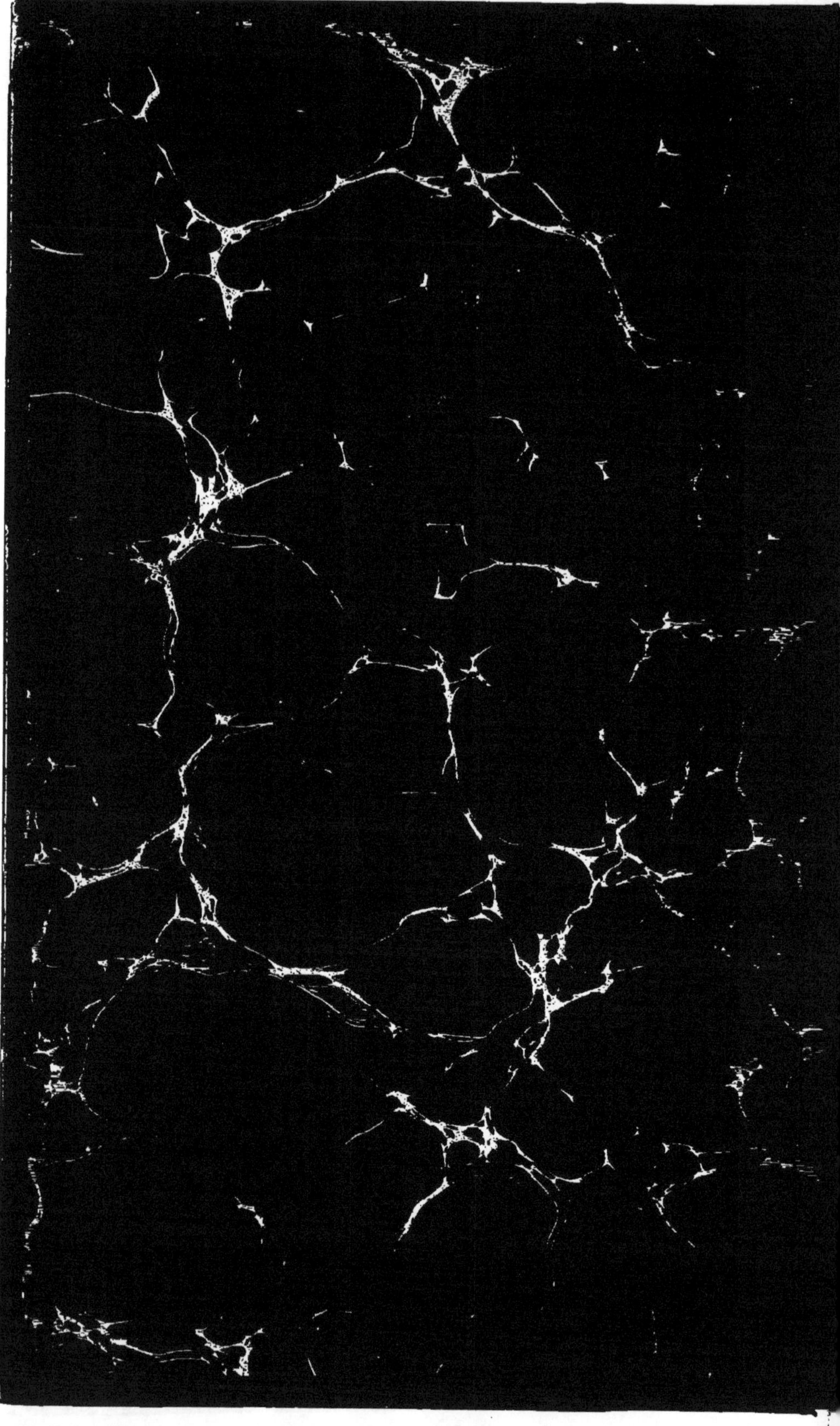

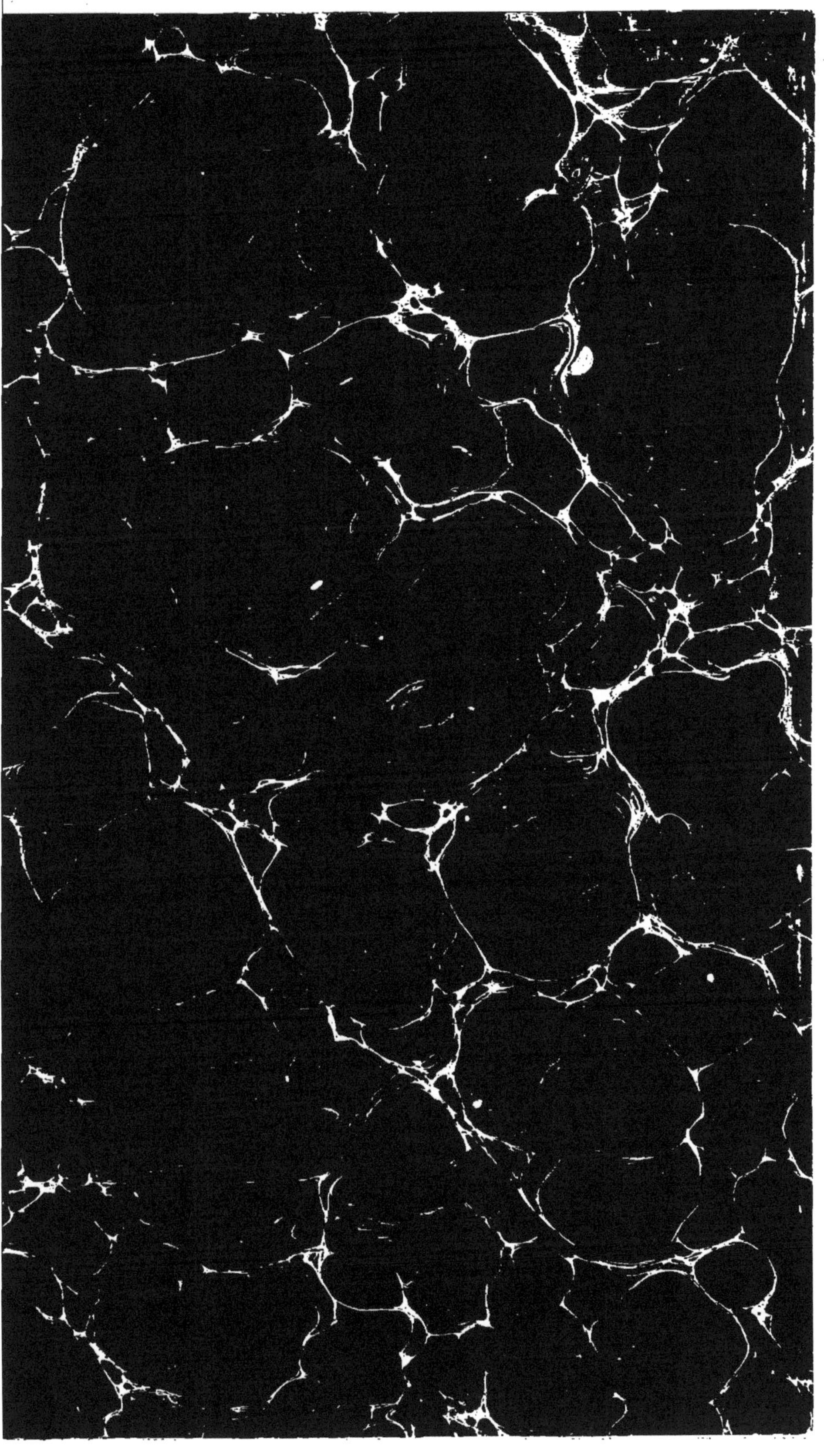

JOURNAL

DE LA

CAMPAGNE DE CHINE

Paris. — Imp. de la Librairie Nouvelle. — A. Bourdilliat, 15, rue Breda.

JOURNAL

DE LA

CAMPAGNE DE CHINE

1859 — 1860 — 1861

PAR

CHARLES DE MUTRÉCY

Précédé d'une préface de

JULES NORIAC

TOME PREMIER

PARIS
LIBRAIRIE NOUVELLE
BOULEVARD DES ITALIENS, 15

A. BOURDILLIAT ET Ce, ÉDITEURS

1861

A MESSIEURS LES OFFICIERS,

SOUS-OFFICIERS, SOLDATS ET MARINS

du corps expéditionnaire en Chine.

L'expédition de Chine, tant par les difficultés d'exécution vaincues que par les résultats obtenus, ne sera pas une des moindres gloires du règne de Napoléon III, si fertile en grandes et belles choses. Tous ceux qui ont concouru à cette gigantesque entreprise, en bravant les dangers d'une navigation longue et pénible, en affrontant les influences climatériques d'un pays malsain, ou bien en arrosant de leur sang les champs de bataille du Céleste Empire, ont bien mérité de la France. Sans exalter les services du corps expéditionnaire, il convient de les reconnaître.

C'est en applaudissant à cette guerre civilisatrice, qui aura pour conséquence l'ouverture de vastes horizons à des peuples puissants, jusqu'alors inconnus l'un à l'autre, c'est en suivant les étapes glorieuses de notre brave armée qui, à chaque pas, plantait fièrement le drapeau de la France sur le sol ennemi en enregistrant une nouvelle victoire, que j'ai eu la pensée de consacrer par quelques pages le souvenir de la brillante expédition de Chine.

Le petit succès de reproduction qui a accueilli les divers extraits que j'ai publiés dans plusieurs journaux de Paris, pendant le cours de la campagne, m'a donné la pensée de réunir mes travaux épars et d'en faire un tout aussi complet que possible, tout en lui conservant sa forme primitive de correspondance. Plusieurs fois, j'ai dû sacrifier l'ordre chronologique pour ne pas entraver l'unité d'action principale, mais toujours je me suis attaché à raconter les faits avec toute l'impartialité possible; c'est le seul mérite que j'ose revendiquer.

Si cette publication est bien accueillie par le public, je le devrai à tous ceux qui m'ont aidé à soulever le voile épais d'un monde inconnu; je le devrai aussi à l'ami qui a bien voulu me servir de parrain littéraire.

J'ai rédigé mon *Journal de la Campagne de Chine* pour rendre hommage à la valeur de nos troupes de terre et de mer. Aujourd'hui, je ne saurais mieux faire que de dédier mon ouvrage à MM. les officiers, sous-officiers, soldats et marins du corps expéditionnaire.

CHARLES DE MUTRÉCY.

PRÉFACE

PAR

JULES NORIAC

L'histoire de la Chine se perd dans la nuit des temps, et il n'est guère possible d'ajouter foi aux traditions fabuleuses qui entourent de leur obscurité les premiers âges de ce pays. Quoi qu'il en soit, on fait remonter à 2000 ans avant Jésus-Christ la dynastie des Hia, et à 1120 avant Jésus-Christ celle des Chang ; puis vint celle des Tcheou, qui dura jusqu'à l'année 238 avant Jésus-Christ, et qui fut remplacée par celle des Tsin, qui donna son nom à l'empire de Chine ; en effet, c'est de ce mot Tsin, qu'on a fait Sin, Tchin, Sina, Tchina, et enfin Chine, nom sous lequel il est connu en tous pays.

En 1279 de Jésus-Christ, après une série de révolutions, de changements de dynasties, de divisions ou d'augmentations de territoire, la Chine fut envahie par les

Tartares mongols qui en firent la conquête. Ce fut sous le règne de l'empereur Chi-tsou, fondateur de la dynastie tartare, que les premiers navigateurs européens, parmi lesquels on doit citer Marco Polo, abordèrent en Chine, et pénétrèrent en ce pays nouveau. Mais ce ne fut que sous la dynastie chinoise des Ming, qui régnèrent de 1368 à 1645, que commencèrent les premières relations commerciales des Européens avec les Chinois.

Vers 1520, les Espagnols abordaient à Ning-po et y établissaient les premières factoreries européennes. En 1522, les Portugais fondaient, à l'entrée de la rivière des Perles, la colonie de Macao ; enfin, en 1583, le jésuite Mathieu Ricci pénétrait en Chine pour y propager le christianisme.

En 1644, les Tartares mandchoux, sous la conduite d'un chef intrépide, Choun-tchi, reprenaient ce que les Tartares mongols avaient perdu en 1368, et fondaient la dynastie des Taï-tsing, qui règne encore aujourd'hui. A cette époque, le siége du gouvernement était transféré de Nankin à Pékin. Ce fut sous le règne du premier empereur tartare mandchoux que les Russes obtinrent l'autorisation de résider en Chine et d'y faire du commerce.

En 1662, sous le règne de Kang-hi, les Français et les Anglais furent autorisés à établir des factoreries à Canton ; et, à cette époque, par suite de la liberté des cultes accordée par l'empereur, les missionnaires catholiques firent de nombreux prosélytes.

Mais sous les règnes successifs de Yong-tching en 1722, de Kien-long en 1736, et de Kia-king en 1799, tous les chrétiens furent l'objet de nombreuses persécutions. En 1815, parut le premier édit qui expulsait de la manière la plus absolue tous les chrétiens de la Chine. Malgré cet édit rigoureux, nos missionnaires tinrent bon et bravèrent la colère des mandarins; mais quelques-uns furent victimes de leur zèle, et périrent, ainsi qu'un grand nombre de leurs prosélytes, dans d'horribles supplices.

Kia-king mourut en 1820, laissant le trône à son fils Mian-ning, qui régna jusqu'au 24 février 1850.

Ces trente années de règne furent fertiles en événements de toute nature. Nous allons rapidement rappeler les plus importants qui, fatalement, ont fait naître la guerre entre les Chinois et les Européens.

En 1757, le commerce européen, qui avait pris un certain développement dans l'empire chinois, fut tout d'un coup limité aux seuls ports de Macao et de Canton, et, en cette dernière ville, dut-il subir l'intermédiaire des Hongs, espèce de facteurs chinois et marchands en gros. Pendant quelques années, il subit des alternatives très-diverses, et finit par devenir presque impossible par suite du mauvais vouloir des mandarins d'une part, et des prétentions plus ou moins légitimes des Anglais d'une autre.

Ému de cet état de choses, le gouvernement britannique envoya, en 1834, lord Napier à Canton, avec le titre de surintendant de Sa Majesté Britannique, et les pouvoirs les plus étendus. Mais devant l'opposition la plus absolue des autorités chinoises, dirigées par le vice-roi de Canton, lord Napier dut se retirer à Canton, où il mourut bientôt après. Ses successeurs, M. Davis et le capitaine Elliot, ne furent pas plus heureux dans leurs tentatives vis-à-vis du gouvernement chinois, et, comme lui, ne purent résider à Canton.

En 1839, les difficultés pendantes prirent une certaine gravité, et, dès cette époque, on put préjuger avec raison que les conflits commerciaux amèneraient la guerre.

Depuis quelques années l'Angleterre mettant, à profit la récolte du pavot exploitée dans trois provinces de sa colonie des Indes, et exploitant habilement le goût des Chinois pour l'opium, avait inondé tout le littoral du Céleste Empire de ce fameux narcotique. Le gouvernement chinois, inquiet avec raison de cet état de choses, interdit l'usage et la vente de l'opium, sous les peines les plus sévères, puis envoya à Canton le mandarin Lin, muni des pouvoirs les plus étendus.

Le premier acte de ce commissaire extraordinaire fut de publier l'édit du 13 mars 1839, contre lequel le capitaine Elliot ne put rien. Les Anglais durent livrer aux autorités chinoises toutes les caisses d'opium qui se trouvaient déposées dans certains magasins de la ville ou à bord de divers bâtiments[1]. A cette occasion survint, entre un matelot anglais et un matelot chinois, une rixe, dans laquelle ce dernier fut tué.

Sur le refus exprimé par les Anglais de livrer le coupable, le commissaire Lin fit défense de livrer des vivres aux Anglais sous peine de mort. Ce que le gouvernement chinois leur refusait de bon vouloir, les Anglais voulurent s'en emparer de force. C'est alors que fut placardé dans

[1] On estime que 20,000 caisses d'opium, représentant une valeur de cent millions, furent détruites à cette époque.

tous les quartiers de la ville un ordre de Lin, appelant aux armes tous les Chinois pour l'extermination des Anglais.

Kou-ang, amiral chinois, ayant sous son commandement vingt-neuf jonques de guerre, tenta de s'emparer des bâtiments de guerre anglais, mais il fut battu et contraint de se retirer après avoir perdu six de ses joncques. Cependant, dans la crainte d'être écrasés par des forces supérieures, les Anglais jugèrent prudent d'évacuer Canton, et de se retirer à Macao, où ils furent poursuivis par Yih, général chinois, qui, le 12 février, réussit à les chasser de la colonie portugaise.

La guerre était tout à fait déclarée.

Le 28 juin 1840, une flotte anglaise, sous le commandement de l'amiral Elliot, apparut dans les mers de la Chine. Pendant qu'une division bloquait Canton, une partie de la flotte, sous le commandement immédiat de l'amiral, bombardait Amoy, s'emparait de Ting-haï, chef-lieu de l'île de Chusan, le 6 juillet, et, poursuivant sa course vers le Nord, entrait, le 11 août, dans les eaux du Pei-ho, menaçant la capitale du Céleste Empire. L'Empereur, justement inquiet de la présence de la flotte anglaise, accueillit favorablement les envoyés de l'amiral Elliot, promit de destituer Lin et d'envoyer immédiatement à Canton un commissaire spécial chargé de traiter avec le représentant du gouvernement anglais. Confiant en la promesse de l'Empereur, l'amiral Elliot revint à Canton attendre le commissaire extraordinaire Ki-chan, qui n'arriva que le 20 novembre. Les négociations commencèrent immédiatement, mais n'aboutirent à aucun résultat. La duplicité chinoise avait vaincu la ténacité anglaise.

Le gouvernement anglais, comprenant que les négociations diplomatiques n'aboutiraient à aucun résultat, résolut de poursuivre la guerre avec vigueur. L'amiral Elliot rappelé est remplacé par sir Henri Pottinger, nommé ministre plénipotentiaire, haut commissaire du gouvernement britannique. Une nouvelle division navale est envoyée en Chine pour renforcer la flotte qui est à Hong-kong, et on y joint des troupes d'infanterie. L'amiral Parker prend le commandement de la flotte, et le général sir Hugh Gough celui des troupes de débarquement.

Le 21 août 1841 commencèrent les opérations du corps expéditionnaire anglais, opérations menées avec la plus grande vigueur et couronnées d'un plein succès. Rappelons succinctement les principaux faits de cette brillante campagne :

5 septembre, prise d'Amoy.

10 octobre, prise de Tchin-haï, à l'embouchure du Ta-hïa.

12 octobre, prise de Ning-po.

18 mai 1842, prise de Tcha-pou.

19 juin, prise de Shang-haï.

21 juillet, prise de Tching-kiang-fou.

Enfin, le 6 août, les Anglais arrivèrent devant Nan-king pour faire le siége de cette ville, l'une des plus importantes de l'empire. C'est alors que les autorités chinoises vinrent implorer la cessation des hostilités et demander la paix, qui fut consacrée le 26 août par un traité des plus avantageux pour l'Angleterre. En effet, par ce traité le gouvernement chinois donnait aux Anglais, en toute propriété, l'île de Hong-kong; leur ouvrait les cinq grands ports de leur empire : Canton, Shang-haï, Fou-tcheou-fou, Amoy et Ning-po ; donnait à leurs consuls le droit de résidence dans ces villes maritimes; reconnaissait l'égalité des deux gouvernements dans tous les rapports officiels; enfin, payait une somme de cinq cents millions pour les frais de la guerre.

Aux avantages commerciaux que les Anglais trouvaient particulièrement dans l'exécution du traité du 26 août 1842, se trouvait implicitement liée la solution d'un grand problème, si longtemps et si vainement tenté : l'ouverture de la Chine aux Européens.

En effet, les Américains du Nord et les Français ne tardèrent pas à se montrer dans cette partie du monde, pour demander au gouvernement chinois à conclure des traités de commerce.

Un traité avec l'Union américaine fut signé le 3 juillet 1844, et, le 24 octobre de la même année, un autre traité fut conclu avec la France.

Pendant que les mandarins chinois accueillaient favorablement les étrangers dans les ports de Shang-haï, d'Amoy, de Ning-po et de Hang-chou, le vice-roi de Canton mettait toutes les entraves possibles dans l'exécution des traités de 1842 et 1844, en empêchant les Européens de pénétrer dans la ville chinoise, et limitant la construction des factoreries étrangères dans un espace restreint des faubourgs. Pendant plus de dix années, les consuls de France, d'Angleterre et des États-Unis d'Amérique luttèrent vainement contre les autorités de Canton, qui opposaient une force d'inertie invincible et une mauvaise foi évidente. Il avait été stipulé, en 1842 et 1844, que les traités pourraient être révisés après dix années révolues. Les gouvernements de France, d'Angleterre et d'Amérique résolurent d'envoyer des commissaires extraordinaires pour réviser ces traités et défendre la cause de la civilisation ainsi que les intérêts du commerce. Pour appuyer d'une manière efficace des prétentions légitimes, on résolut collectivement d'augmenter les forces navales dans les mers de Chine, et, dès le mois de septembre 1856, un certain nombre de bâtiments de guerre étaient réunis à Shang-haï, à Macao et à Hong-kong.

Sur ces entrefaites, un petit incident vint précipiter de gros événements.

Le 8 octobre 1856, douze matelots anglais, naviguant sous pavillon anglais sur un petit navire chinois, furent arrêtés et conduits dans les prisons de Canton. Aussitôt M. Parkès, consul d'Angleterre en cette ville, réclama la mise en liberté des matelots arrêtés, en se basant sur les traités de 1842. En effet, ces matelots, accusés de piraterie, ne pouvaient être faits prisonniers sans une enquête préalable à laquelle devait coopérer le consul, et qu'en vertu d'un mandat contre-signé par lui ; or, ces deux principes avaient été complétement écartés par les agents de la police chinoise. On s'adressa d'abord aux autorités chinoises. Sur le refus des mandarins, M. Parkès s'adressa au vice-roi pour obtenir la mise en liberté des prisonniers et complète satisfaction par écrit. Le 21 octobre, les matelots anglais furent mis en liberté, mais le vice-roi se refusa à faire des excuses. On lui signifia que les hostilités commenceraient si on ne recevait pas complète satisfaction dans les vingt-quatre heures. Yeh garda le silence.

Alors, le 23 octobre, l'amiral Seymour, avec l'approbation de sir John Bowring gouverneur général de Hongkong, vint canonner les forts situés entre Whampoa et Canton; le 24 et le 25, d'autres forts tombèrent encore sous les coups de la formidable artillerie anglaise; enfin, après un bombardement qui dura deux jours et deux nuits, l'amiral Seymour pénétra dans la ville à la tête d'un détachement d'infanterie de marine et vint incendier le palais du vice-roi Yeh. De nouvelles propositions d'arrangement verbal furent soumises par l'amiral au vice-roi, qui répondit qu'il ne reconnaissait à aucun étranger le droit de pénétrer dans Canton et qu'il lui était impossible de traiter verbalement avec eux. Yeh méconnaissait étrangement les traités de 1842, et par son obstination poussait évidemment à la guerre. Par ses ordres, des agents chinois placardaient dans tous les quartiers de la ville des proclamations excitant les habitants à tuer les Européens et à incendier leurs factoreries. Un tel procédé, foulant aux pieds le droit des neutres, ne pouvait avoir lieu sans protestations; aussi, M. le comte de Courcy, secrétaire de la légation de France en Chine, et M. Bovet, consul de France à Canton, d'une part, M. Parker, ministre des États-Unis, d'autre part, s'empressèrent-ils d'adresser au vice-roi de pressantes et énergiques observations auxquelles Yeh répondit que les actes de rigueur qui auraient lieu ne seraient dirigés que contre les Anglais, ses agresseurs. Cependant, contrairement à ses assertions, le 13 décembre toutes les factories européennes de Canton furent incendiées, et Américains, Français et Anglais durent se retirer à bord des navires de leur nation, qui les transportèrent à Hong-kong et à Macao, à l'abri de tous dangers.

Tout le mois de novembre avait été signalé par de nombreuses hostilités qui avaient amené l'escadre anglaise à s'emparer de plusieurs forts importants parmi lesquels la *Folie Hollandaise* et la *Folie Française,* à couler bas une escadrille de vingt-trois jonques de guerre, et enfin à réduire à l'impuissance les forts du Bogue qui défendaient l'entrée de la rivière de Canton.

Le contre-amiral Guerin, commandant l'escadre française, devant l'insuffisance de ses forces, avait cru devoir se retirer à Hong-kong, en attendant des renforts et de nouvelles instructions. Mais le commodore américain, M. Armstrong, ayant été assailli par l'artillerie d'un fort chinois, s'embossa immédiatement devant les forts dits de *la Barrière* et, après une vive canonnade qui dura trois jours (20, 21 et 22 novembre), les réduisit complètement. Après quoi, il se retira au mouillage de Whampoa, attendant lui-même des renforts et des instructions de son gouvernement.

Ce mouvement de retraite des flottes étrangères fut interprété comme une défaite par le vice-roi de Canton, qui aussitôt prit l'offensive. Son premier acte fut de faire mettre à prix la tête des barbares (cent taïls par tête). Le 23 décembre, M. Cowper est enlevé; le 30, le *Chardon,* paquebot faisant service des dépêches, est capturé et onze personnes à bord sont décapitées. Le 4 janvier, les Chinois, dont l'audace s'accroît de jour en jour, viennent attaquer les bâtiments mouillés autour du fort de Macao, mais sont obligés de se sauver en désordre.

Tel était l'état des choses en Chine, quand l'Angleterre, la France, les États-Unis et la Russie décidèrent d'envoyer des commissaires extraordinaires et des forces suffisantes pour mener à bien une expédition jugée nécessaire.

L'Angleterre fit choix de lord Elgin, ancien gouverneur du Canada, et l'investit des pouvoirs les plus étendus. Le général Ashburnham fut désigné comme commandant en chef d'un corps expéditionnaire de cinq mille hommes. De son côté, la France nomma le baron Gros avec un titre et des pouvoirs égaux à ceux conférés à lord Elgin, et expédia en toute hâte le contre amiral Rigault de Genouilly à la tête d'une forte division navale. Le gouverneur américain fit comme la France, en augmentant l'effectif de sa station navale en Chine, et nomma M. Reed, commissaire extraordinaire.

En attendant l'arrivée des renforts, les Anglais ne restent pas inactifs, et dès le 25 mai, le commodore Elliot prélude à la brillante campagne de 1857 par la prise de cent jonques de guerre. Quelques jours après, 1er mai 1857, l'amiral sir Seymour s'avance jusque sur le fort Fatschan où se trouvaient mouillées soixante-dix jonques protégées par de formidables batteries ; en quelques heures les jonques étaient coulées et les forts enlevés. Dans cette affaire les Anglais eurent cent hommes hors de combat ; et, pour la première fois, les Chinois montrèrent une certaine énergie dans la défense.

Le 6 juillet, lord Elgin débarqua à Hong-kong, mais en apprenant les graves événements qui venaient d'éclater aux Indes, il fit voile immédiatement pour Calcutta, et ne revint en Chine que le 20 septembre.

Le 15 octobre, le baron Gros, à bord de l'*Audacieuse*, arriva à Hong-kong et eut aussitôt une conférence avec lord Elgin. Les deux commissaires extraordinaires tombèrent d'accord sur tous les points, et résolurent d'attendre les troupes d'infanterie de marine avant d'envoyer leur ultimatum au vice-roi de Canton. Les premières troupes arrivèrent le 28 octobre sur l'*Imperador*, et furent suivies de nouveaux renforts qui devaient remplacer le contingent parti pour les Indes avec le général Ashburnham. Au commencement de novembre, arrivèrent à Hong-kong M. Reed, commissaire extraordinaire d'Amérique, et le ministre de Russie, le comte Poutiatine : ce dernier venait d'éprouver un échec et n'avait pu remonter le Pei-ho pour se rendre à Pékin, comme il l'avait projeté. Enfin, dans les premiers jours de décembre, arrivèrent les dernières troupes si impatiemment attendues. Leur arrivée permit aux commissaires français et anglais de sortir de la politique expectative pour entrer dans une phase nouvelle.

Le 10 décembre, MM. Wade et Marquès, portant un pavillon parlementaire, abordèrent à Canton et remirent à un officier du vice-roi Yeh l'ultimatum anglo-français. Le lendemain, le gouverneur de la province de Canton répondit par un refus absolu. Alors, les commandants des forces navales et militaires firent, le 21, une sommation qui fut renouvelée le 24 sans plus de succès.

On dut se préparer à l'attaque. Le 28 décembre, dès le lever du soleil, les navires anglais et français commencèrent le bombardement de Canton. Ordre était donné de tirer exclusivement sur les forts, sur les édifices publics et sur le palais de Yeh ; en peu d'heures les forts étaient pris, les édifices et les casernes bâtis en bois brûlaient dans tous les quartiers, et le vice-roi était obligé de quitter en toute hâte son palais sous les murs duquel il eût été enseveli.

Dans la prise des forts Lin et Gough comme dans l'assaut de la ville, les alliés, commandés par le général Straubenzée et l'amiral Rigault de Genouilly, avaient rivalisé d'ardeur et de courage. Partout les Chinois, après avoir bravement combattu, s'étaient retirés en désordre ; le 29 au soir on pouvait considérer la ville comme complétement rendue, et le vice-roi Yeh, ce mandarin si arrogant et intraitable, était réduit à se cacher sous les habits d'un subalterne.

A l'attaque de Canton, les Français avaient été assez heureux pour arriver les premiers aux murailles sur lesquelles le drapeau tricolore n'avait pas tardé à flotter. Les rapports officiels n'avaient pas omis de relater ce fait très-honorable pour nos braves marins ; mais en même temps, le correspondant d'un journal anglais expliquait très-sérieusement pourquoi le drapeau tricolore français avait été vu avant le drapeau d'Angleterre : selon lui, c'est que « nos soldats ou marins portent toujours de petits drapeaux tricolores dans la poche de leurs larges pantalons. » Je n'ai pu m'empêcher de rire, comme bien d'autres sans doute, en lisant cette grave explication ; et aujourd'hui en faisant l'historique des faits de guerre du corps expéditionnaire franco-anglais, je n'ai pu étouffer cette petite digression.

Le 29 au soir, un grand nombre de drapeaux blancs, en signe de paix, flottaient sur les murailles de la ville chinoise. Le 30, au matin, un officier se présenta de la part du général tartare pour entamer des pourparlers avec les généraux alliés. On lui répondit qu'on ne traiterait de la paix qu'avec le général en chef ou le vice-roi en personne. On attendit vainement quelques jours ; enfin, le 5 janvier, on se décida à pénétrer dans la ville ; une heure après, le gouverneur civil, Pikwei, et le général tartare étaient au pouvoir des troupes alliées ; et après bien des recherches le vice-roi lui-même était fait prisonnier. Dans cette même journée, on s'empara du trésor chinois ou d'une partie de ce trésor, et ce furent des coolies chinois qui transportèrent à bord des navires alliés plus de six cents caisses remplies de lingots d'argent, représentant une somme considérable. On fut assez heureux pour s'emparer de toutes les archives de Yeh, parmi lesquelles on trouva la correspondance échangée entre la cour de Pékin et le gouverneur de Canton, au sujet des étrangers, et enfin tous les traités anglais, français et américains.

Pour concilier autant que possible les intérêts des Européens et ceux des Chinois, les ambassadeurs alliés résolurent de maintenir Pikwei dans ses fonctions de gouverneur civil de Canton, et d'établir une commission anglo-française chargée de contrôler tous les actes du mandarin chinois. Cette commission était composée du colonel anglais Halloway, du capitaine de frégate, Martineau des Chesney, et de M. Parkès, consul. Une force de quatre cents hommes fut laissée à la disposition de la commission; la levée du blocus de Canton fut notifiée, mais en même temps l'état de siége de la ville maintenu jusqu'à nouvel ordre.

Le vice-roi de Canton, Yeh, prisonnier des alliés et envoyé provisoirement à Canton, fut conduit à Calcutta où il mourut de langueur quelques mois après.

La campagne militaire de 1857 était à peine terminée que les ambassadeurs alliés songeaient à commencer leur mission diplomatique. D'un commun accord ils se rendirent à Shang-haï pour entrer en communication avec le cabinet de Pékin et conclure avec lui des traités de paix et de commerce. La ville de Shang-haï, éloignée de la capitale de l'empire et habitée par un grand nombre de commerçants européens, avait été choisie dans un esprit de conciliation facile à comprendre, malgré l'avis du comte Poutiatine qui, avec raison, répétait que toutes les négociations entamées loin de la capitale avec des mandarins commissaires n'aboutiraient en aucune façon; qu'il fallait aller immédiatement dans le nord, pénétrer dans le Pei-ho et ne s'arrêter que dans Pékin.

La Russie comme l'Amérique avait de nombreux griefs contre la cour de Pékin; les ambassadeurs alliés, pour agir avec plus de pression sur l'empereur de Chine, demandèrent à M. le comte Poutiatine et à M. Reed de joindre leurs efforts pour obtenir toute satisfaction du cabinet de Pékin.

Les représentants des quatre puissances envoyèrent simultanément une communication au gouvernement impérial par l'entremise du gouvernement général des Deux Kiangs; M. le vicomte de Contades, secrétaire de l'ambas sade française, et de M. Oliphant, secrétaire de l'ambassade anglaise furent chargés de porter les dépêches. Dans les propositions adressées au gouvernement chinois les ambassadeurs anglais et français demandèrent qu'on envoyât à Shang-haï un commissaire extraordinaire muni des plus grands pouvoirs et chargé de traiter avec les ambassadeurs étrangers sur tous points au nom de l'empereur, ils ajoutaient que leur intention était de se rapprocher de la capitale si ce commissaire n'était pas arrivé avant la fin de mars, et d'avoir recours aux mesures qui leur paraîtraient nécessaires pour faire droit à leurs réclamations. Dans leurs lettres datées du 11 février, les ambassadeurs alliés demandaient en outre : l'admission des ministres étrangers à Pékin, le libre exercice du culte chrétien, l'admission du commerce étranger dans tous les ports et fleuves du Céleste Empire, la révision des tarifs de douane et de l'examen des droits de transit perçus à l'intérieur.

Le premier ministre, Yu-ching, à qui les dépêches étaient adressées, ne daigna pas y répondre personnellement, mais il chargea le vice-roi des deux Kiangs de répondre aux ambassadeurs étrangers que Yeh, vice-roi de Canton, avait été dégradé pour sa mauvaisse administration et remplacé par Hang, qui seul était chargé de traiter avec les étrangers.

Lord Elgin renvoya une réponse qu'il ne pouvait accepter et qui était du reste une violation du traité de Nankin. En effet, une des clauses de ce traité portait : « Il est » convenu que le fonctionnaire de Sa Majesté Britannique » en Chine correspondra avec les grands fonctionnaires

» chinois dans la capitale et dans les provinces. » Il écrivit à Yu-ching qu'il allait immédiatement se diriger vers le Nord où il serait plus facile de se mettre en rapport direct avec les hauts fonctionnaires du gouvernement résidant à Péking.

Le baron Gros, le comte Poutiatine et M. Reed ayant reçu des réponses aussi évasives, résolurent de quitter Shang-haï pour se rendre dans le golfe de Pé-tché-li, et exiger l'accomplissement des obligations contractées par le gouvernement chinois dans les traités conclus en 1842 et 1844.

Le 20 avril 1858, les représentants des quatre puissances arrivèrent à l'embouchure du Pei-ho.

La flotte anglaise, sous les ordres de l'amiral sir Michael Seymour, était composée des bâtiments dont les noms suivent : *Calcutta*, *Pique*, *Furieux*, *Nemrod*, *Cormoran*, *Surprise*, *Fury*, *Slaney*, *Leven*, *Bustard*, *Opposum*, *Saint-Aunch*, *Firm*, *Coromandel* et *Hesper*.

La flotte française, sous les ordres du vice-amiral Rigault de Genouilly, était composée des frégates la *Némésis* et l'*Audacieuse*, des corvettes à vapeur *le Primauget* et *le Phlégéton*, des transports *la Durance*, *la Meurthe* et le *Reuny*, des canonnières *Mitraille*, *Fusée*, *Avalanche* et *Dragonne*.

La flotte américaine était représentée par deux frégates à vapeur *Minnesota* et *Mississipi*.

Les couleurs de Russie flottaient sur l'*Amérika*, bateau à vapeur.

Le 24 avril, le baron Gros et lord Elgin envoyèrent à Pékin une dépêche demandant l'envoi immédiat d'un commissaire extraordinaire, muni des pouvoirs de l'empereur pour conclure un traité. Le 28 avril, Taou, gouverneur général du Pé-tché-li, annonça qu'il venait d'être désigné par l'empereur pour traiter avec les ambassadeurs étrangers. La fin d'avril et le commencement de mai furent employés à échanger des notes qui n'aboutirent à aucun résultat.

Sur ces entrefaites, 17 mai, le comte Poutiatine annonça d'une manière positive que l'empereur de Chine refusait de recevoir à Pékin les ambassadeurs étrangers. Cette communication leva toute incertitude.

Le 18 mai, les plénipotentiaires des quatre puissances et les amiraux des flottes alliées se réunirent en conférence à bord de la frégate française *l'Audacieuse*.

On convint d'envoyer le 20 mai une sommation au commandant de Takou de livrer les forts de la rivière Pei-ho, de les enlever en cas de refus, et de remonter jusqu'à Tien-tsin.

La sommation fut remise le 20 mai à 6 heures du matin et sur le refus de livrer les forts, on se prépara à l'attaque. A dix heures précises, les deux amiraux Seymour et Rigault de Genouilly ouvrirent le feu, auquel les batteries chinoises répondirent vivement. Cependant, à 11 heures les forts du nord étaient enlevés ; à midi, ceux du sud, défendus par la garde impériale, subissaient le même sort. L'armée chinoise s'enfuyait en toute hâte, abandonnant un grand nombre de blessés, et un matériel d'atillerie considérable. On a calculé que chaque fort était défendu par vingt-cinq pièces de campagne, douze pièces de dix-huit, six mortiers et quatre canons de soixante-huit, c'est-à-dire par cinquante bouches à feu sans compter les fusils d'une infanterie nombreuse.

Après la prise des forts, on se mit en mouvement pour arriver jusqu'à Tien-tsin, où les plénipotentiaires des quatre puissances parvinrent le 29 mai. A leur arrivée, Taou, qui déjà avait écrit sous la date du 23, à lord Elgin, en lui disant que les hostilités n'avaient eu lieu que par suite d'un malentendu, s'empressa d'annoncer à l'ambassadeur britannique qu'il partait pour Pékin afin de prendre les ordres de l'empereur. Quelques jours après, Taou envoyait aux ambassadeurs étrangers la copie d'un décret impérial du 29 mai, nommant Kouei-liang, ministre secrétaire d'État, et Houa-shana, président des affaires civiles, aux fonctions de commissaires extraordinaires chargés de traiter avec les étrangers.

Ces deux commissaires arrivèrent à Tien-tsin le 2 juin, et dès le 4 avait lieu la première entrevue de nos ambassadeurs européens. Plusieurs réunions eurent lieu sans amener aucune solution. Les ambassadeurs français, anglais, russe et américain demandaient l'exécution des traités, et les commissaires chinois, poussés dans leurs derniers retranchements, cherchaient, à force d'habileté, à éluder la solution désirée. Sur ces entrefaites arriva à Tien-tsin Ky-ing, chargé d'une mission particulière de l'empereur auprès de lord Elgin et du baron Gros. Au premier abord on put croire que l'arrivée de ce nouvel agent était un témoignage des dispositions pacifiques de l'Empereur à l'égard des alliés, mais on acquit bientôt la certitude que Ky-ing n'était venu à Tien-tsin que pour neutraliser les bonnes dispositions des deux commissaires chinois, et embrouiller la question au lieu de la simplifier.

N'ayant pu réussir dans sa mission, le vieux Ky-ing, âgé de soixante-douze ans, se vit perdu, et allant au-devant d'un châtiment qu'il redoutait, il s'empoisonna le 25 juin.

Ce ne fut qu'après de longues conférences que les traités furent arrêtés.

Le 18 juin, l'amiral Poutiatine et M. Reed signaient ceux qui concernaient la Russie et l'Union américaine. Le 26, lord Elgin concluait, selon ses désirs, et le lendemain, 27, le baron Gros terminait avec les commissaires chinois. Le 4 juillet parut un décret impérial approuvant les traités conclus avec les quatre puissances.

Dans ces traités, il avait été convenu que les ambassadeurs de France, d'Angleterre, de Russie et d'Amérique se rendraient, ainsi que les hauts commissaire chinois, à Shang-haï pour régler certaines questions de douanes.

Dès le 6 juillet les représentants des quatre puissances quittaient Tien-tsin pour se rendre à la ville désignée, où les commissaires chinois n'arrivèrent que le 2 octobre.

Le 22 du même mois, après avoir débattu les ordonnances générales du commerce qui devaient former une addition aux traités signés à Tien-tsin, les commissaires chinois adressèrent à lord Elgin une dépêche dont voici la teneur :

« L'objet d'un traité est de maintenir la paix entre deux nations par un mutuel échange de bons procédés, de telle sorte que l'une des parties ne soit pas avantagée au détriment de l'autre : à cette condition, la bonne harmonie est durable.

» Lorsque nous avons conclu à Tien-tsin un traité avec Votre Excellence, des navires de guerre anglais étaient mouillés dans le port; nous étions sous la pression de la force et en proie aux plus vives alarmes. Il fallait signer le traité sur l'heure, sans le moindre délai. Il n'y avait pas à délibérer; nous n'avions qu'à accepter les conditions qui nous étaient imposées. Dans le nombre, il s'en trouvait quelques-unes qui causaient à la Chine un tort réel, et que le gouvernement de Votre Excellence aurait pu abandonner sans inconvénient; mais, pressés comme nous l'étions alors, nous n'avons point eu l'occasion favorable pour nous en expliquer franchement.

» A notre retour dans la capitale, l'empereur nous a ordonné de venir à Shang-haï pour nous entendre avec vous et discuter mûrement une question qui intéresse les deux pays.

» Votre Excellence est convaincue de notre désir sincère d'assurer le maintien des relations amicales. Nos sentiments de droiture nous commandent de vous exposer en toute vérité ce qui nous froisse le plus. — L'article 3 du traité porte que « l'ambassadeur ou autre dignitaire représentant Sa Majesté la reine d'Angleterre peut résider d'une manière permanente dans la capitale *ou* s'y rendre pour une visite temporaire, au choix du gouvernement anglais. » L'emploi de l'expression *ou*, qui implique évidemment l'absence de décision, atteste la prudence et la haute sagesse de Votre Excellence, qui n'aurait jamais songé à prendre à l'égard de qui que ce fût une décision arbitraire et précipitée. — Ce point établi, nous devons vous dire que la population de la capitale se compose surtout d'hommes de la bannière, qui, n'étant jamais sortis des murs, n'ont aucune idée des sentiments ni des habitudes des autres régions. De même, les affaires que les fonctionnaires de tous grades ont à traiter dans la capitale sont exclusivement métropolitaines. Ces fonctionnaires ne savent rien des questions provinciales. Or les mœurs et les dispositions du peuple de Pékin diffèrent essentiellement de celles du sud et de l'est. Si donc des étrangers y résident, il arrivera certainement que leur présence et leurs mouvements exciteront une vive surprise et créeront des malentendus; le moindre incident donnera lieu à des querelles, et ce serait pour nous un grand dommage de voir, pour des motifs très-futiles, s'élever entre nous de sérieuses discussions. Il faut songer que la Chine est en ce moment dans un grave état de crise, et si, comme il y aurait tout lieu de le craindre, la population était excitée et trompée au sujet de cette clause, nous nous trouverions en face de nouveaux éléments de troubles. L'on ne saurait évidemment réduire la Chine à de telles extrémités! — Puisque désormais une paix perpétuelle a été convenue entre la Chine et la nation que représente Votre Excellence, nous devons nous efforcer en commun de ménager les intérêts de l'un et de l'autre pays...

» Chacun des articles du traité vous confère des avantages considérables, et l'empressement avec lequel Sa Majesté l'empereur a donné son assentiment atteste un extrême désir de bienveillance. Parmi ces articles, il en est un, concernant la résidence à Pékin, qui est très-pénible pour la Chine, et comme il s'agit d'un privilége qui n'a été accordé ni aux Français ni aux Américains, et qui n'est concédé qu'à votre pays, nous venons prier Votre Excellence d'examiner avec nous un mode de transaction qui permette de *ne point exécuter cette clause.* Si vous accueillez notre ouverture, l'empereur déléguera l'un des principaux secrétaires d'État ou un ministre pour résider dans les provinces, au lieu qu'il plaira au représentant de votre gouvernement de choisir pour résidence habituelle. Lorsque Nan-king sera repris sur les rebelles, votre ambassadeur pourra, s'il le désire, faire choix de cette ville. Les différentes dispositions du traité doivent être fidèlement et à toujours observées; en cas de violation de l'une d'elles, votre ambassadeur irait s'établir à titre permanent dans la capitale. »

Sur le rejet de leur demande, les commissaires chinois adressèrent le 28 octobre une nouvelle dépêche à lord Elgin. Cette fois ils suppliaient Son Excellence de faire toutes les démarches nécessaires pour obtenir la suspension de la résidence permanente à Pékin, en affirmant que cette clause du traité aurait pour le gouvernement impérial des conséquences désastreuses...

Au lieu de maintenir purement et simplement le traité, lord Elgin crut pouvoir faire espérer une modification, et c'est en ces termes qu'il l'annonce aux commissaires chinois : « Si l'ambassadeur qui doit venir l'année prochaine échanger en Chine les ratifications du traité de Tien-tsin est reçu convenablement à Pékin, et si l'ensemble du traité est convenablement exécuté, j'intercé-

» derai pour que le ministre anglais, en Chine, établisse » sa résidence ailleurs que dans la capitale, où il se ren- » drait seulement toutes les fois qu'une affaire de quelque » importance l'y appellerait. »

Telle était la situation, quand le baron Gros et lord Elgin, quittant la Chine au commencement de mars 1859, remirent à M. de Bourboulon, ministre de France, et à sir Frédéric Bruce, ministre d'Angleterre, la gestion des intérêts français et anglais sur les côtes lointaines.

La concession faite par lord Elgin et le baron Gros, au sujet de la résidence des ministres étrangers à Pékin, avait été considérée par le gouvernement chinois comme un acte de faiblesse, de peur même. Les commissaires chinois tentèrent d'exploiter la situation et, comme premier acte de mauvaise foi, ils essayèrent d'obtenir que les ratifications du traité de Tien-tsin fussent échangées à Shang-haï, puis, que le voyage des ministres de France et d'Angleterre se fît par terre. Il va sans dire que de telles prétentions furent vivement rejetées.

Dès le commencement d'avril, M. de Bourboulon et M. Bruce acquéraient la certitude que non-seulement la *Gazette de Pékin*, journal officiel du gouvernement, n'avait dit mot des traités signés à Tien-tsin, mais encore avait annoncé la *retraite des barbares* en termes injurieux. On les informait, en outre, que le général en chef des armées chinoises, le redoutable Sang-ko-lin-sin, avait relevé les forteresses de Takou, à l'entrée du Pei-ho, afin d'empêcher par la force les ministres européens d'arriver à Pékin.

Il fallait donc renoncer à échanger les ratifications du traité, et, par suite, considérer ce traité comme nul, ou bien prendre tous les arrangements nécessaires pour contraindre le gouvernement chinois à observer la foi des traités. Ce dernier moyen était la guerre, mais cette fois encore le gouvernement chinois la provoquait.

Les ministres de France et d'Angleterre résolurent de rassembler toutes les forces navales disponibles et de partir pour le golfe de Pé-tché-li. Dans le courant de juin 1859, la flotte anglaise, composée de deux frégates, trois corvettes, deux avisos et neuf canonnières, sous le commandement de l'amiral Hope, arriva à l'embouchure du Pei-ho; la marine française, absorbée par les événements de la Cochinchine, était représentée par *le Duchayla*, corvette commandée par le capitaine Tricault, et un petit bâtiment, *le Norsagaray*, armé seulement de deux bouches à feu. A son arrivée, l'amiral Hope avait trouvé l'entrée de la rivière entièrement barrée, les forts Takou réédifiés et armés, enfin tous les indices de la guerre.

Le 21 juin, les ministres de France et d'Angleterre se présentaient pour se rendre à Pékin par la route de Tien-tsin ; on leur répondait qu'ils eussent à aborder à Pé-tang, à dix milles plus au nord, où une escorte était chargée de les conduire à Tien-tsin. Les ministres se réunirent à bord de *la Magicienne* pour délibérer ; et, séance tenante, ils résolurent de passer outre. En conséquence, M. Bruce adressa à l'amiral Hope, la lettre suivante :

« M. de Bourboulon et moi, ayant bien réfléchi à l'état des affaires, nous en sommes arrivés à cette conclusion, qu'il ne serait pas conforme à la marche que nous avons adoptée jusqu'ici de différer plus longtemps nos efforts pour atteindre Pékin dans le délai fixé par le traité pour l'échange des ratifications. Le gouvernement chinois est d'ailleurs en possession de toute la correspondance échangée à Shang-haï avec les commissaires, et, s'il l'avait voulu, il aurait envoyé des ordres pour nous faciliter le passage. Comme vous le savez, l'attitude de ses officiers à Takou témoigne de la détermination parfaitement arrêtée de nous empêcher d'arriver à Tien-tsin. Les officiers supérieurs qui commandent les forts se tiennent à l'écart, afin de s'éviter des explications catégoriques, et leurs subalternes, dans le même but, n'ont pas reculé devant les plus grossiers mensonges.

» Il y a beaucoup de raison de croire que le prince mongol qui commande les ouvrages est le principal appui du parti de la guerre, et que sa défaite fera prévaloir des conseils plus pacifiques... En conséquence nous avons pris la résolution de vous charger du reste et de vous requérir de prendre telles mesures qui vous paraîtront convenables pour dégager la rivière et nous permettre d'atteindre Tien-tsin. J'ajoute que vous agirez au nom de M. de Bourboulon autant qu'au mien.

» J'ai l'honneur, etc.

» *Signé* : F.-W.-A. BRUCE. »

L'attaque des forts eut lieu le 25 à deux heures. Jusqu'à la nuit le combat fut terrible, acharné de part et d'autre. Les Chinois, à l'abri derrière leurs murailles et muni d'une grosse artillerie, firent pleuvoir une grêle de projectiles qui causèrent des pertes sensibles dans l'armée alliée. Les Anglais et les Français rivalisèrent d'audace et de courage, et plusieurs fois on put croire à leur succès. Mais ce fut en vain. Les compagnies de débarquement, enfoncées dans la vase jusqu'à la poitrine, ne purent arriver aux murailles; trois chaloupes canonnières engagées dans les estacades, furent mitraillées et coulées à fond; la mort avait décimé la brave armée alliée. L'amiral Hope lui-même, blessé d'un éclat d'obus, avait été relevé tout sanglant. Il fallut songer à la retraite et regagner les embarcations.

Dans cette malheureuse affaire du 25 juin, la petite brigade française avait eu six tués et dix blessés, parmi lesquels le brave commandant Tricault et l'aspirant Barry. Les Anglais avaient fait des pertes énormes: quatre cent soixante quatre hommes hors de combat, dont huit officiers tués et vingt-huit blessés.

La nouvelle de l'affaire du Pei-ho causa en France comme en Angleterre une vive impression; on ne pouvait rester sous une défaite, on ne pouvait laisser le gouvernement chinois déchirer les traités signés à Tien-tsin. Les deux gouvernements alliées comprirent bien le sentiment national en ordonnant aussitôt une nouvelle expédition.

Le petit succès des Chinois devait amener de terribles représailles. Nous verrons plus tard si les alliées tirèrent de la défaite du 25 juin 1859 une éclatante revanche.

JOURNAL

DE LA

CAMPAGNE DE CHINE

CHAPITRE PREMIER

Quelques mots sur l'expédition de Chine et sur la composition du corps expéditionnaire français. — Empressement des volontaires. — Ordre du jour du général de Montauban. — Mesures administratives. — Commission scientifique. — Départ de Toulon (voie de Suez). — Malte. — Alexandrie. — Le Caire. — Suez. — La mer Rouge. — Aden. — Pointe-de-Galles. — Poulo-Penang.

Toulon, 12 janvier 1860.

L'expédition de Chine est résolue, l'honneur du drapeau et la civilisation la commandent.

Déjà un certain nombre de soldats français et anglais, embarqués sur les bâtiments désignés pour cette lointaine expédition, ont quitté les ports de France et d'Angleterre; dans quelques jours les derniers soldats de l'armée alliée auront mis à la voile; dans quelques mois, vous les verrez à l'œuvre. En attendant, permettez-moi de vous donner au sujet de notre corps expéditionnaire quelques détails qui ne manquent pas d'intérêt, et que vous lirez volontiers.

Le gouvernement impérial, tout en désignant les régiments qui doivent faire partie de l'expédition chinoise, a cru devoir faire appel aux hommes de bonne volonté, afin que les soldats appartenant aux régiments désignés, et qui ne se croiraient pas assez valides pour braver une traversée longue et pénible, pussent se retirer en permutant. L'appel a été fait, et maintenant l'embarras du ministère est grand, car dans tous les régiments, un nombre considérable d'officiers, sous-officiers et soldats ont demandé à se faire inscrire. Dans la garde impériale même, on cite un grand nombre de lieutenants et de sous-lieutenants qui viendraient augmenter encore le chiffre de plus de trois mille officiers déjà connus dans l'armée. Ces chiffres parlent d'eux-mêmes et n'ont besoin d'aucun commentaire.

En attendant que vous voyiez à l'œuvre, sur le sol chinois, notre petite mais très-belle et vaillante armée, voici la composition presque complète du cadre d'état-major du corps expéditionnaire français :

Commandant en chef : le général de division, COUSIN DE MONTAUBAN.

Chef de la 1re brigade d'infanterie : le général JAMIN, commandant en second l'expédition.

Chef de la 2e brigade d'infanterie : le général COLLINEAU.

Chef d'état-major général : le lieutenant-colonel SCHMITZ.

Officiers attachés à l'état-major général : lieutenant-colonel DUPIN, chef du service topographique; CAMPENON, chef d'escadron d'état-major; DE COOLS et CHANOINE, capitaines d'état-major; DUBUT, sous-intendant militaire.

Chef du génie : colonel DEROULÈDE (actuellement en Cochinchine)[1].

Chef de l'artillerie : colonel BENTZMANN, commandant cinq batteries et le parc du siége.

101e *de ligne :* colonel POUGOT.

102e *de ligne :* colonel O' MALLEY.

2e *bataillon de chasseurs à pied :* chef de bataillon, GUILLOT DE LA POTERIE.

Infanterie de marine : colonel DE VASSOIGNE.

Escadron de cavalerie : capitaine MOCQUARD.

Tous les officiers supérieurs, choisis par Sa Majesté l'empereur, ont fait leurs preuves sur plusieurs champs de batailles ; tous joignent à l'intelligence personnelle et à la science militaire, l'énergie et la prudence nécessaires pour mener à bien une si lointaine expédition.

Le genéral de Montauban est un officier de l'armée d'Afrique qui, avant de commander la 2e division militaire à Rouen, était à la tête de la province d'Oran, qu'il gouverna avec une intelligence rare pendant quelques années. La promotion de M. de Montauban au grade de général de division, date du 4 décembre 1855.

Cet officier général, d'une bravoure éprouvée, est bien l'homme qu'il nous faut pour nous conduire à la victoire. Je vous donne l'ordre du jour qu'il a adressé au corps expéditionnaire avant son départ de Paris :

[1] Le colonel Deroulède ayant été tué en Cochinchine, fut remplacé par le lieutenant-colonel Livet, décédé à l'ambulance de Tien-tsin au mois d'octobre 1860.

CORPS EXPÉDITIONNAIRE DE CHINE

Ordre du jour

Officiers et soldats,

Sous l'égide de Napoléon III et de la France, vous êtes appelés à entreprendre une expédition lointaine et glorieuse.

Votre mission ne sera pas d'ajouter une nouvelle conquête à toutes celles qui ont illustré la France ; vous allez montrer par une discipline sévère, à des populations nombreuses, que vous n'êtes pas les barbares qu'elles pensent, comme vous leur prouverez par votre ardeur belliqueuse la supériorité de votre courage.

Pour la seconde fois, votre drapeau s'unira au drapeau anglais, et cette union sera un gage de victoire, comme celle des deux peuples est un gage de paix pour le monde entier.

Votre tâche est grande et belle à remplir ; mais le succès est assuré par votre dévouement à l'empereur et à la France. Un jour, en rentrant dans la mère patrie, vous direz avec orgueil à vos concitoyens que vous avez porté le drapeau national dans des contrées où la Rome immortelle, au temps de sa grandeur, n'a jamais songé à faire pénétrer ses légions.

Sa Majesté, en m'accordant l'honneur de vous commander en chef, me fait une haute faveur dont je ne pourrai mieux lui témoigner ma reconnaissance qu'en m'occupant de pourvoir à tous vos besoins avec une sollicitude constante.

Vienne le jour du combat, et vous pourrez compter sur moi comme je compte sur vous: nous assurerons la victoire aux cris de *Vive l'empereur! Vive la France!*

Au quartier général, à Paris, le 19 novembre 1859.

Le général commandant en chef,

COUSIN DE MONTAUBAN.

Le général Jamin, promu à son grade le 3 janvier 1852, est un officier très-distingué et instruit, qui possède toutes les qualités nécessaires pour remplir dignement les fonctions de général commandant en second l'expédition. En 1847, le duc d'Aumale l'avait attaché à sa personne en qualité d'aide de camp. En dernier lieu, le général Jamin commandait la 1re subdivision de la 4e division militaire à Châlons-sur-Marne.

Le général Collineau, de la grande promotion d'août 1847, sort de la pépinière de l'armée d'Afrique, où il a conquis tous ses grades à la pointe de l'épée. Il a fait la campagne d'Italie et de Crimée, et commandait le 1er régiment de zouaves le 8 septembre 1855 à l'assaut de Malakoff, où il entra un des premiers à la tête de ses braves soldats. Malgré une blessure assez grave qui lui inondait de sang le visage, le colonel Collineau se maintint toujours au premier rang, excitant ses hommes de la voix et du geste. Cet officier général est d'une activité dévorante et d'une intrépidité rare.

Le lieutenant-colonel Schmitz, l'un des fils du général Schmitz du premier Empire, est le frère du capitaine de génie qui, le premier, fut tué devant les murs de Sébastopol au moment où il relevait la topographie des approches de la ville. Lui aussi a fait son apprentissage dans notre colonie africaine; pendant la malheureuse expédition qui fut surprise par les neiges, il déploya, comme aide de camp du général Levasseur, une énergie et une présence d'esprit rares. Plus tard, il fit l'expédition de Crimée, attaché au général Forey, puis au général commandant en chef l'expédition. A son retour, l'empereur l'attacha à sa maison militaire en qualité d'officier d'ordonnance. Après la bataille de Mengenta, ce fut lui que Sa Majesté désigna pour apporter en France et à Sa Majesté l'impératrice les drapeaux pris sur l'ennemi. Comme chef d'état-major général du corps expéditionnaire, le colonel Schmitz est à la hauteur de sa difficile mission ; jeune, intelligent, actif, cet offisemble avoir un brillant avenir.

M. le général de Montauban part investi des pouvoirs les plus étendus. Pendant toute l'expédition, il pourra nommer à toutes vacances jusqu'au grade de colonel inclusivement, avec la seule restriction de faire ratifier par l'Empereur les nominations de colonel et de lieutenant-colonel.

Cette expédition lointaine, dans un pays dont la température est très-variable, nécessitant des frais personnels énormes, S. Exc. le ministre de la guerre vient, sur l'ordre de l'Empereur, d'allouer une indemnité convenable aux officiers généraux, ainsi qu'au chef d'État major général, pour frais de bureau, de représentation et frais divers ; en outre, tout le corps expéditionnaire touchera un tiers en sus de l'indemnité d'entrée en compagnie habituelle. Voici quels sont les chiffres de l'indemnité par grade et par corps.

ARMÉE DE TERRE.

Officiers supérieurs : solde de France, 12 francs de supplément par jour et une ration de vivres en sus ;

Capitaines, lieutenants, sous-lieutenants : solde de France, 9 francs de supplément par jour, et une ration de vivres.

ARMÉE DE MER.

Officiers de marine employés à terre avec l'armée : solde de France, plus 9 francs par jour et une ration de vivres.

COMMISSARIAT A TERRE.

Commissaire-adjoint (4 galons) : solde de France, plus 50 francs par jour.

Sous-commissaire (3 galons) : solde analogue, plus 40 francs par jour.

Aide-commissaire (2 galons) : solde analogue, plus 30 francs par jour.

Commis de marine (1 galon) : solde analogue, plus 20 francs par jour.

TRÉSOR ET POSTES.

Un peu plus que la solde de France, plus 40 francs par jour.

Le Trésor prend des mesures pour que l'armée expéditionnaire soit payée en piastres mexicaines, seule monnaie ayant cours en Chine et non susceptible d'un change ruineux.

L'administration de la guerre pousse activement les travaux de confection, et ne néglige rien pour assurer aux troupes un approvisionnement de chaussures légères et solides, ainsi que de vêtements de flanelle blanche, nécessités par les variations climatériques du Céleste Empire. Avant l'embarquement des troupes, chaque soldat a reçu deux gilets de flanelle, une vareuse en laine, un pantalon de toile et un chapeau de paille ; pendant la traversée, nos soldats coucheront dans des hamacs garnis d'un matelas et de couvertures.

Tous les bâtiments pour la traversée sont abondamment pourvus de vivres qu'il sera facile de renouveler aux divers points de relâche fixés par l'Empereur. Une fois arrivé en Chine, le corps expéditionnaire ne manquera de rien, car dans toutes les provinces du Céleste Empire les bœufs et les moutons sont en abondance et de bonne qualité; les habitants des campagnes nourrissent beaucoup de volailles et le gibier n'est pas rare. Dans l'intérieur du pays, il y a du blé en quantité ; mais sur le littoral, on ne mange que du riz, en grande partie, à cause du manque de moulins ; il suffira donc, pour pourvoir aux besoins de l'armée, de se précautionner d'appareils nécessaires pour moudre le grain.

Ce que je vous disais plus haut des variations climatériques de la Chine, m'entraîne à vous donner quelques détails à ce sujet. Le climat de la Chine présente beaucoup d'analogie avec celui du Canada. Le mois de juin, souvent pluvieux, commence à être très-chaud; la chaleur s'élève progressivement pendant les mois de juillet et août, et le thermomètre monte jusqu'à 42 degrés à l'ombre. Cette chaleur excessive dure quelquefois pendant septembre et octobre, mais toujours en diminuant jusqu'à 20 degrés. Alors, surviennent de grandes pluies et des froids excessifs. En novembre, la rivière du Pei-ho gèle complétement et la débâcle des glaces a lieu du 1er au 15 mars. Pendant les grandes chaleurs tropicales des mois de juin, juillet et août, la température change brusquement avec le coucher du soleil, et devient humide et glaciale. Les Européens qui manquent des précautions nécessaires et usitées en Chine supportent difficilement ces brusques transitions de température ; mais nos troupes qui ont longtemps habité l'Algérie savent par expérience comment il faut se garantir.

On avait tout d'abord pensé à expédier des chevaux d'Afrique, mais les frais considérables d'une aussi longue traversée ont fait renoncer au projet primitif. Les cinq batteries d'artillerie du corps expéditionnaire français nécessiteront environ douze cents chevaux qu'on réunira à Shang-haï, en les faisant venir des Indes et du Japon.

Le vice-amiral Charner, nommé commandant en chef des forces maritimes de la France dans les mers de Chine, vient de désigner pour son chef d'état-major général, M. le capitaine de vaisseau, Laffon de Ladébat, pour son aide de camp, M. Lecouriau-Duquilio, capitaine de frégate, et pour son officier d'ordonnance, M. Jaurès, lieutenant de vaisseau.

Il y aura dans la division deux officiers généraux commandant en sous-ordre ; l'un est M. le contre-amiral Page, qui a remplacé à Saigon M. le vice-amiral Rigault de Genouilly ; l'autre est M. le contre-amiral Protet, parti de Toulon le 11 de ce mois pour se rendre à son poste, où il arrivera dans les premiers jours de mars au plus tard.

M. le capitaine de vaisseau Coupvent-Desbois est désigné pour le commandement supérieur de Canton ; M. le capitaine de vaisseau Bourgois, actuellement à bord du *Duperré*, prendra le commandement supérieur des canonnières en fer, aussitôt son arrivée en Chine.

La division navale de la Chine comprendra deux vaisseaux, deux frégates à vapeur, cinq frégates à voile, une corvette à voile, trois corvettes à vapeur, cinq avisos à vapeur, trente-deux canonnières dont vingt-quatre en fer, trois transports, plus un certain nombre de bateaux plats pour la navigation des rivières, formant un total de soixante-cinq navires parmi lesquels figurent : *Dryade*, *Gironde*, *Renommée*, *Garonne*, *Calvados*, *Entreprenante*, *Rhône*, *Jura*, *Rhin*, *Nièvre*, *Loire*, *Saône*, *Marne*, *Persévérante*, *Forte*, *Vengeance*, *Andromaque*, *Forbin*, *Saigon*, *Prégent*, *Weser*, *Duchayla*, *Shang-haï*, *Duperré*, *Dordogne*, *Européen*, *Japon*, *Laplace*, *Némésis*, *Meurthe*, *Durance*. L'amiral Charner, à son arrivée en Chine mettra son pavillon sur la frégate mixte *la Renommée* en attendant *l'Impératrice Eugénie*, frégate de haut rang, retenue en ce moment dans le port de Toulon par la pose d'une hélice en bronze.

Le départ de la flotte française, ayant à bord les divers corps désignés pour faire partie de l'expédition de Chine, a eu lieu le 15 décembre des ports de Toulon, de Brest, de Lorient et de Cherbourg.

Un certain nombre d'intrépides missionnaires et de sœurs de charité non moins dévouées ont profité du départ de nos bâtiments pour partir ; les uns pour prêcher la foi et instruire les populations converties, les autres pour soigner les malades et les blessés ; double et noble mission à laquelle on ne saurait donner trop d'éloges !

Dans sa séance du 28 novembre, l'Académie des sciences a pensé qu'il serait opportun d'adjoindre à l'expédition militaire de Chine une commission scientifique, établie sur les mêmes bases que la célèbre commission d'Égypte. Déjà les missionnaires français et plusieurs officiers de l'armée de terre et de la marine ont fait beaucoup ; mais de vastes et importantes études restent à faire. La géologie et la zoologie, la géographie et la topographie, les arts et la littérature, le commerce et l'industrie, les mœurs et la politique du pays, tout enfin demande à être observé, étudié par les hommes les plus compétents. L'Académie des sciences a décidé qu'une commission scientifique serait envoyée en Chine et elle a désigné M. d'Escayrac de Lauture comme chef de cette expédition pacifique. Nous ne pouvons qu'applaudir à son choix. Protégée par nos braves soldats, cette commission pourra explorer ces pays fermés depuis si longtemps aux Européens, les étudier, recueillir de précieux documents et rassembler enfin les éléments d'un ouvrage aussi intéressant qu'utile.

Le départ de l'état-major n'aura lieu que le 15 janvier, un mois environ après celui des troupes ; mais au lieu de prendre la voie du Cap, il se rendra directement à Shang-haï par Suez. De la sorte, MM. les officiers généraux et supérieurs arriveront un mois environ avant le corps expéditionnaire et auront tout le temps nécessaire pour combiner leur plan d'attaque avec l'état-major anglais et les amiraux des deux flottes.

Shang-haï a été choisi comme quartier général provisoire du corps expéditionnaire anglo-français, à cause de sa position stratégique. C'est en effet la ville la plus rapprochée du golfe de Pé-tché-li vers lequel l'expédition semble devoir être dirigée; c'est de plus le point le plus central pour toutes les opérations; c'est enfin, avec le climat le plus tempéré en toutes saisons, la situation la plus favorable pour la réparation des navires et pour l'établissement de dépôts de charbons qui viennent du Japon.

Je n'ai que le temps de vous dire adieu.

Malte, 15 janvier.

Nous voici arrivés à Malte, la grande forteresse de la Méditerranée, la position la plus formidable, la plus importante, et la plus enviée dans tous les temps et par tous les peuples. Je ne sache pas de pays qui, depuis l'ère chrétienne, ait été plus convoité et successivement occupé par divers que ce rocher qu'on appelle Malte. En effet, soumise d'abord aux Phéniciens [1], puis aux Grecs [2], aux Carthaginois [3], aux Romains [4], aux barbares [5], aux Arabes [6], aux Allemands [7], à la Sicile [8], à la France [9], à l'Espagne [10], aux chevaliers de Saint-Jean [11], elle revint à la France [12] pour être livrée quelques années après à l'Angleterre qui y a accumulé tous les moyens de défense possibles.

Il suffit de jeter un coup d'œil sur la carte de la Méditerranée pour apprécier la valeur de la position de Malte : sur la route obligée d'Occident en Orient, cet énorme rocher forme

[1] 1559 avant l'ère chrétienne, les Phéniciens abordèrent à Malte, appelée avant eux Hypérie et par eux Ogygie.

[2] En 736 avan Jésus-Christ, prise d'Ogygie par les Grecs qui la nomment Mélita.

[3] En 490, prise de Mélita par les Carthaginois, commencement de la splendeur de la ville.

[4] En 253, prise par Régulus et Cornélius ; reprise par les Carthaginois, elle fut donnée par eux aux Romains en 242 après la victoire de Lutatius, et appelée Municipium.

Au partage de l'empire romain, Mélita échut à Constance.

[5] En 454 de Jésus-Christ, les Vandales se rendent maîtres de la Sicile et de Malte. Peu après, Malte redevient romaine.

[6] En 870, sous le règne de l'empereur Basile, Malte tombe au pouvoir des Africains qui en font le repaire de leurs corsaires.

[7] et [8] Le comte Roger, parti à la tête d'une croisade normande, chasse les corsaires de la Sicile et de Malte qui revint plus tard aux Allemands par le mariage de Henri fils de Barberousse avec Constance, héritière de Sicile.

[9] et [10] Charles d'Anjou, frère de saint Louis, s'empare de Malte, mais dans la guerre d'Espagne, cette malheureuse cité tombe sous le joug de la maison d'Aragon.

[11] Charles-Quint, comprenant l'importance militaire de cette position tour à tour inconnue, méconnue et enviée, conçut la pensée d'en faire une position neutre. Malte donnée à perpétuité aux chevaliers de Saint-Jean, 14 mars 1530.

[12] Prise par la France, 12 juin 1798.

le point de réunion où viennent aboutir les grandes lignes de France, d'Italie, d'Afrique, de Tunis, de Tripoli, d'Égypte, de Syrie, de Turquie et de Grèce. C'est plus qu'une forteresse qui commande la Méditerranée, c'est le port de refuge des bâtiments en détresse, c'est le port de ravitaillement et d'approvisionnement des navires à vapeur qui ne peuvent faire de voyages au long cours.

Il suffit de voir cette masse de rochers, à pic d'un côté, et défendue de l'autre par de formidables fortifications pour être bien pénétré de la force de cette position maritime. Il suffit de parcourir les remparts et les forts, les poudrières et les magasins de toute espèce, pour être bien convaincu de l'importance énorme qu'attache le gouvernement britannique à la possession de cette île.

De loin, Malte présente l'aspect d'un rocher aride, surtout dans la partie mérionale. Là, ce ne sont que rochers à pic où viennent se briser les vagues. De ce côté, pas un port, pas une anse, pas un abri.

A l'est, la côte, sans être très-hospitalière, présente trois refuges où peuvent mouiller les bâtiments d'un faible tirant d'eau, et qu'on nomme : « calle de Saint-Thomas, Marsa-Scala, et Marsa-Sirocco.

A l'ouest, dans la baie de Rocca-di-Vento sont groupés les petits ports des Faucons, de Carkewa et de Ghozlien ; ce dernier est situé en face de l'île Gozo qui elle-même n'est séparée de Malte que par un canal d'une lieue de largeur au milieu duquel s'élèvent les petites îles de Cumino et de Cuminetto.

Plus loin, au nord-ouest, sont les mouillages de Mellela, Saint-Paul, calle des Salines, Saint-Marc, la Madeleine et Saint-Georges, qui ne sont séparés que par des langues de terre.

Enfin, au nord, dans la direction de la Sicile, sont les deux grands ports de Marsa-Musciet, port Musset, et de Marsa, ou le grand port, le plus important de l'île. Ces deux ports ne sont séparés que par une langue de terre très-avancée et sur laquelle sont bâtis le château Saint-Elme et la ville de la Valette.

Dans le grand port de Marsa s'avancent sur deux pointes aiguës les deux villages de Borgo et de Sangle dont les formidables fortifications sont reliées par celles du fort Cotoner qui les domine par derrière. Le Borgo est lui-même défendu par le château Saint-Ange, bâti par les Arabes en 973, seul point primitivement fortifié du temps des chevaliers de Malte et célèbre par la résistance invincible qu'ils opposèrent aux Sarrasins en 1565.

Dans le second port de Musset s'élève l'île du Lazaret où on ne voit que bastions sur le rivage et vaisseaux au mouillage.

Après cet aperçu de la topographie extérieure de l'île, pénétrons dans l'intérieur. L'île de Malte est peuplée de quatre-vingt-dix mille habitants répartis en deux villes principales et vingt-deux villages. La plus ancienne de ces deux villes, nommée d'abord Melita, puis Mdina par les Arabes, cité jadis importante, aujourd'hui déchue, n'offre de remarquable que ses catacombes qui, durant l'invasion des barbares au cinquième siècle, servirent de refuge aux premiers chrétiens.

L'autre ville, *la Valette* ou *Malte*, qui domine les deux villages de Borgo, de Sangle, les deux forts qui y sont construits, et le canal de Sicile, fut fondée en 1566 par le grand maître de l'ordre de Saint-Jean, le seigneur de la Valette, et achevée par Pierre de Monte en 1571. Aujourd'hui, chef-lieu de l'île, Malte présente au loin un formidable aspect qu'une inspection en détail ne fait que confirmer ; d'un côté, la ville est flanquée du fort Saint-Elme, de l'autre, de la grande forteresse la Floriane avec laquelle elle est en communication par une double ligne de fortifications. Trois mille pièces de canon environ couronnent ce vaste front de fortifications ; le château Saint-Ange, lui seul, est armé de 500 canons, superposés en cinq rangées, dont les feux croisés dans la direction du goulet, qui n'a pas plus de 200 mètres de largeur, en rendraient l'entrée impossible aux flottes ennemies. On dit que Malte est imprenable ; je le crois. C'était, du reste, l'opinion du général Bonaparte qui s'en empara, le 12 juin 1798, en allant de Toulon en Égypte ; cette opinion est confirmée par une phrase qu'on prête au général Caffarelli : « Nous sommes bien heureux qu'il » se soit trouvé du monde dans cette ville pour nous en ou- » vrir les portes. »

Comment donc la France qui, à deux reprises différentes, a été maîtresse de Malte, n'a-t-elle pas su conserver cette position importante? On ne peut qu'en accuser les hommes qui, sous le commandement du général Vaubois, chargé de la défense de l'île, semblèrent prendre à tâche de froisser les sentiments religieux de toute une population soumise à l'influence exclusive du clergé, et qui, un jour, surexcitée par des influences étrangères, se mit en état de révolte. Nos soldats, jusque-là traités en amis, furent obligés de se renfermer dans les forts d'où ils ne purent sortir sans danger de mort. Enfin, réduits par la famine après une lutte héroïque de vingt-deux mois, ils capitulèrent, et revînrent en France avec tous les honneurs de la guerre.

Pendant tout le temps du blocus, les chefs des escadres unies contre la France avaient échangé avec le grand maître de l'ordre de Saint-Jean de nombreuses correspondances dans lesquelles ils s'engageaient à rendre aux Maltais toute leur indépendance, et à reconnaître la souveraineté de l'ordre [1]. Mais à peine nos soldats avaient-ils quitté les forts que les Anglais venaient s'y installer, au mépris de la foi promise.

[1] Collection de la correspondance officielle de l'amiral anglais avec le grand maître de l'ordre de Saint-Jean.

En vain le grand maître réclama l'indépendance des Maltai qui n'avaient combattu les Français que pour leur liberté ; en vain il demanda l'exécution des promesses formelles d l'amiral anglais.

En vain, le roi de Naples lui-même réclama à son tour les îles de Malte, du Gose et du Cumin, en disant que ces anciennes possessions du royaume de Naples n'en avaient été détachées qu'à titre de fief en faveur des chevaliers.

En vain l'Europe entière dans les conférences de la paix d'Amiens s'unit pour protester contre cette usurpation. L'Angleterre, forcée d'accéder aux justes réclamations des puissances européennes, promit, mais éluda la promesse sous divers prétextes et finit par garder la position en toute propriété.

A l'exception du château du gouverneur et de l'arsenal qui sont des plus intéressants à visiter, la ville ne contient aucun monument digne de remarque, si ce n'est le tombeau du duc de Beaujolais, frère de Louis-Philippe, et ceux des grands maîtres inhumés dans la crypte de la chapelle Saint-Jean. Avec ses rues propres et tirées au cordeau, ses maisons d'une architecture régulière et monotone, ses terrasses qui les dominent toutes, Malte ressemble à toutes les petites villes italiennes. L'île entière, recouverte partiellement de quelques pieds de terre végétale, est un rocher qui a vingt-deux lieues de circuit.

J'étais entré dans Malte le cœur oppressé par mille souvenirs et regrets ; j'en sortis avec les mêmes sentiments pénibles.

Alexandrie, 19 janvier 1860.

Arrivé aujourd'hui à Alexandrie, après une atroce traversée qui nous a rendus tous malades, je n'ai eu que le temps de parcourir la ville en toute hâte et je vous envoie de même mes impressions.

En arrivant par la pleine mer, on aperçoit de loin les mâts des bâtiments qui se confondent avec les pointes des minarets; ce n'est qu'en approchant qu'on peut se rendre compte de ce pêle-mêle visuel. La vieille ville des Ptolémées, bâtie sur le continent est reliée à l'île du Pharos, qui s'étend de l'est à l'ouest, à l'entrée du port, par une langue de terre couverte de nombreuses habitations. C'est sur cette langue de terre, qui n'était, avant la conquête des Arabes, qu'une simple jetée et l'île du Pharos, qu'est bâtie la ville nouvelle d'Alexandrie. Il en résulte que les navires mouillés dans le port sont presque de toutes parts entourés de maisons.

Le port d'Alexandrie forme deux bassins ou deux ports bien distincts: le port neuf situé à l'est, et le vieux port à l'ouest. Le bassin neuf, mal abrité, n'est fréquenté que par des barques de pêcheurs; dans le vieux port, parfaitement abrité des vents et de la fureur des vagues par de nombreux récifs qui s'étendent presque sans solution de continuité de la pointe est de la presqu'île Pharos au continent, mouillent pressés les uns contre les autres les bâtiments de guerre, et les navires de commerce de toutes les nations. La guerre de Chine, les transactions plus nombreuses avec les Indes et nos colonies amènent chaque jour les paquebots des messageries impériales ou de la compagnie péninsulaire orientale qui correspondent avec ceux de la station de Suez.

La ville d'Alexandrie se divise en trois quartiers bien distincts : le quartier Pharos, le quartier turc et le quartier des fellahs ou du peuple. Le quartier Pharos, situé dans la presqu'île du même nom, et où se trouvent groupés le palais du vice-roi, le harem, l'arsenal qui est considérable, les deux châteaux forts qui défendent les deux extrémités, tire son nom du célèbre phare bâti sous le règne de Ptolémée-Philadelphe par Sésostrate. Ce monument célèbre n'existe plus, il est remplacé par un phare plus modeste, élevé sur la ligne des fortifications extérieures qui font face à la mer. — Le quartier turc, bâti sur l'ancienne jetée, partage les deux ports. C'est dans cette partie de la ville que sont situés les consulats des puissances étrangères, les hôtels ou caravansérails, les maisons de banque ou de commerce, les magasins des armateurs ; et enfin le quartier des Francs où habitent les Français, les Italiens, les Grecs, les Maltais, les Levantins et les juifs. C'est dans la grande rue du quartier des Francs qu'habitait Bonaparte en 1798. Son habitation sert aujourd'hui de caravansérail. — Enfin, le troisième quartier, élevé sur l'ancienne ville d'Alexandrie, forme les faubourgs habités par la population ouvrière et misérable d'Alexandrie.

Une haute muraille, surmontée d'une masse de tours crénelée et baignée par l'eau vive d'un large fossé, défend la ville du continent. Cette muraille, qui date du treizième siècle est l'ouvrage des Arabes dont elle porte encore le nom. La défense de la vieille ville est complétée par deux buttes fortifiées qui portent les noms de Napoléon et de Caffarelli et qui sont armées de nombreuses pièces d'artillerie.

Il n'est pas possible de regarder ces deux points fortifiés sans se rappeler nos brillantes conquêtes de 1798, auxquelles viennent se mêler les noms de quelques-uns de nos braves généraux : Kléber, Desaix, Menou, Bon, Lefebvre, Lanusse,

Murat, Caffarelli et surtout le nom immortel de Napoléon Bonaparte. Malheureusement aussi à ces souvenirs de gloire sont associés ceux de nos désastres. Le départ du général Bonaparte, rappelé en France par des événements importants, la mort de Kléber, assassiné par un fanatique, l'incendie de notre flotte, la coalition des puissances étrangères amenèrent la capitulation du 2 septembre 1801, capitulation du reste très-honorable, puisque les troupes françaises furent ramenées à Toulon avec tous les honneurs de la guerre. Quelques années après, 17 mars 1807, les troupes anglaises s'emparaient à leur tour d'Alexandrie, mais, battues en plusieurs rencontres à Rosette, et sous les murs d'Alexandrie, elles furent obligées d'abandonner leur conquête éphémère le 14 septembre de la même année.

Alexandrie qui, en 1796, n'était peuplée que de 9 à 10 mille habitants, renferme aujourd'hui une population de cent mille âmes. Il est vrai que le commerce d'Orient a pris depuis quelques années une grande importance, que la ville d'Alexandrie se trouve l'une des têtes du chemin de fer qui unit la mer Rouge à la Méditerranée, que les guerres des Indes, de Cochinchine et de Chine ont amené en cette ville une augmentation de circulation et de travail considérable. Ce qui se passe depuis quelques années en ce pays peut donner une idée de l'importance extraordinaire que peut, que doit prendre un jour la ville d'Alexandrie, quand le canal projeté unira les deux mers. Elle absorbera tous les produits du Japon, de la Chine, de la Cochinchine, de Sumatra, de Bornéo, de Ceylan, de la Réunion, de Madagascar, etc., et, si cette ville ne redevient pas ce qu'elle était sous le règne de Ptolémée, elle peut devenir un jour l'une des plus considérables d'Europe et d'Afrique.

Cette pensée d'unir les deux mers n'est pas nouvelle, et ce qui a été fait prouve ce que l'on peut faire.

Suivant Hérodote, le canal d'Égypte, qui unissait la mer

Rouge à la Méditerranée, fut commencé par le roi Pharaon-Néchao, 600 ans avant Jésus-Christ, continué par Darius et terminé par Ptolémée-Philadelphe. Cette importante jonction entre les deux mers existait encore lors de la conquête de l'Égypte par les Romains, puisque la flotte de Cléopâtre, poursuivie après la bataille d'Actium par Octave, y fut brûlée par les Arabes du désert.

Tous les voyageurs qui ont parcouru l'Égypte ont reconnu les traces de ce canal qui, partant de la mer Rouge à Cléopatris, ville d'Arabie, située à quelques lieues de Suez, faisait une courbe dans la direction nord-nord-ouest pour se jeter dans la Méditerranée, non loin de Péluse, après avoir traversé les eaux du lac Menzaleh. C'est à peu près le tracé du nouveau canal qu'a entrepris M. de Lesseps avec une énergie et une initiative dignes des plus chaleureux encouragements.

Quand cette question du canal de Suez, si vivement désiré, si impatiemment attendu par tous les intérêts enropéens, aura-t-elle sa solution ?

A force de temps, d'argent, de bras et de courage, on pourra vaincre toutes les difficultés matérielles et climatériques, mais pourra-t-on jamais vaincre les embarras suscités par une politique hostile ? Je voudrais répondre par l'affirmative...

La partie la plus curieuse d'Alexandrie à visiter est assurément celle qui se trouve en dehors des fortifications depuis la porte Rosette et la colonne de Pompée jusqu'au lac desséché de Maréotis. — C'est le désert à perte de vue ; mais à chaque pas on est arrêté par les ruines qui jonchent le sol. Ici, des débris de colonnes indiquant la place des principaux monuments de la grande ville des Ptolémées ; là des traces parfaitement visibles des grandes rues qui traversaient la cité ; plus loin des vestiges de monuments funèbres ; de tous côtés des citernes dont le nombre indiquerait suffisamment l'étendue si on avait à ce sujet des renseignements précis ; le plus grand nombre de ces citernes est comblée par le sable ; plus de neuf cents seulement ont été déblayées par les soins d'un Français, le colonel Gallice, et il a été facile alors de reconnaître que toutes les citernes communiquaient entre elles par de vastes galeries souterraines aboutissant au Nil. Parmi les monceaux de ruines, à peu de distance des murailles, on remarque l'emplacement de la grande bibliothèque, composée de cinq cents mille volumes, qui fut brûlée en 642 par le calife Omar, successeur de Mahomet. Partout le temps a imprimé sur ces gigantesques débris sa trace profonde ; en les parcourant on est saisi d'un sentiment de tristesse qu'on ne peut dominer ; mille fantômes semblent sortir de cette immense nécropole.

Peu de villes possèdent en effet autant de souvenirs historiques qui rendront impérissables les noms d'Origènes, Appien, Euclides, Aristophane, Théocrite, Aristarque, Hycophron, Hipparque, Ptolémée, Démétrius de Phalère, Pompée, Cléopâtre, Cyrus, Amrou, Strabon, Alexandre le Grand, Zénobie, Aurélien, saint Clément, saint Jérôme, saint Grégoire, saint Bazile... et tant d'autres qui m'échappent.

Combien d'historiens modernes se sont inspirés de cette terre si riche en souvenirs ?

Que de pages intéressantes ont déjà été écrites sur l'Égypte parmi lesquelles on peut citer celles de Volney, Bruce, Belzoni, Denon, Cadalvène, Hamont, Champolion le jeune, Champolion-Figeac, Rollin, de Ségur, Clot-Bey, Gisquet ! L'ouvrage de ce dernier, publié, je crois, en 1845 ou 1846, après une longue exploration dans la haute et basse Égypte, renferme des documents précieux à consulter; écrit avec autant d'élévation d'idées que de concision de style, le voyage en Égypte de notre ancien préfet de police est remarquable à tous égards. Il met à néant certaines erreurs graves propagées jusqu'à nos jours, et fait entrevoir au point de vue géologique des horizons inconnus. La description de la forêt pétrifiée qui se trouve à peu de distance du Mokattan, en plein désert, sur une étendue de plus de vingt lieues, est une des pages les plus intéressantes qu'on puisse lire sur l'Égypte. Ce qui plaît surtout dans l'ouvrage de M. Gisquet, c'est la crânerie toute gauloise qui se révèle à chaque page.

En parcourant la ville d'Alexandrie, nous avons été péniblement impressionnés par l'aspect misérable des maisons et la saleté des rues; quant à la population musulmane et levantine qui les anime, elle est aussi laide, aussi malpropre, aussi repoussante que celle qui habite l'Afrique, la Turquie ou la Grèce.

Les fellahs portent une chemise bleue et une sorte de caleçon; ils ont une calotte qui dissimule leur tête rasée, et marchent les pieds et jambes nus. Les femmes du peuple portent exactement le même costume; les moins pauvres portent une chemise blanche sous une autre de couleur bleue, et une pièce de coton, de même couleur, qui leur sert de coiffure, de voile et d'écharpe. Celles qui peuvent disposer de quelques piastres s'en servent immédiatement pour se charger la tête et les bras d'ornements de cuivre et d'argent.

Dans quelques instants, nous partons d'Alexandrie pour nous éloigner, mais nous sommes encore bien loin du but.

En mer, à bord de *la Némésis*, 25 janvier,
(Mer Rouge, — côte d'Abyssinie.)

Je n'ai pu vous écrire depuis mon départ d'Alexandrie malgré tout mon désir de le faire. Nous voguons en ce moment en vue des côtes d'Abyssinie, demain nous serons à Aden;

pour profiter du courrier, je vais vous conter mesimpressions que je n'aurai plus qu'à mettre à la poste à mon arrivée.

Je fais quelques pas en arrière et reviens à Alexandrie, d'où j'ai daté ma dernière lettre. Arrivés le 19 janvier en cette ville, nous sommes partis pour le Caire à cinq heures du soir; à une heure du matin, après avoir traversé le Nil plusieurs fois, dans l'obscurité la plus complète, nous entrions en gare. Tout le monde était embarrassé et ne savait où aller ni à qui s'adresser. Ne me souciant nullement de coucher à la belle étoile, j'errais un peu à l'aventure, quand j'entrevis une calèche qui arrivait à nous, conduite par un négro en chemise avec un valet de pied portant même couleur et même livrée que son camarade. Mon ami C... et moi prîmes possession aussitôt du véhicule. Notre cocher, sans doute pour nous prouver la bonté de son attelage, au risque de nous culbuter cent fois, nous mena à toute bride jusqu'à l'hôtel de l'Univers, où nous arrivâmes les premiers. Il restait une chambre à deux lits, dont je m'emparai, et bien m'en prit, car quelques instants plus tard, l'hôtel était envahi par une trentaine de voyageurs ne pouvant trouver place.

Dès six heures du matin, j'étais en voiture pour aller visiter la ville jusqu'à l'heure du départ pour Suez, fixé à dix heures. Mon premier but était la citadelle, qui domine la ville à l'occident.

La citadelle est assise sur un monticule assez élevé à la pointe occidentale de la ville et à mi-côte du Mokattan. Elle fut construite à la fin du douzième siècle par Salah-Eddin (le Grand Saladin), et restaurée par Méhémet-Ali. On arrive à cette forteresse par une belle route macadamisée, et, après avoir franchi une porte voûtée, on se trouve en face de la mosquée édifiée par Méhémet-Ali; les bâtiments qui la composent, ornés de deux grands minarets, sont de forme élégante et d'architecture curieuse à étudier.

Du côté opposé se trouve le fameux puits de Yousouf, l'une des curiosités du Caire ; il a été creusé dans le roc et forme plusieurs étages où sont établies des margelles pour faire monter l'eau jusqu'à la partie supérieure qui a six mètres de diamètre; la profondeur totale de ce puits est de 280 pieds. Il communique avec un immense aqueduc qui vient verser les eaux du Nil dans les réservoirs de la citadelle; cet aqueduc a l'aspect d'une grande muraille percée à sa base par des arcades irrégulières et d'une architecture primitive.

Du sommet de la citadelle, l'horizon s'étend de toutes parts à perte de vue : on domine les plantations du vieux Caire, et les groupes de Boulach de Choubrah et de Koube ; vers l'occident et le sud, on aperçoit, sur une étendue de quarante kilomètres, l'immense vallée du Nil qui, après mille détours que l'œil se plaît à suivre, se perd dans le vague du désert; çà et là, des groupes considérables de minarets, qui se détachent du milieu de bois de palmiers touffus et d'un vert sombre, indiquent l'emplacement des tombeaux des Mamelouks; à l'est, la crête du Mokattan; à l'ouest, les monts libyens et les trois pyramides de Gigez, et entre le Nil et ces monuments, à huit kilomètres de distance environ, une plaine d'une teinte verte et d'immense étendue. C'est dans cette plaine que Bonaparte livra, en 1799, la célèbre bataille des Pyramides. Quand on se porte vers le sud, on distingue dans le lointain les trois pyramides de Sahara, et un peu plus loin à l'ouest les trois pyramides du Darfour. Il n'est pas possible de voir un panorama plus étendu, plus varié, plus riche en souvenirs. Rien n'est beau comme l'ensemble de cette vue qui vient se compléter par l'aspect de toute la ville qui s'étend de toutes parts avec ses innombrables minarets, dont les pointes aiguës semblent menacer le ciel.

Mais il faut déjà s'arracher à cette contemplation pleine

d'attraits en songeant au départ ; je profitai de mes derniers instants pour parcourir les divers quartiers de la ville.

La ville du Caire est divisée en trois quartiers distincts qui sont principalement habités, le premier par les juifs, le second par les Arméniens, les Coptes et les Syriens, le troisième par les Européens. Quant aux mahométans, ils sont un peu partout. On porte la population de l'ancienne capitale du Caire à trois cents mille habitants, renfermés dans une enceinte qui a plus de 15 kilomètres. Le quart de cette étendue est occupé par de vastes cimetières.

La ville du Caire présente le type musulman le plus complet que j'aie jamais vu. Presque toutes les rues sont étroites, tortueuses et mal entretenues ; en certains endroits, elles sont recouvertes d'un ciel en planches ou tout simplement en bandes d'étoffe blanche pour arrêter les ardeurs du soleil, et donner un peu d'ombre aux habitants. Les maisons, construites en torchis, présentent un triste et misérable aspect ; sur la rue, elles n'ont que deux ouvertures : une petite porte basse servant d'entrée, et une croisée pour éclairer l'intérieur. Le caractère des habitations est tel qu'on pourrait se croire transporté dans une ville d'Arabie, au temps des califes.

A chaque pas on rencontre une mosquée. Aucune ville que je sache ne possède autant de monuments religieux que le Caire ; on en porte le nombre à plus de quatre cents. Il est vrai de dire qu'un grand nombre tombe en ruines. Les mosquées, à l'exception de quelques-unes dont l'architecture est assez remarquable, sont aussi modestes à l'intérieur que simples à l'extérieur ; elles ne contiennent ni bancs, ni chaises, mais, à l'entrée seulement, un bassin aux ablutions qui contient une eau d'une propreté douteuse, et dans le fond une chaire dans laquelle les imans montent pour lire le Coran.

A peu près au centre de la ville, se trouve la place de

Leybekieh, qui peut avoir en surface six fois l'étendue de la place Vendôme, et qui est plantée d'une double rangée de sycomores entourés d'un fossé rempli de vase. Cette place, contrairement aux rues de la ville, est ornée de plusieurs belles habitations parmi lesquelles on remarque celles qu'occupèrent Bonaparte et Kléber en 1798. C'est sur cette place que, le 14 juin 1800, Kléber fut assassiné à coups de poignard par un fanatique du nom de Soleyman.

Parmi les édifices les plus remarquables du Caire, on peut citer les deux belles portes de Bab-el-Nasr et de Bab-el-Fotouh ; près de cette dernière, est posée la pierre funéraire du brave Salkowski, aide de camp du général Bonaparte, un des premiers officiers qui furent tués lors de la révolte du Caire, le 21 octobre 1798.

La fondation du Caire est attribuée à Giauher, l'un des généraux de Meez, qui régnait en 969. Entourée d'une vaste muraille bâtie par ses soldats pour protéger un campement considérable, cette ville fut d'abord appelée El-Cahe-Ah (ville victorieuse.) puis Caherah, Caera, Cairo et enfin Caire. Pendant deux siècles, la capitale de l'Égypte fut gouvernée par les califes fatimites, dont Meez était le fondateur, puis par les califes ayoubites, dont le chef était Salah-Eddin. L'un de ses successeurs fut détrôné en 1250 par les esclaves mamelouks, originaires du Caucase, de la Géorgie et de la Circassie, qu'il avait achetés en 1230 à Djenguiskan. C'est de cette époque que date la création des sultans et des beys. L'arrivée de l'armée française en Égypte, et la fameuse bataille des Pyramides, mirent fin à la domination des Mameloucks qui, malgré la suzeraineté de la Turquie établie en 1517, exerçaient toujours une influence toute-puissante.

En traversant la ville pour nous rendre à l'hôtel où nous attendaient les voitures qui devaient nous conduire au chemin de fer, nous vîmes dans presque toutes les rues des coureurs précédant des cavaliers lancés de toute la vitesse de leur monture. Ces coureurs, à demi nus, n'ont d'autre emploi que de faire ranger les troupeaux d'ânes et de mulets qui, en cette ville comme dans toute l'Égypte, sont en très-grand nombre. Ainsi que dans tous les pays musulmans, les rues sont sillonnées d'une foule de gens en guenilles, criant, gesticulant pour vendre quelques denrées alimentaires. La population musulmane et levantine du Caire a le même aspect misérable que celle d'Alexandrie. Malgré tout, l'aspect des rues du Caire, si animé, si original, doit impressionner vivement le voyageur européen qui ne connaît pas l'islam.

A dix heures un quart, nous étions dans les wagons qui devaient nous mener à Suez.

A quatre kilomètres du Caire, on est déjà dans le désert. Des chaînes de montagnes d'un sable blanc comme de la neige s'enchevêtrent, se fondent les unes dans les autres, et semblent vous entourer de toutes parts ; le rayonnement de la lumière colore l'espace de teintes dont on n'a pas l'idée en Europe.

La distance du Caire à Suez est d'environ trente lieues, ou, en langage décimal, cent vingt kilomètres, qu'on parcourt en quatre heures et demie environ. Du Caire à Suez, la physionomie du pays est toujours la même, c'est toujours le désert de sable avec ses mêmes horizons de montagnes blanches dont la monotonie et la réverbération finissent par fatiguer l'esprit et les yeux.

En sortant des wagons, on se rend immédiatement à bord d'un petit bateau à vapeur qui vous transporte à deux ou trois milles en mer, où est mouillé le steamer. Celui sur lequel je m'embarque se nomme *la Némésis*. C'est un magnifique navire, qui, en un instant reçoit plus de deux cents passagers avec leurs bagages. Chacun prend possession de sa cabine et s'y installe. Nous avons toute une série de nouvelles figures à bord, ce sont les passagers qui sont arrivés d'Alexandrie, venant de Southampton, en destination, comme nous, des Indes orientales. Il y a parmi eux toute une classe de jeunes gens de dix-huit à vingt ans, qui vont dans les Indes pour la première fois; on leur donne en Angleterre le nom particulier de *Griffin*, qui signifie petits animaux absurdes: ils sont assez bien désignés, car ils se donnent beaucoup de mouvement pour rien, s'agitent dans le vide, portent des voiles gris et verts autour de leur chapeau, et ont une sorte de satisfaction d'eux-mêmes amusante à considérer.

Lorsqu'on navigue dans ces régions déjà si éloignées des centres de civilisation, on est frappé de la grandeur de l'Angleterre et des moyens qu'elle emploie pour maintenir sa domination des mers. La mer Rouge est un véritable lac anglais où on ne rencontre aucune trace de Français; tous les mois plus de quinze grands steamers viennent jeter à Suez ou en emporter des masses d'Anglais qui ont le monopole de toutes les affaires avec les Indes orientales, et ces affaires, qui sont considérables, sont la source de fortunes immenses.

L'extrémité du monde apparaît aux Anglais comme un horizon très-rapproché. En France, au contraire, on a si peu l'habitude des voyages, qu'un déplacement un peu long jette dans des doutes qui sont entretenus par les appréhensions de tous ceux que l'on quitte. — Un voyage en Chine! s'écrie-t-on, quelle aventure! quelle folie! Eh bien! les Anglais font ce voyage comme on va de Paris à Marseille.

Quant à moi, qui ai l'esprit naturellement entreprenant, je regrette que mon pays ne soit pas plus lancé dans la voie de ces lointaines excursions, et je me rallie de plus en plus à l'idée de l'empereur, qui veut établir l'influence de la France dans les contrées les plus éloignées, là où le nom de l'Angleterre est seul connu.

Vers minuit, vendredi 20 janvier, le steamer se met en

route. Nous ne nous arrêterons qu'à Aden, après avoir franchi toute la mer Rouge, à la sortie du détroit de Bal-el-Mandeb; total, cinq jours de navigation.

Dès le matin du samedi, je suis sur le pont pour saisir tout ce que mes yeux me permettront de voir au loin. A droite, nous longeons la côte d'Égypte, à gauche celle d'Asie; toutes deux sont très-élevées, et les montagnes qui les surplombent sont comme celles du désert, desséchées par le soleil. Le temps est magnifique, la température douce et calme remplace les frimas de l'Europe ; l'air, d'une limpidité parfaite, permet de distinguer les moindres détails de la côte.

Depuis deux ou trois jours, nous avons un vent du sud extrêmement fatigant ; la mer, très-houleuse, ne permet pas de laisser les fenêtres des cabines ouvertes ; dans l'intérieur, la chaleur est suffocante ; tout le monde campe pêle-mêle sur le pont.

Aujourd'hui 25, le vent a fraîchi en tournant un peu à l'ouest. Je pense que nous arriverons cette nuit à Aden ; on doit y passer la journée pendant que l'on fera du charbon à bord ; puis on repart pour Ceylan, où l'on arrive après onze jours de mer. Je serai donc probablement à Ceylan le 6 février. Là, les voyageurs pour l'extrême Orient quittent le bateau pour en prendre un autre qui doit les conduire à Singapore ; et la *Némésis*, bateau sur lequel nous sommes en ce moment, continuera sa route pour Madras et Calcutta.

Ces steamers sont de véritables villages flottants. Nous sommes cent cinquante à table ; on mange et on boit toute la journée jusqu'à dix heures du soir, heure à laquelle on éteint toutes les lumières à bord.

Ma cabine, placée près de la machine à vapeur, est inhabitable, à cause de la chaleur qui est insupportable. Elle est remplie de cancrelas longs comme le doigt, et qui, dit-on, mangent les ongles des pieds et sucent le sang. Quant à moi, je ne me suis pas encore aperçu de la voracité de ces affreux animaux.

A bord de la *Némésis*, le 2 février 1860, océan Indien,
9° latitude N., 63° longitude de Paris.

Depuis ma dernière lettre, j'ai passé quelques heures à Aden.

Après avoir passé devant Moka le 25 janvier, vers quatre heures du soir, nous avons traversé le détroit de Bal-el-Mandeb pendant la nuit. En cet endroit, la mer est très-peu large, mais l'obscurité étant complète, je n'ai rien pu distinguer sur les côtes. En somme, notre navigation dans la mer Rouge a été assez bonne, la mer plus ou moins agitée, l'estomac plus ou moins détraqué, la vie encore supportable, malgré une chaleur accablante.

Le jeudi 26 janvier, à cinq heures du matin, le steamer jetait l'ancre dans la rade d'Aden. Immédiatement une quantité innombrable de pirogues et de barques, se détachant du rivage, vint porter aux flancs de notre navire une foule de négros, hurlant, gesticulant, nus comme des vers et noirs comme le diable.

Cette irruption soudaine, véritable coup de théâtre, me fit l'effet d'un rêve, et devint pour tous un véritable divertissement.

La plupart de ces négros étaient entièrement nus; quelques-uns portaient une pièce d'étoffe autour des reins ; plusieurs, que l'on peut considérer comme les fashionables de l'endroit, ont au cou une lanière de cuir à laquelle pendent ou des grains d'ambre, ou une petite poche en cuir renfermant des versets du Coran. Il y en a aussi qui portent des bracelets de métal aux jambes et aux bras ; presque toujours ce bracelet est rivé au-dessus du coude, à l'avant-bras droit. Mais la grande mode pour ces négros, c'est d'avoir les cheveux ou plutôt la laine teinte en châtain-clair.

Pour arriver à ce résulat, ils se servent de chaux dont ils se mettent une calotte sur la tête ; après un certain temps, la chevelure perd son caractère de laine dure pour se transformer en une petite frisure rougeâtre qui donne un air étrange à la physionomie de ces grands coquins de négros, maigres comme des squelettes et longs comme des anguilles de mer. D'autres, conservant la dureté de leurs cheveux, les laissent pousser un peu longs et les séparent en une quantité de mèches raides comme des cornes d'antilope ; ceux-là ont l'air de vrais démons et sont affreux à voir. Tous crient, hurlent, gesticulent, plongent pour avoir une pièce de monnaie, et cherchent à monter sur le pont du navire, d'où ils sont chassés à grands coups de trique.

Quant aux Arabes qu'on remarque au milieu d'eux, ils paraissent plus vigoureux, mieux proportionnés ont la chevelure presque noire.

Aden est située sur la pointe d'une presqu'île formée par un soulèvement volcanique des plus curieux. Rien de plus sombre que l'aspect de ces montagnes noires et déchirées en tous sens, sans la moindre trace de végétation. Cette petite presqu'île tient, au nord, à la grande presqu'île arabique par une langue de terre plate et de peu d'étendue.

Pour un établissement militaire la position a été admirablement choisie. En arrivant de la haute mer, on entre dans une baie qui forme une véritable rade, large et commode, et dont la passe étroite est défendue par de nombreuses batteries rasantes établies sur des rochers.

On aperçoit sur le bord de la mer plusieurs dépôts de charbon de terre qui arrive d'Angleterre, pour les besoins de la compagnie péninsulaire.

La ville d'Aden est située à près d'une lieue et demie de l'endroit où l'on débarque ; une route large, bien macadamisée y conduit ; après avoir suivi le bord de la mer, elle se redresse pour entrer dans le mouvement du terrain volcanique dont j'ai parlé. Alors, toutes les hauteurs, qui sont des plus escarpées, sont garnies d'une fortification continue couronnée de forts ; la route, en entrant dans cette fortification formidable, est taillée à pic dans le rocher, et il serait difficile, pour ne pas dire impossible, d'en forcer le passage. Après cette coupure, on descend dans une petite plaine dominée de tous côtés par de hautes montagnes et bornée au sud par la mer : c'est là que se trouve la ville d'Aden. Elle n'offre aucun caractère bien particulier, si ce n'est que les maisons sont généralement basses et composées d'un seul rez-de-chaussée. Il y a là, comme sur la route qui conduit de la mer à la ville, un grand mouvement de nègres, de femmes, d'Arabes, qui vont, soit à pied, soit à dos de chameau. J'ai remarqué surtout un grand nombre de petits négros suspendus aux longues mamelles des négresses, qui considèrent comme une beauté de race la longueur démesurée de cette partie de leur corps.

Les Anglais tiennent à Aden une garnison composée de deux régiments de cipayes de Bombay et de cinq cents soldats fournis par la métropole ; la position qu'ils ont choisie pour fortifier ce rivage, au milieu des vastes solitudes de l'Océan, est remarquable ; pour rendre inattaquable Aden, ils ont, depuis 1839, fait des efforts inouïs et dépensé des sommes considérables.

Océan Indien, sous l'équateur, 3 février.

Nous sommes presque sous l'équateur, les jours sont égaux aux nuits, la chaleur est accablante. En Europe, il n'est pas possible d'avoir une idée de la température qu'il nous faut supporter ; j'ai, ce matin, 45 degrés dans ma cabine !

La Némésis est partie d'Aden le 25 janvier au soir, faisant route vers Ceylan.

Avant d'entrer dans l'océan Indien, il faut sortir du golfe de Bab-el-Mandeb formé par la côte d'Afrique au sud et l'Arabie au nord.

Deux jours après notre départ, nous voyions la terre d'Afrique pour la dernière fois au cap Guardafui, le point le plus oriental du continent africain ; puis, laissant la grande île de Socotora au nord, le steamer se lançait à toute vitesse dans l'océan Indien.

Depuis notre départ d'Aden, la mer oppose à la marche de notre navire ses grandes vagues houleuses qui se dressent droites et retombent en mugissant avec d'épais flocons d'écume qui jaillissent sur le pont.

Le roulis et le tangage rendent notre fatigue extrême. Depuis que nous approchons de l'équateur, la chaleur redouble d'intensité ; on ne sait plus où se mettre. Tout le monde déserte la cabine, pour venir chercher sur le pont l'air qui manque à l'intérieur. On espère une brise qui ne vient pas ; on désire la fraîcheur du vent, mais celui qu'on respire est de feu. Depuis deux jours, chacun bivouaque à sa fantaisie, sur le pont, dans les couloirs, partout enfin où l'on espère se trouver mieux. J'ai fait comme tout le monde, et je mène une vie errante, autant qu'on le peut sur un navire : la nuit dernière, j'ai fait élection de domicile sur la table de la salle à manger. Il me serait impossible, du reste, d'habiter plus longtemps ma cabine, au risque d'être dévoré par les cancrelas, qui pullulent tous les jours d'une manière prodigieuse ; je crois que tous ceux du bâtiment s'y sont donné rendez-vous. Ils sont longs comme le doigt et mangent tout ce qu'ils trouvent.

J'avais tout d'abord l'idée de les tuer en les écrasant, mais on m'en a dissuadé en m'affirmant que j'empesterai ma cabine. — J'ai suivi ce conseil, mais j'ai fui.

Je pense que nous arriverons demain soir à la pointe de Galle, dans l'île de Ceylan. C'est de là que partira ma lettre, que je tâcherai de ne terminer qu'à terre. Arrivés à la pointe de Galle, nous quittons *la Némésis*, qui continue sa marche sur Madras et Calcutta avec la plus grande partie des passagers, et nous prenons la malle de Chine, qui doit arriver de Bombay le 5 février.

Nous avons à bord une foule de petits enfants, blonds et frisés, qui font, pour la première fois, le voyage d'Angleterre à Calcutta ; ils passent toute la journée à jouer sur le pont, à rouler de bâbord à tribord, avec mille cris joyeux qui contrastent fort avec le flegme de leur famille.

Dimanche 5 février, 2 heures du matin, en rade de Galle (île de Ceylan).

Le steamer est arrivé en face du phare de Pointe-de-Galle, et louvoie tout autour à cause des rochers à fleur d'eau qui obstruent les passes ; on ne pourra entrer qu'avec la lumière du jour. Le bateau de Chine qui arrive de Bombay louvoie à côté de nous : nous sommes donc certains de ne pas attendre son arrivée à Ceylan. Il est probable que nous ne resterons à Pointe-de-Galle que sept à huit heures, juste le temps nécessaire pour faire du charbon. J'espère avoir le temps de visiter la ville, la forteresse et les environs, ce qui me permettra, dans ma première lettre, de vous rendre compte de mes impressions.

La brise qui nous arrive de terre est chaude et humide, mais embaumée de mille parfums, qui me font vivement désirer de toucher terre.

Je vous adresse l'itinéraire exact de Marseille à Shang-haï, avec les distances.

De Marseille à Malte.	305	lieues ou	1.220 kil.
Malte à Alexandrie	379	»	1.516
Alexandrie à Suez.	90	»	360
Suez à Aden	581	»	2.164
Aden à Ceylan	990	»	3.960
Ceylan à Poulo-Penang ou Pulo-Penang.	560	»	2.240
Poulo-Penang à Singapore. . . .	132	»	526
Singapore à Hong-kong.	600	»	2.400
Hong-kong à Shang-haï.	450	»	1.800
Shang-haï au Pei-ho.	310	»	1.240
	4.397	»	17.588

De Paris à Ceylan, où je suis en ce moment, la distance est de 2,545 lieues.

Ma première lettre sera datée de Poulo-Penang, où je compte arriver avant huit jours. Poulo-Penang est la capitale de Penang, ou île du Prince-de-Galles.

Dimanche, 12 février, par le travers de la pointe nord de l'île de Sumatra.

.... Je reprends ma course descriptive depuis Ceylan. Quand on arrive par la pleine mer en vue de la côte méridionale de l'île de Ceylan, on n'aperçoit tout abord qu'une immense forêt de cocotiers qui s'avance jusque dans la mer, puis la petite ville de *Pointe-de-Galles*, ainsi nommée parce qu'elle est bâtie à la pointe même de l'île. Cette ville, de peu d'étendue, est entourée d'une fortification continue, construite par les Portugais quelque temps après sa découverte par le capitaine Almeïda; depuis 1805 elle appartient à l'Angleterre, qui a cru devoir ajouter aux fortifications une vaste citadelle commandant l'entrée du port. Toutes les maisons de Galle sont petites, basses, construites à l'indienne, avec des courants d'air établis partout.

La population se compose d'Anglais, de Portugais, de Hollandais, de Malais et d'Indiens; parmi les habitants d'origine européenne, les Anglais et les Portugais sont les plus nombreux; les Indiens que l'on rencontre à Galles sont nus jusqu'au milieu du corps et portent leurs cheveux à la chinoise, avec un chignon en arrière, comme les femmes, de sorte qu'à la première vue, il est assez difficile de reconnaître l'un ou l'autre sexe.

Après avoir visité la ville dans tous ses détails nous prîmes une voiture pour aller dans l'intérieur de l'île. Il est impossible de rêver une nature plus luxuriante; les routes ne sont bordées que de bois de cocotiers et de cannelliers qui se mêlent à de magnifiques arbres d'essences diverses inconnues en Europe, des buissons de fleurs de nuances les plus variées répandent dans l'air des parfums enivrants. Cette végétation splendide est entretenue par une pluie pour ainsi dire quotidienne, produite par de petits orages qui éclatent à chaque instant au-dessus de l'île. La température est presque toujours tiède, quelquefois chaude et humide comme celle qu'on respire dans un bain de vapeur.

Pendant tout le cours de la promenade, il m'a semblé être transporté au milieu d'un songe, craignant à chaque instant que le réveil ne vînt déranger le merveilleux tableau qui se déroulait à mes yeux éblouis.

Au milieu de toutes ces forêts on remarque les plantes les plus singulières qui produisent la cannelle, le camphre, le girofle, la muscade; on respire des anis forts comme des poivres, des citronnelles pénétrantes comme l'essence même; en un mot, c'est une atmosphère de parfums qui doivent agir puissamment sur toutes les natures européennes. Mais ce tableau a ses contrastes et ses ombres.

Ces forêts magnifiques sont peuplées d'animaux immondes, de reptiles nombreux, d'amphibies terribles, dont les plus hideux sont les caïmans, habitant en grand nombre les ruisseaux et rivières qui serpentent dans les bois. Quand on s'aventure dans les hautes herbes, on doit craindre toujours de marcher sur un reptile; plusieurs fois, en voyant des lézards gros comme le bras, se sauver en m'effleurant les pieds, je n'ai pu m'empêcher de frissonner.

Les voyageurs qui sont avec nous disent que la Pointe-de-Galles est un des points les plus curieux du globe, à cause de la magnificence de sa végétation. Je trouve tout cela splendide, mais comme je ne suis pas né sous l'équateur, je préfère les beaux ombrages des Pyrénées à tous ces cocotiers qui ne recèlent sous leur parasol de feuillage que d'affreux reptiles ou des négros repoussants.

J'aurais eu grand plaisir à visiter en détail l'île de Ceylan, dont les villes principales sont Colombo, capitale et résidence du gouverneur anglais; Trinkomaley, qui possède, dit-on, un des plus beaux ports de l'Asie, et Matoura, qui est située à la pointe extrême nord de l'île, comme Pointe-de-Galles l'est au midi. La petite ville de Matoura n'est séparée de nos possessions françaises, situées sur la côte méridionale de Coromandel, Karikal et Pondichéry, que par le détroit de Palk.

L'île de Ceylan renferme un assez grand nombre d'éléphants, qui semblent affectionner les environs de la ville de Matoura, où l'on vient les chasser en toutes saisons.

En rentrant à Galles, j'ai été accosté par plusieurs petits négrillons portant sur leur tête de beaux ananas empilés dans des paniers faits d'écorce de palmier. Ces fruits sont excellents et ne valent que quatre sous pièce. Vous voyez qu'on peut se régaler ici d'ananas sans qu'il en coûte aussi cher qu'en Europe.

Océan Indien, 14 février 1860.
Poulo-Penang (île du Prince-de-Galles).

La physionomie de Poulo-Penang, que je n'avais pu saisir qu'à vol d'oiseau du pont de notre bâtiment, ne m'avait pas trompé. Je viens d'y passer quelques heures. Ce petit coin de terre, perdu au milieu de l'océan Indien, réalise tous les rêves d'un printemps éternel. Non-seulement le séjour de Penang est enchanteur, mais il est salutaire; l'air qu'on y respire, tempéré par une brise éternelle, est d'une pureté parfaite. Aussi, tous les Européens qui n'ont pu supporter les ardeurs tropicales qui règnent à Madras, à Calcutta ou à Bombay, viennent y rétablir leur santé délabrée.

L'île de Poulo-Penang n'est pas très-étendue. Penang, sa capitale, coquettement assise aux bords de la mer, étend deux bras fortifiés autour d'une rade excellente. Une citadelle commande les passes, et un vaste arsenal suffit à toutes les exigences du service et de la position militaire. Ses maisons, petites et blanches, sont entourées de bosquets d'arbres et d'arbustes. L'intérieur de la ville n'est généralement habité que par des Européens et des Chinois. Les Indiens et les Malais campent en dehors de la ville. On évalue à soixante mille environ le chiffre de la population.

L'île de Poulo-Penang est dominée par une montagne assez élevée, formée par l'éruption soudaine d'un volcan, qui a laissé de nombreuses traces de lave à ses flancs crevassés. Il n'est pas un coin de terre qui n'y soit cultivé. A côté des sapans immenses, dont le tronc lisse a trente et quarante mètres de hauteur, sur les versants des coteaux, on voit des bouquets de girofliers, de cannelliers, de muscadiers, dont les fleurs et les fruits répandent au loin leur suave odeur. Dans les plaines, ce sont des champs de cannes à sucre, dont les tiges ressemblent à celles des plus vigoureux bambous.

Parmi les commerçants et colons européens de Penang, il y a un grand nombre de Français. Quelques-uns sont dans une brillante position de fortune. Grâce à l'amabilité de l'un d'eux, nous avons pu faire une promenade en palanquin et visiter les sites les plus remarquables de l'île. Pendant cette promenade, j'ai vu un grand nombre de perroquets aux couleurs éclatantes, juchés sur des arbres, et des singes noirs suspendus aux branches.

Aux flancs de la montagne volcanique dont je viens de parler, parmi de charmantes maisonnettes qui ressemblent à des nids perdus dans le feuillage, s'élève la maison de plaisance du gouverneur de Poulo-Penang. C'est une spacieuse et belle habitation, entourée d'une galerie ouverte et garnie de stores, qui protégent contre l'ardeur du soleil. A côté de la maison de campagne du gouverneur se dresse la tour des signaux, au sommet de laquelle flottent les couleurs de l'Angleterre.

A Poulo-Penang, la plupart des palanquins sont traînés par des chevaux que conduisent à la main des saïs, serviteurs chinois ou malais, qui courent de toute la vitesse de leurs jambes. Ces palanquins sont des espèces de chaises à porteur, fixées à des roues peu élevées.

Dans toutes les maisons riches il y a des serviteurs, qui sont sans cesse occupés à agiter une grande pièce d'étoffe suspendue au plafond, afin d'entretenir dans l'habitation une bienfaisante fraîcheur. Cette pièce d'étoffe s'appelle un *panka*.

Une singulière coquetterie que j'ai pu remarquer chez les femmes malaises, c'est la coutume qu'elles ont de se noircir les dents avec une huile préparée, après avoir préalablement enlevé l'émail à coups de lime.

Poulo-Penang n'est pas seulement un ravissant séjour, c'est un centre intellectuel où sont groupés de grands établissements soutenus par les missionnaires français et anglais; par les négociants de toutes les nations, les fonctionnaires et les Indiens eux-mêmes. Il y a une bibliothèque assez nombreuse; il y a même une imprimerie qui publie le *Penang-Gazette*, journal hebdomadaire très-répandu.

On compte plusieurs établissements d'éducation dont les plus importants sont le collége anglo-chinois, l'école primaire fréquentée par les enfants portugais et malais, et le collége Pulo-Ricoux, fondé par les missionnaires français; ce dernier collége compte plus de deux cent cinquante élèves chinois, cochinchinois et créoles.

J'allais oublier de vous dire comment il se fait que l'Angleterre possède l'île de Poulo-Penang. Le roi de Khéda la céda, m'a-t-on dit, en toute propriété à sa fille, qui épousa un colon anglais; celui-ci, du consentement de sa royale épouse, donna à l'île le nom de Prince-de-Galles, et en fit hommage à Sa Majesté Britannique, qui se l'annexa et en fit prendre possession.

Je regrette de n'avoir pu rester quelques jours de plus à Penang, j'y aurais recueilli bien des renseignements utiles et intéressants. Aujourd'hui, nous avons eu à bord du *Gange* une triste cérémonie : le second du bâtiment est mort. Voici comment ont eu lieu ses funérailles : on lui a mis un boulet à la tête, un autre aux pieds, puis le bâtiment a stopé... Le commandant du paquebot, assisté de ses officiers, a récité quelques versets de la bible anglaise, et le défunt a été jeté à la mer. Peu d'instant après, le steamer continuait sa route...

CHAPITRE II

Arrivée à Singapore : réception. — Physionomie de la ville et du port. — Population. — Climat. — Palanquins. — Pagodes. — Liberté des cultes. — Missions étrangères. — Églises catholiques. — Mer de Chine. — Aperçu météorologique sur le climat de Chine. — Arrivée à Hong-kong : le port. — Positions militaire et commerciale. — Édifices. — Population. — Macao : situation pittoresque. — Hôpital français. — La grotte de Camoëns. — Retour à Hong-kong. — Habitations européennes. — Départ : canal de Formose. — Embouchure du Yang-tse-kiang. — Station de Who-sung.

Singapore, 16 février.

Nous sommes arrivés hier à Singapore vers deux heures après-midi. Il y avait en rade un vapeur de guerre français, le *Laplace* qui, apercevant notre pavillon au grand mât, a immédiatement salué ce drapeau que nous allons porter si loin ; deux vaisseaux de guerre anglais et les batteries de la rade se sont joints à ce salut, et pendant quelques minutes l'air a retenti de coups de canon anglo-français.

Le commandant du *Laplace*, M. de Kuerjegu, est venu nous visiter à bord du *Gange*, ainsi que les autorités anglaises de Singapore, et M. de la Gorce, consul de France. Tous les officiers avaient revêtu le grand uniforme pour recevoir cette visite officielle ; la visite terminée, nous descendîmes à terre, où nous attendait la garnison anglaise rangée en bataille, et les différents fonctionnaires du pays.

Plusieurs élégantes calèches, attelées chacune de deux beaux chevaux tenus en main par des says nus, attendaient les ordres du gouverneur, qui invita le général de Montauban et les officiers de son état-major à venir dîner à sa maison de campagne, située à trois milles de la ville. Cette habitation est située sur un mamelon qui domine la rade et les environs de la ville. Du sommet de la terrasse, le regard embrasse une étendue immense où se déroule à l'œil émerveillé un magnifique panorama.

Singapore ou Sincapour est bâtie sur l'îlot du même nom, situé sur le détroit de Malacca. C'est une ville toute nouvelle, dont l'existence remonte à 1819. Avant cette époque, quelques huttes construites au sommet de longues perches enfoncées dans l'eau et la vase du rivage, indiquaient seules la place sur laquelle devait s'élever une ville florissante ; ces huttes étaient habitées par les familles des pirates malais dont le seul métier était d'écumer les mers, au détriment de tous. La rade de Singapore était le véritable refuge de ces brigands.

Sir Stamford Raffles n'avait pu voir sans regret l'île de Java échapper en 1816 à l'Angleterre, pour tomber en la possession des Pays-Bas. Nommé gouverneur de Bencoolen, situé sur la côte occidentale de Sumatra, il tourna ses vues vers l'île de Singapore, dont il obtint la cession en 1819, du sultan de Johore, qui venait de secouer le joug de la Hollande. La position commerciale de Singapore doit faire de cette ville nouvelle l'une des plus florissantes de l'extrême Orient avant peu d'années.

En effet, elle commande l'entrée des détroits de Rhio, de Dryon et de Malacca. Or le détroit de Malacca est la grande route de Calcutta ou de Bombay à Canton. Singapore n'est pas à plus de cinq cents lieues des côtes du Bengale et de celles du Céleste Empire d'une part, à cent lieues environ de Borneo, de l'autre à deux cents de Java. Grâce à cette position, la prospérité de la nouvelle cité anglaise doit aller toujours croissant.

On pourrait supposer que cette ville, fondée par Raffles, est toute anglaise : ce serait une grave erreur. Sur plus de soixante mille habitants qui peuplent Singapore, on compte de cinq à six cents Européens. Le reste est composé d'Indiens, d'Arméniens, de Juifs, d'Arabes, de Javanais, de Malais, de Chinois, etc., etc. Ces deux dernières classes forment plus de la moitié de la population. Ces soixante mille individus vivent en paix à côté les uns des autres, sous la garde de quelques cipayes noirs comme eux, mais toutes ces races diverses se détestent ; c'est ce qui explique la facilité de la domination qu'exercent environ six cents Européens, la plupart Anglais.

Singapore est bâtie sur le rivage occidental d'une île qui n'a pas plus de vingt kilomètres de long sur douze de large. La rade est très-vaste et d'un bon mouillage ; quand on jette l'ancre dans ce port immense, on est émerveillé du grand nombre de bâtiments dont les couleurs diverses flottent au souffle brûlant de l'air.

Pour nous autres Européens, nouvellement arrivés, les navires les plus curieux sont les jonques chinoises, véritables maisons flottantes où naissent, vivent et meurent des familles entières ; puis les lourds bateaux cochinchinois, et les chebecks arabes, longs et minces comme de véritables poissons de mer.

Singapore est un port franc dont la physionomie diffère essentiellement des autres colonies anglaises, toutes défendues par d'épaisses murailles, et une multitude innombrable de canons superposés. Un seul petit fortin, établi sur une langue de terre qui avance dans la mer, semble plutôt un avertissement pour l'avenir qu'une menace et une défense pour le présent.

Vu de la rade, Singapore présente avec toutes ses maisons disséminées sur les coteaux, un panorama très-pittoresque. La ville est séparée en deux quartiers très-distincts par une petite rivière qui descend des parties supérieures de l'île : le quartier européen est composé de délicieuses habitations à moitié cachées par les girofliers, les muscadiers et d'immenses sapans, et séparés par de vastes jardins très-soignés où s'élèvent le bananier, l'arbre à pin, le palmier et vingt essences inconnues dans nos climats. Le quartier chinois-hindou, moins aéré, moins spacieux, est un composé de rues étroites, tortueuses, où règne la plus grande activité commerciale. J'ai parcouru une grande partie de ces rues encombrées par des marchandises et des produits de toute espèce ; je crois y avoir vu tous les costumes de l'univers, et entendu tous les cris du monde. Près d'un Parsis, descendant des anciens Perses, on peut voir le noir Hindou, la tête couverte d'un large turban et le corps fièrement drapé dans un ample vêtement de mousseline blanche, à côté d'un Chinois jaune comme de l'ocre, la tête rasée, tenant d'une main son éventail, de l'autre son parasol. Cette diversité de costumes a surtout provoqué ma curiosité à Singapore, et je suis certain qu'il en est de même pour tous les étrangers nouvellement débarqués.

Singapore, 17 février.

J'ai passé toute la matinée à parcourir la ville, entrant dans les maisons, visitant les bazars chinois et les quais. Grâce à l'amabilité et à l'intelligence d'un compatriote qui s'est mis à ma disposition pour guider mes pas, j'ai pu voir beaucoup en peu de temps.

Je vous ai dit, dans ma précédente lettre, que Singapore

n'était nullement entourée de fortifications ou de canons. En revanche, les quais sont encombrés de ces engins de guerre, que plusieurs commerçants anglais vendent aux pirates malais ou chinois, comme toute autre marchandise. Je dois ajouter que si le commerçant anglais vend toute espèce d'armes et de munitions de guerre, la marine anglaise ne laisse échapper aucune occasion de s'en emparer en donnant la chasse sur mer à ces pirates, qui trouvent leur refuge dans Singapore même.

La population chinoise de Singapore m'a fort étonné : au lieu de voir des magots, assis les jambes croisées, s'éventant gravement ou aspirant silencieusement la fumée de l'opium et du bétel, je n'ai rencontré que des gens actifs, affairés.

Notre consul français, M. Lagorce, me disait qu'aucune nation ne s'entendait mieux au grand commerce d'exportation comme au petit commerce de détail, et qu'un grand nombre de Chinois avaient réalisé ici des fortunes considérables à force d'habileté et de persévérance. Ce sont encore les Chinois qu'on trouve à la tête des maisons de banque et des vastes exploitations agricoles. Chaque jour les grands arbres des forêts séculaires tombent sous la hache du Chinois pour faire place à d'immenses champs cultivés. Presque tous les Chinois qui se livrent à la culture des terres viennent de la province de Fo-Kien, qui renferme la population la plus robuste du Céleste Empire. Si les habitants de cette province sont naturellement portés vers l'agriculture, il est vrai de dire qu'ils sont alléchés par les avantages que le gouvernement anglais leur accorde pour défricher les terres. Ainsi, ils sont exempts de toute redevance pendant les deux premières années, et ne paient qu'une taxe minime pendant les vingt années suivantes.

A Singapore, comme à Poulo-Penang, tous les chevaux des palanquins sont conduits à la main par des serviteurs nus ou demi-nus, qu'on appelle says, et qui sont de misérables Bengalis ou des Hindous de la côte de Malabar. La plupart des chevaux dont on se sert ici pour le service des palanquins ou voitures, sont des poneys de race persane, noirs comme l'ébène, petits, mais vifs et vigoureux.

Le climat de Singapore n'est pas insalubre, mais les chaleurs excessives qui y règnent presque toute l'année en rendent le séjour presque intolérable aux Européens.

En entrant dans l'appartement qui m'était destiné, j'ai trouvé tout le confort désirable. Un domestique indien, vêtu d'une longue tunique blanche, les jambes nues et ornées d'anneaux d'or, attendait silencieusement mes ordres. Sur une table où tout était préparé pour écrire, il avait disposé un plateau chargé de rafraîchissements.

Après avoir absorbé coup sur coup plusieurs grands verres d'une boisson acidulée et fort agréable, je me couchai aussitôt sur une natte de palmier. Le domestique me couvrit avec soin d'un large moustiquaire et se retira vers l'entrée de la chambre, attendant mes ordres, pendant qu'un jeune Chinois ne cessait d'agiter un large éventail pour renouveler l'air.

Dans toutes les habitations des commerçants anglais ou américains, il y a des domestiques indous ou chinois qui ne font pas d'autre service que d'agiter des éventails ou la *panka*, grand vélum attaché à la partie supérieure de chaque appartement.

A toutes les ouvertures qui servent de fenêtre, il n'y a aucune croisée, mais seulement des stores qui interceptent les rayons du soleil et permettent à l'air de circuler librement.

J'ai visité avec intérêt quelques pagodes et mosquées qui s'élèvent à côté des églises et des chapelles. De tous les édifices religieux, le plus élégant et à la fois le plus somptueux est la pagode chinoise, pour laquelle les bouddhistes dépensent des sommes considérables. Ici, la liberté religieuse est complète : catholiques, anglicans, musulmans, bouddhistes et autres, pratiquent leur culte avec une égale protection.

L'aspect des rues de Singapore, pendant la nuit, est des plus tristes; au silence profond qui y règne, on croirait que la ville est déserte. Pas de bruit, pas une lumière, si ce n'est celle d'une lanterne que tient au bout d'un bâton un Chinois attardé.

Nos beaux cafés de France sont remplacés par quelques établissements ouverts toute la nuit, affreux bouges à peine éclairés, où hommes et femmes de basse classe, la plupart malais, se livrent à la passion effrénée de l'opium, qu'ils fument des journées et des nuits entières. Tous ces individus, d'une maigreur effrayante, hébétés, inspirent au voyageur un profond sentiment de dégoût.

Nous partons aujourd'hui pour Hong-kong, où nous n'arriverons pas avant quinze jours. Nous n'irons pas directement à Shang-haï ; l'amiral Page, étant en rade à Hong-kong, nous prendra à son bord pour nous conduire à Canton, qui se trouve à six heures de marche de la possession anglaise en remontant le fleuve Tchu-kiang.

En ce moment, nous sommes sous l'équateur; la chaleur est accablante; le thermomètre marque 37 degrés. Mais ce soir, après avoir doublé la pointe de Malacca, nous ferons route vers le nord. A cette époque de l'année, la température n'est pas très-élevée en Chine, nous arriverons donc dans un bon moment ; nous avons besoin d'un peu de fraîcheur pour nous remettre de la chaleur tropicale qui, depuis un mois, ne nous a pas quittés et nous a brûlé le sang. A bientôt, de Hong-kong.

Avant de quitter Singapore, j'aurais dû vous parler de l'établissement français des missions étrangères, mais le peu de temps que j'ai passé dans cette colonie anglaise, ne m'a pas permis de visiter, comme je l'aurais voulu, un établissement qui a déjà rendu de si grands services au catholicisme dans ces parages. Je ne saurais mieux faire qu'en cédant la parole à M. de Chassiron qui, plus heureux que moi, a pu faire au sujet des missions étrangères de Singapore un historique des plus intéressants.

« Le P. Beuret est comme la personnification véritable et » actuelle du catholicisme, tel qu'il se trouve placé à Singa- » pore et dans la presqu'île malaise, entre deux sociétés, l'une » toute protestante, l'autre toute païenne.

» Né en Bretagne d'une famille sans fortune, il arriva à » Singapore en 1839. Au début, ses supérieurs le destinèrent » à Siam; mais en débarquant à Singapore pour se rendre à » son poste, il y fut retenu par le vicaire apostolique, et de- » puis cette époque il n'a fait qu'une courte apparition en » Europe.

» Dans le principe, le vicariat de la péninsule malaise com- » prenait trois grands districts : celui du sud composé de » deux ports principaux, Singapore et Malacca; celui du » centre, comprenant Penang, Batu-Kavan et la province » Welleslay; celui du nord, s'étendant de Mergny à Martaban » dans la Birmanie, jusqu'au seizième degré de latitude nord. » Aujourd'hui le district du nord appartient à la mission par- » ticulière de Birmanie, et ainsi le vicariat apostolique, ayant » son siége à Penang, ne se compose plus que des districts » du centre et du sud, de tout l'ouest de la péninsule et des » îles du voisinage.

» A son arrivée à Singapore, le P. Beuret se trouva en pré- » sence d'un chisme portugais et de nombreux obstacles ; il » avait à apprendre les différents dialectes qui se parlent » dans la presqu'île malaise, et il n'en savait aucun ; il manquait » de ressources pécuniaires ne recevant que dix piastres » par mois de la Propagande de la Foi; dans les journaux » anglais de la localité, tous les jours il était traité d'intrus

» et de vagabond ; sa situation était donc aussi difficile que » précaire.

» Néanmoins, et c'est là, à mes yeux, le point le plus re- » marquable de son œuvre : il parvint, dès 1843, à jeter les » fondations d'une première église catholique, avec les som- » mes que lui avait procurées une souscription commencée » en 1840 et faite uniquement dans la société protestante, » dont il avait su se concilier l'estime et les sympathies par » sa patience et la moralité de sa vie. Il n'existait avant lui » qu'une petite chapelle ; il la réserva aux frères de la » doctrine que, dès cette époque, il songeait à appeler auprès » de lui.

» Ces premiers résultats heureux faillirent un instant être » compromis ; l'autorité locale s'alarma de voir une église ri- » vale prendre des proportions plus importantes que la sienne » propre. L'abbé Beuret, toujours fidèle à son système de » patience se décida à la détruire ; mais pour la relever plus » tard dans les conditions architecturales simples et belles où » elle est aujourd'hui. Voulant enfin compléter son œuvre, il » vint ensuite en France en 1850 pour y chercher des auxi- » liaires chez les frères de la doctrine chrétienne et chez les » sœurs ; et en 1852 il débarquait une dernière fois à Singa- » pore avec ses nouveaux coopérateurs.

» Les écoles des frères pourraient à mon avis donner de » meilleurs résultats que ceux obtenus jusqu'à ce jour. Le » caractère premier, la règle même de ses établissements de- » vrait être la gratuité, prise du moins dans son application » générale, et elle est loin d'y être comprise et appliquée par » la direction actuelle ; aussi les résultats moraux et matériels » y sont-ils médiocres.

» Il n'en est pas de même de l'établissement des sœurs, » dignes femmes qui, partout où elles paraissent, n'apportent » que dévouement, bienfaisance et charité. Il est à la fois un

» asile pour les orphelines et une école. Là, la gratuité est » véritablement comprise et mise en pratique, ce qui fait que » sous le rapport de l'orphelinat les sœurs sont arrivées à des » résultats remarquables; elles ont aujourd'hui dans leur mai- » son soixante-dix petites ou jeunes filles, qu'elles entretien- » nent de toutes choses. Le nombre de leurs élèves, l'école » comprise, s'élève à cent dix.

» L'établissement des Frères se compose d'à peu près cent » vingt élèves; mais trente seulement sont pensionnaires ou » orphelins. Les sœurs vivent, elles, de leur industrie et de ce » qu'elles reçoivent de l'école payante. Elles appartiennent à » la congrégation de Saint-Maur.

» A Singapore, il n'existe à proprement parler que trois » églises ; l'île de Singapore renferme en outre 4,000 catho- » liques 1,200 Chinois, le reste Malabars, Européens ou des- » cendants d'Européens; quant au chiffre des protestants, il » s'élève à peine à 5 ou 600; à Penang, il y a deux églises et » deux écoles; à Battu-Kavan et à Wellesley, l'on peut comp- » ter à peu près 3,000 chrétiens; Malacca a une église, mais » point d'école ; en revanche, dans l'intérieur du pays, une » mission des plus intéressantes par la vie de ses prêtres et » par leurs sacrifices, a déjà donné le baptême à plus de 400 » sauvages; enfin l'institution religieuse la plus remarquable » de la Malaisie est sans contredit le collége général de Pe- » nang, pour le clergé indigène des diverses missions; il est » dirigé par six professeurs; le nombre des élèves chinois, » cochinchinois, tonquinois et coréens est de 150 à 160.

» Au total, à Singapore comme à Penang, l'esprit de la po- » pulation catholique est généralement bon. Les Malais sont » les plus résistants. Les Chinois et les Malabars qui, en fait, » dominent par le nombre, donnent les plus nombreux adeptes » au catholicisme, et à ce propos, justice doit être rendue à » l'autorité anglaise, qui laisse à nos missionnaires toute leur

» liberté de pensées et d'actions, tout en se refusant, d'autre » part, à les assister en quoi que ce soit. Le catholicisme tra- » vaille donc seul à la civilisation des populations païennes » et sauvages; seul, il bâtit des églises et des chapelles; seul, » il cherche à les attacher au sol par le mariage et souvent en » les aidant, les Chinois entre autres, à faire venir de leur pa- » trie lointaine leurs femmes et leurs enfants.

» Enfin, pour clore ce rapide aperçu de l'état des Missions » étrangères dans la partie orientale des Indes, en Birmanie, » nous avons un évêque et près de 25 missionnaires; en Ma- » laisie, 19, y compris les professeurs du collége de Penang; » à Siam, de 12 à 14; au Cambodge, 6 seulement; au Laos, 3 » en Cochinchine, fort peu en ce moment, bien que l'état » constitutif de cette dernière mission soit de sept ou huit » évêques, chacun à la tête d'une mission; en ce moment, il » n'y en a que cinq militants, ayant, dit-on, autour d'eux, un » nombreux personnel de prêtres indigènes.

» Un pareil ensemble de résultats est incontestablement » aussi remarquable en lui-même que satisfaisant pour la re- » ligion; mais les meilleurs, les plus hautes causes ayant tou- » jours, plus ou moins, leurs côtés faibles, pourquoi, après » avoir cherché à rendre aux institutions, aux hommes et à » leurs actes, les éloges qui leur sont légitimement dus pour » leurs efforts ou leurs sacrifices, ma conscience, mes obser- » vations comme mes susceptibilités nationales se croient- » elles en droit d'adresser un reproche aux *Missions, en » général, composées d'éléments français* (les Lazaristes excep- » tés, j'aime à le reconnaître)? Me fondant avec regret sur » des faits notoires qui ne sont que trop fréquents dans l'ex- » trême Orient surtout, où leur rôle est plus important que » sur tout autre terrain, plus fatalement lié à celui de notre » politique, je leur demanderai pourquoi elles persistaient » à sembler craindre de se montrer françaises, tout en ne

» cessant pas pour cela de rester catholiques ; deux qualités » cependant essentiellement compatibles entre elles. Partout, » et dans l'extrême Orient plus qu'ailleurs aussi peut-être, la » France n'a-t-elle pas été, n'est-elle pas, ne sera-t-elle pas » toujours la protectrice née du catholicisme? C'est même là » une de ses forces et une de ses gloires. Tous les jours les » missions ne sont-elles pas de sa part l'objet de sacrifices » moraux et matériels, en influence, en hommes, en argent? » Tous les jours, de leur côté, les missions n'ont-elles pas, » avec raison, recours à la France pour la conservation de leurs » droits, pour la sécurité ou le développement de leurs éta- » blissements, et ne la trouvent-elles pas toujours prête ?

» Pourquoi donc d'ailleurs ne s'inspireraient-elles pas de » la saine politique de l'Europe, dont la sagesse et l'habileté » consistent plus qus jamais aujourd'hui à fuir l'isolement et » à chercher leur force dans la cohésion des intérêts, dans les » alliances assorties? L'union du catholicisme et de la France » n'est-elle pas de ce nombre, traditionnelle, indiquée?

» Enfin, si les missions veulent à tout prix avoir leur poli- » tique personnelle et la pratiquer, pourquoi ne la feraient- » elles pas du moins l'auxiliaire utile et avouée d'une puissance » dont, je le répète, elles peuvent tous les jours avoir à invo- » quer l'assistance ? La religion, qui est aussi la civilisation, » n'aurait qu'à gagner à une pareille union qui, en même » temps qu'elle sauvegarderait de grands principes, vien- » drait doubler l'influence et les moyens d'action de ceux qui » l'auraient franchement contractée.

» Que les missions me pardonnent la franchise, peut-être » même l'audace de mon langage ; c'est parce que je suis » convaincu, et que je me prétends catholique, que j'ose le » leur tenir.

» CHASSIRON. »

Mer de Chine, à bord du *Gange*, vendredi, 24 février,
12° latitude nord, 112° longitude de Greenwich.

Depuis notre départ de Singapore, nous marchons fort lentement, aussi est-il possible que le *Gange* n'arrive pas à Hongkong avant le courrier d'Europe ; peut-être, en ce cas, pourrons-nous le rencontrer en route et lui remettre notre correspondance. Quoi qu'il arrive, je profite d'un instant de relâche pour continuer mon journal de voyage.

Il y a quarante-cinq jours que j'ai quitté la France, voguant presque toujours ; jusqu'à présent la traversée s'est bien effectuée ; depuis quelques jours seulement la mer est devenue très-mauvaise par la mousson nord-est contre laquelle nous luttons ; elle soulève à chaque instant des lames énormes qui, en se brisant, impriment au bâtiment un mouvement de tangage continuel. Tous les passagers sont malades, moi-même j'ai le corps brisé de fatigue. Il nous tarde à tous d'arriver à Hongkong.

La température s'est considérablement modifiée, depuis que nous avons quitté Singapore. A mesure que nous avançons vers le nord, la chaleur diminue d'intensité, et nous avons lieu de croire qu'elle sera supportable à notre arrivée sur les côtes de Chine.

Il est probable que le général de Montauban, avec tout son état-major, s'embarquera sur la frégate de l'amiral Page, qui nous conduira à Canton, située sur la rivière des Perles (Tchou-kiang), à huit heures de marche de Hong-kong. Le général s'arrêtera quelque temps dans cette ville pour se mettre en relations avec les autorités anglaises et la marine française. Nous n'arriverons guère à Shang-haï que vers le 15 mars.

Comme il n'est pas un ami.qui ne prenne un vif intérêt à notre situation en Chine, je crois à propos de vous adresser un aperçu météorologique sur le climat de Shang-haï pendant l'année 1859 ; il représente assez bien la moyenne des dix dernières années.

Janvier. — Beau temps jusqu'au 21. Pluie et neige dans la semaine suivante, puis deux jours de gelée et ensuite dégel. Neige pendant la nuit du 26 ; elle reste pendant trois jours sur le sol. Les canaux sont gelés ainsi que les cours d'eau, qui ne sont pas rapides. Le thermomètre varie, le jour, de 0° à 13 degrés au-dessus de zéro et de 3 à 4 degré au-dessus de zéro pendant la nuit.

Février. — A l'exception du 9, jour de pluie, le temps est beau avec du soleil du 1er au 25. Il fait un froid continu de 3 à 11 degrés au-dessus de zéro pendant le jour, et de 3 à 6 degrés pendant la nuit. Le soleil est moins brillant qu'en janvier. Le 25 éclate un orage qui amène la pluie jusqu'au 28.

Mars. — Le commencement du mois est pluvieux ; puis la neige tombe par suite d'un abaissement subit du thermomètre : quatorze jours de pluie. La deuxième quinzaine est belle, le thermomètre varie de 3 à 14 degrés au-dessus de zéro pendant le jour, et de 0° à 11 degrés au dessus de zéro pendant la nuit.

Les moustiques ont commencé à envahir le pays. Il faut bien se couvrir et faire attention aux variations brusque de la température.

Avril. — Il y a douze jours de pluie. Le 2 du mois, le vent saute au nord et amène une grande variation dans le thermomètre ; sauf cela, la première semaine a été belle. Il y a eu de fortes pluies pendant la deuxième quinzaine. Pendant le jour, le thermomètre a varié de 12 à 26 degrés au-dessus de zéro; et de 4 à 17 degrés pendant la nuit.

Mai. — Le mois a été très-pluvieux; il y a eu vingt jours de pluie, avec un temps mou. On voit apparaître les premiers fruits; les légumes abondent dans les jardins particuliers. Les moustiques obscurcissent l'air et deviennent très-incommodes. Pendant la dernière quizaine du mois, on remarque que la température monte rapidement de 13 à 26 degrés au-desssus de zéro le jour, et de 10 à 22 la nuit.

Juin.— Température basse jusqu'au 20 ; dix-huit jours de pluie, cinq jours d'une chaleur étouffante. Il y a 35 degrés à l'ombre.

Le thermomètre a varié, le jour, de 21 à 35 degrés, et la nuit de 17 à 28.

Juillet. — Cinq jours de pluie, provoqués par des orages. Du 15 au 30, grandes chaleurs qui occasionnent beaucoup d'ophthalmies.

Variations du thermomètre : 23 à 35 degrés pendant le jour, 20 à 30 pendant la nuit.

Août. — Du 1er au 15, pluies d'orages qui rafraîchissent la température. Douze jours de pluie.

Le thermomètre varie, le jour, de 25 à 34 degrés au-dessus de zéro, et de 21 à 29 degrés pendant la nuit.

Septembre. — Quatorze jours de pluie. Les quinze premiers jours chauds, la deuxième quinzaine tempérée.

Le thermomètre varie de 22 à 30 degré le jours, et de 16 à 25 la nuit.

Octobre. — Dix-neuf jours de pluie. Vers la fin du mois on reprend les vêtements un peu chauds.

Le thermomètre varie de 15 à 27 degrés pendant le jour, et de 9 à 21 pendant la nuit.

Novembre. — Cinq jours de pluie. Beau temps.

Le thermomètre varie de 10 à 18 degrés pendant le jour, et de 4 à 16 degrés pendant la nuit.

Décembre. — Beau temps. Deux jours de pluie.

Le thermomètre varie de 5 à 13 degrés au-dessus de zéro pendant le jour, de 2 à 7 degrés au-dessous de zéro pendant la nuit.

En résumé, pendant l'année 1859, il y a eu trente-six jours de grande chaleur au-dessus de 29 degrés. L'été commence en juin et finit vers le 20 septembre. Durant cette saison, il est essentiel de porter de la flanelle blanche, et de se garantir la tête avec des bandelettes de colonnade, qu'on laisse retomber sur les épaules. Le soleil, dont il faut se préserver, produit des insolations mortelles en quelques heures; ces accidents, rares en Afrique, sont très-fréquents dans l'Inde comme en Chine.

Hong-kong, 27 février.

Le navire *le Gange* est entré dans le port de Hong-kong le 26 février, à huit heures du soir. M. Vaucher, faisant fonctions de consul de France, s'est rendu tout de suite à bord pour nous offrir l'hospitalité; mais la soirée étant trop avancée, nous n'avons quitté notre navire que le lendemain pour faire, avec le général de Montauban, toutes nos visites officielles.

L'entrevue qui a eu lieu entre l'amiral Hope, commandant de la marine britannique, et l'amiral Page, qui commande la flotte française, a été des plus cordiales. Les deux amiraux sont restés longtemps ensemble.

Hong-kong est une île montagneuse, dont les Anglais ont pris possession en 1842, après le traité de Nankin.

A cette époque, l'île n'était qu'un rocher aride, habité seulement par quelques pêcheurs chinois. Là, où il n'y avait alors que de misérables cabanes éparses, s'élève maintenant une grande et belle ville peuplée de quatre-vingts mille habitants; là où l'on ne distinguait que de petites barques avec quelques filets suspendus, on voit aujourd'hui alignés et pressés, les uns contre les autres, les bâtiments de guerre et de commerce de toutes les nations.

Le port de Hong-kong est, il est vrai, un des plus vastes du monde; il peut contenir de nombreuses flottes. Les Anglais ont su tirer un excellent parti de ce port magnifique, merveilleusement disposé par la nature pour les besoins du commerce; ils en ont fait de plus un vaste arsenal, qui peut suffire à toutes les exigences de la campagne militaire que nous allons entreprendre.

La position géographique de cette colonie anglaise est exceptionnelle et des plus avantageuses. Placée à l'entrée du canal de Lamma, qui le sépare de Lantao, elle commande l'entrée du Tchou-kiang. A l'embouchure de ce fleuve, qu'on appelle encore le Tigre-Chinois, sont groupées un grand nombre d'îles, dont les plus importantes sont : Hiang-shan ou Macao, Lantao et Hong-kong; mais cette dernière a acquis, sous l'impulsion anglaise, toute l'importance qui, pendant quelques années, appartînt à Macao, surtout à l'époque de la puissance maritime du gouvernement portugais. C'est sous l'administration de sir John Bowring, troisième gouverneur, et surintendant du commerce en Chine, que la colonie de Hong-kong a pris un développement considérable.

Attirés par la franchise du port, les pirates chinois sont venus chercher un refuge dans une ville où ils trouvent les munitions et les engins de guerre dont ils ont besoin. Les Chinois de Canton et de Macao, les Américains du Sud, les Hindous et les Parsis de Bombay n'ont pas tardé non plus, mais dans un intérêt commercial, à venir se grouper autour des Anglais fondateurs de la colonie; aussi s'opère-t-il aujourd'hui dans cette ville, dont l'existence remonte à peine à 1842, d'immenses transactions commerciales, dont on peut avoir une idée en voyant les docks et magasins qui longent les quais, et où sont entassées les marchandises et productions de tous les pays. Une grande avenue bien macadamisée, ornée d'arbres, de candélabres et de trottoirs, s'étend à plus de cinq kilomètres de distance au milieu de tous ces somptueux et vastes entrepôts de la ville marchande. A Hong-kong comme à Singapore, j'ai vu empilés les uns sur les autres des canons de tous les calibres, qui sont vendus, comme toute autre marchandise, aux pirates.

Ce matin nous avons déjeuné chez notre consul, M. Vaucher. Je n'ai pu m'empêcher de remarquer la vivacité des domestiques chinois qui servaient à table, et leur ponctualité toute militaire. Ils vont, viennent, entrent et sortent sans bruit; préviennent tous les désirs des convives, et sont d'une propreté parfaite. Ceux qui nous servaient, tous jeunes et de taille élevée, portaient de jolis kafetans blancs qui leur couvraient presque tout le corps, c'est leur costume ordinaire; pour toute chevelure, ils ont une longue natte noire, tressée de soie de couleur, et qui tombe sur le dos.

J'apprends à l'instant que nous nous embarquerons, dans les premiers jours du mois prochain, sur l'*Aden*, bateau de la compagnie péninsulaire, qui nous conduira directement à Shang-haï. Malgré la contre-mousson, nous espérons arriver à notre dernière étape avant le 15 mars.

Je profiterai de mon séjour à Hong-kong pour vous donner, dans une seconde lettre, une description plus détaillée de cette colonie.

29 février 1860.

La colonie de Hong-kong a environ 9 milles de longueur sur 27 de circonférence. Comme je vous l'ai déjà dit, le sol, tout granitique, présente une aridité presque complète : ce ne sont partout que montagnes de pierres entrecoupées de ravins profonds où coulent de rapides ruisseaux. Il existe peu d'île d'une si petite étendue couvertes d'autant de montagnes; les plus élevées sont : le pic Pottinger, ayant 1,020 pieds de hauteur; le pic Parker, 1,710 pieds ; le pic Hig-West, 1,175 pieds ; le pic Kellett, 1,130 pieds ; le pic Gough, 1,575 pieds, et enfin le pic Victoria, 1,825 pieds. C'est au pied du dernier mont que les Anglais ont taillé dans le roc une ville entière, à laquelle ils ont donné le nom de leur reine, et qui est aujourd'hui la capitale de leur colonie chinoise. Ils ont construit à Victoria des palais magnifiques, et y ont transporté leurs mœurs, leurs habitudes, leurs propreté, et tout le confort qui distingue les habitations anglaises.

Parmi les édifices les plus remarquables de cette ville, on peut citer les casernes, les hôpitaux et les magasins appropriés pour l'armée de terre et la marine, les bâtiments du commissariat, la bourse, l'habitation du gouverneur, construite sur la montagne et dominant toute la ville et la rade; enfin, une très belle cathédrale dans le style gothique. Presque toutes les maisons de Victoria affectent le mode chinois de construction.

Sur les 80,000 habitants de Hong-kong, on compte six à sept mille catholiques. Mais les événements qui se préparent dans l'extrême Orient vont sans doute augmenter la population de l'île, en attirant dans ces parages un grand nombre d'Européens.

La colonie anglaise est administrée par un gouverneur général, dont les pouvoirs sont très-étendus ; un lieutenant gouverneur et un conseil de gouvernement composé de cinq membres choisis parmi les notables commerçants complètent la haute administration.

L'habitation du gouverneur, située sur un des versants de la montagne Victoria, est entourée d'une charmante promenade ombragée par de grands arbres ; de ce point culminant, on domine la ville, les faubourgs et la rade ; et, au moyen d'une longue-vue marine on distingue parfaitement le groupe d'îles disséminées à l'embouchure du Tchou-kiang. La rade présente le spectacle le plus animé. Au milieu des bâtiments de guerre qui y sont mouillés circulent sans cesse des steamers, des bateaux, de jonques chinoises chargées de monde.

En ce moment, il y a peu de navires français dans le port, la plupart étant encore en Cochinchine. Quand les bâtiments attendus de France et d'Angleterre seront arrivé par la voie du Câp, à Hong-Kong, ils ajouteront encore à l'animation déjà si grande qui règne sur ces rives lointaines.

Le nom de Hong-kong, corruption de Hiang-kiang, qui signifie eau parfumée, provient d'une petite rivière située à la pointe sud de l'île et renommée par la pureté de ses eaux ; peu à peu, les étrangers qui venaient dans cet endroit renouveler leur provision d'eau, ont étendu à l'île entière le surnom qu'ils avaient primitivement donné à cette petite rivière.

Une des habitations les plus curieuses de Hong-kong est celle de M. Jardine Matheson, le plus riche négociant de la colonie anglaise. Les bureaux et magasins qu'il a fait construire au bord de la mer, tout en pierres de taille, ont l'aspect d'un immense et splendide palais; à côté sont situés de vastes chantiers de construction pour les navires qu'il frète et arme à ses frais.

C'est au-dessus du parc de sa villa qu'est situé, isolé dans la montagne, le collége des missionnaires français.

Avant de partir pour Shang-haï, je compte aller visiter la colonie portugaise, qui n'est séparée de Hong-kong que par le fleuve de Tchou-kiang. Il y a entre Macao et Hong-kong un service organisé tous les jours, car les relations commerciales entre ces deux villes sont des plus actives.

Sang-ko-linsin, le commandant en chef chinois, à la tête d'une armée de 70,000 hommes, attend d'un pied ferme la prochaine visite des Français et des Anglais. Il est, dit-on, fermemeut convaincu qu'il va battre les barbares, et les chasser devant lui « comme la paille emportée par le vent. »

Il a fait fortifier Tien-tsin d'une manière formidable; il croit que c'est là plutôt qu'aux forts Takou qu'on préférera engager le combat. Bien que Chinois, ce général ne manque ni de talent militaire ni d'énergie; il est surtout assez versé dans l'art de l'artillerie et des fortifications. Il a acquis ces connaissances au service des Russes dans le Caucase. Mais quant à son armée, elle ne peut pas faire grand'chose contre les Français.

Nous attendons toujours les troupes françaises et anglaises.

Les Anglais viennent d'expédier quatre petits vaisseaux de guerre, l'*Actéon*, *Algerine*, *Dove* et *Sampson*, vers le Pei-ho. Ces vaisseaux sont chargés de surveiller les Chinois et de faire tous les préparatifs pour l'arrivée des troupes alliées.

Quoique par leurs traités avec les Français et les Américains, les Chinois se soient engagés à permettre aux missionnaires catholiques et protestants de propager leur foi sans obstacle, ils ne paraissent que fort peu disposés à tenir parole. Déjà un nommé Lé, magistrat du district de Tsien-tang, dans le Hang-chow, a publié un édit ordonnant l'expulsion immédiate de deux chrétiens chinois, King-ling-yiu et Kung-huen-gaou, pour avoir, à l'instigation des missionnaires américains, distribué gratuitement des livres religieux. L'édit fait savoir que quiconque osera admettre ces deux chrétiens dans sa maison sera puni de la prison et de l'amende ; et le magistrat est tellement pressé d'en finir avec les deux coupables, qu'il termine son ordonnance par les mots : « Il faut obéir ! Vite ! vite ! » Cet édit a produit une grande sensation parmi les Européens ; il viole d'une manière flagrante le traité, et démontre un mauvais esprit de la part des Chinois.

Les autorités chinoises, à Amoy, ne veulent pas permettre l'engagement même volontaire des coolies comme travailleurs dans les colonies de l'Angleterre et de la France. Pour empêcher le départ de ces malheureux, elles n'hésitent pas à employer les moyens les plus atroces. Dans le village de Tongkhia, une jeune femme de dix-huit ans, la nommée Pek-a-leans, qui a enrôlé des coolies, a été condamnée à être écorchée vive et puis crucifiée ! Deux Chinois, pour le même fait, ont été suspendus trois jours durant par les orteils ; pendant ce temps, on leur a administré mille coups de bambous et brûlé les pieds ; puis ils ont été décapités, et leurs cœurs ont été envoyés à leurs familles !

Que pensez-vous de la manière d'agir des Chinois ?

Hong-kong, 3 mars.

Arrivés à Hong-kong, le 26 février au soir, nous nous embarquions à bord du *Forbin*, le 28, et nous arrivions le soir même à Macao. Le lendemain matin, dès six heures, le général de Montauban et tous les officiers composant son état-major quittaient le navire pour se rendre à la ville et visiter l'hôpital de la marine.

L'air salubre dont on jouit toute l'année à Macao, malgré les grandes chaleurs, a été pour beaucoup dans la détermination qu'on a prise d'y conserver un vaste établissement qui pourra recevoir tous les blessés ou malades, pendant la campagne de Chine. A la suite de la visite, le général de Montauban, contrairement à l'opinion accréditée depuis plnsieurs semaines, a décidé qu'un hôpital continuerait à subsister à Macao, mais qu'il serait transféré dans un autre local. On a désigné au général la maison qui semblait le mieux se prêter à la réalisation de ce projet; il est allé la visiter en compagnie du chirurgien en chef de la marine, et l'ayant trouvée convenable, il a donné les ordres nécessaires pour l'occuper le plus tôt possible.

Macao, qui se trouve, comme Hong-kong, située à l'embouchure de Tchou-kiang, n'est séparée de cette colonie anglaise que par la largeur du fleuve et les innombrables îlots granitiques qui forment une véritable digue naturelle opposée à la fureur des vagues.

La petite langue de terre sur laquelle cette ville est bâtie, fut concédée, vers 1580, par le gouvernement Chinois au Portugal, pour avoir délivré la province de Canton d'un redoutable chef de pirates qui ravageait les côtes de l'empire. Pendant plus de deux cent cinquante ans, les Portugais y firent un commerce considérable. On peut dire qu'avec le brave et intelligent gouverneur Amarac, lâchement assassiné le 22 août 1839, par ordre du gouvernement chinois, périt la colonie portugaise. Les Anglais portèrent le dernier coup à Macao par l'établissement de Hong-kong et la fondation de la ville de Victoria.

Aujourd'hui, cette colonie, habitée par trente mille Chinois et cinq mille Européens, n'est plus qu'une ville chinoise. Le drapeau portugais flotte bien au-dessus de l'habitation du gouverneur, mais des mandarins semblent y gouverner. Ainsi, le revenu des douanes et des impôts, la police des quais et de la ville sont confiés à des fonctionnaires chinois.

L'indifférence du gouvernement portugais a dû certes beaucoup contribuer à la décadence de Macao; l'établissement de Hong-kong a pu l'accélérer, mais l'insuffisance du port et sa rade impossible me semblent être la principale cause de sa ruine.

Le port intérieur n'est accessible qu'aux petits navires dont le tirant d'eau ne dépasse pas trois ou quatre mètres. Les bâtiments de guerre et les grands navires de commerce sont obligés de jeter l'ancre devant les côtes de Tipa ou de Ko-ho, éloignées de Macao de près de quatre milles. La mousson, qui souffre pendant toute la saison d'hiver, soulève les flots avec une violence extrême, et rend les communications aussi difficiles que dangereuses. D'un autre côté, les alluvions apportées continuellement par le seaux de Tchou-kiang envasent chaque jour de plus en plus le canal, situé entre la côte occidentale et l'île de Lappa, et qui forme le port intérieur. L'avenir commercial de Macao me semble donc à jamais perdu.

La ville n'a qu'un seul avantage sur Hong-kong, c'est son délicieux climat. Ouverte à la brise de mer, elle reçoit pendant une grande partie de l'année, le souffle bienfaisant de la mousson du nord, qui vient tempérer les chaleurs excessives de l'atmosphère. Hong-kong, adossé à Victoria, est complétement privé de cet avantage. Aussi les habitants de la colonie anglaise viennent-ils dans cette ville chino-portugaise rétablir leur santé altérée par les fatigues et les chaleurs.

La ville de Macao, bâtie en amphithéâtre, sur une colline roide et élevée, présente, vue de la rade, un aspect assez pittoresque. Sa base est appuyée sur les trois villages de Monchiou, de Patane et de Mougha, qui étendent au loin sur le rivage leurs maisons en briques bleuâtres et recouvertes de toits aux angles relevés. La population de ces villages égale à peu près celle de Macao. Quand on pénètre dans la ville, on est étonné des travaux énormes qu'il a fallu exécuter pour établir des rues, des places, et des maisons sur des pentes aussi rapides. Les rues sont étroites, tortueuses, mais propres et bordées de maisons à un seul étage. Les plus belles habitations sont celles que les Européens ont construites sur les quais de la Praya-Grande, lieu charmant, promenade favorite des étrangers, et plantée de grands et beaux arbres.

A peine arrivé à Macao, j'ai été visiter la grotte du Camoëns, située au pied des forts de Penha et du Monte, qui dominent la ville et la rade. Cette grotte est formée par un groupe de rochers où, selon la tradition du pays, le grand poëte se rendait tous les jours. C'est là qu'il composa le poëme des *Lusiades*.

Aujourd'hui cette grotte célèbre, enclavée dans un beau et vaste jardin, appartient à un Portugais, M. Marquès, qui a eu le bon esprit d'en laisser l'entrée libre à tous les étrangers.

Après avoir passé quelques heures à Macao, nous poursuivions notre excursion à bord du *Forbin*, en nous dirigeant vers Canton, que les indigènes appellent Kouang-tcheou-fou. La distance entre ces deux villes est de cent dix-huit kilomètres, qu'on peut facilement franchir en douze ou quatorze heures quand on est favorisé par la marée ou un bon vent.

Le Tchou-kiang, ou rivière des Perles, qu'il faut remonter pour aller de Macao à Canton, est formé par des affluents nombreux et rapides. Il présente, à son embouchure dans la mer de Chine un vaste triangle dont les trois extrémités sont formées par Canton, Macao et Hong-kong.

Mer Jaune, à bord de l'*Aden*, 4 mars 1860.
Whou-sung, 31° 25' latitude nord,
121° 1' 30" longitude est.

Je suis arrivé le 26 février au soir à Hong-kong, que je quittais le 29 pour me rendre à Shang-haï. Je vous ai adressé mes premières impressions sur Hong-kong : je tâcherai de compléter mon récit si, au retour de l'expédition que nous allons entreprendre, je puis rester quelque temps dans cette ville. Pendant tout mon séjour à Hong-kong j'ai reçu du consul français, M. Vaucher, la plus gracieuse hospitalité. Sa maison, du reste, est ouverte à tous les Européens, qu'il accueille avec un cordial empressement.

Je suis encore tout émerveillé de ce que j'ai vu dans cette partie méridionale de la Chine. En 1842, la ville n'existait pas, et aujourd'hui sa population compte plus de 80,000 Chinois réunis autour de quelques milliers d'Européens, logés dans de véritables palais qu'ils ont été obligés de disputer au rocher. Il y a, à Hong-kong, des commerçants qui jouissent d'une immense influence. Leur action ne se borne pas aux limites de la colonie, elle s'étend au delà des mers et se fait sentir au sein même du parlement anglais. Ainsi, la maison Jardine Matheson, dont je vous ai déjà parlé, dispose à elle seule de 45 voix dans le parlement. Ce sont en réalité, ces nababs de Hong-kong qui font la guerre de Chine.

Toutes les installations de ces colons anglais sont somptueuses, et rien en Europe ne peut en donner une idée. Il n'y a pas un détail de leurs habitudes et de leurs mœurs qui ait été oublié ou négligé.

Comme Londres, comme Paris, Hong-kong possède un

champ de course, magnifique turf, parfaitement entretenu, où se montrent chaque jour un grand nombre de chevaux et de voitures de luxe. Il est situé dans une prairie voisine de la ville que les Anglais nomment Happy-Valley, vallée heureuse, vallée tranquille, à cause des trois cimetières qui l'entourent : l'un est consacré aux membres du culte catholique, l'autre aux anglicans, le troisième aux disciples de Zoroastre; dans ce dernier on brûle les corps des morts. Le cimetière consacré aux Chinois est situé de l'autre côté de la montagne. Pendant ma promenade sur le *turf*, on m'a signalé plusieurs chevaux de prix sur la vitesse desquels on engage, à chaque course, des sommes énormes; on m'a montré toutes les célébrités du pays. Un instant, à voir ce grand nombre de chevaux et de cavaliers, je me suis cru transporté aux Champs-Élysées, mais mon rêve n'a pas été de longue durée.

Si les Anglais ont le génie de la colonisation et des lointaines entreprises, il faut bien reconnaître que le peuple chinois, par son éducation et ses instincts mercantiles, a dû, surtout à Hong-kong, leur venir singulièrement en aide, et favoriser le développement de leurs richesses.

Pour se rendre de Hong-kong aux îles de Chusan ou à Shang-haï, c'est-à-dire pour remonter la mer de Chine du sud au nord, contre la mousson de nord-est qui souffle dans cette saison, il y a plusieurs routes à suivre : la première par le détroit de Formose, qu'on traverse en louvoyant; la seconde par le canal du même nom, en longeant l'île à l'est; la troisième, en doublant la pointe méridionale de l'île et prenant la haute mer par le détroit de Formose. Cette dernière route est, dit-on, la plus sûre, mais c'est aussi la plus longue; car on met plus de quinze jours avant d'arriver de Hong-kong aux îles Chusan. En général, la traversée contre la mousson nord-est est mauvaise et présente, sinon de graves dangers, du moins des fatigues extrêmes. Nous avons suivi la voie la plus courte, et nous avons jusqu'à présent effectué ce nouveau parcours maritime avec assez de bonheur.

Sur les côtes de la Chine règne constamment la mousson, qui souffle alternativement nord-est et sud-est. La mousson sud-est produit surtout des ouragans, des typhons, des tempêtes tourbillonnantes qui rendent la navigation des mers de la Chine très-dangereuse; et il ne peut en être autrement, quand on réfléchit à la lutte forcée des deux courants contraires, l'un, la mousson sud-est, opposé à l'autre, le grand courant atmosphérique qui règne entre le tropique du Cancer et la ligne équinoxiale. Cette lutte des courants amène des phénomènes étranges dont quelques-uns ont été décrits par plusieurs de nos officiers de marine.

Pendant la saison de la mousson nord-est, la navigation des côtes de la Chine est préférable à celle de la haute mer; seulement, il est absolument nécessaire de faire la plus grande attention aux récifs si nombreux sur ses côtes.

En traversant le détroit de Formose, j'ai remarqué combien les côtes de Chine, si tourmentées, si hérissées de pointes, et dont les nombreuses échancrures forment autant de criques, étaient favorables à la piraterie. L'île de Formose, m'a-t-on assuré, sert de réfuge à la plupart des pirates qui ont longtemps habité Hong-kong. Cette île, d'une vaste étendue, renferme, à ce qu'il paraît, des richesses minérales immenses; mais jusqu'à présent les côtes seules ont été explorées par quelques navigateurs, qui n'ont pu pénétrer dans les forêts qui couvrent l'île en grande partie; les Chinois eux-mêmes ne connaissent que le littoral ; l'intérieur de l'île est habité par des peuplades sauvages inconnues.

Deux jours après notre départ de Hong-kong, nous dépassions l'île de Formose pour entrer dans la mer Jaune. Elle justifie bien son nom. Sa couleur n'est pas l'effet d'une illusion d'optique. J'avais vu la mer Noire, verte; la mer Rouge, verte; toutes les mers enfin bleues ou vertes, selon le ciel plus ou moins sombre ; mais, je dois le reconnaître, celle que nous venons de traverser est réellement toute jaune, et ses eaux sont troubles et épaisses.

Bientôt l'Aden entrait dans les eaux de l'archipel de Chusan, que nous doublions pour pénétrer dans les eaux du Yang-tse-kiang, l'un des plus grands fleuves du monde après l'Amazone. Yang-tse-kiang, que nous nommons tout simplement fleuve Bleu, signifie en chinois fleuve fils de l'Océan. L'entrée de ce fleuve est très-difficile; une quantité innombrable d'îlots et de bancs de sables obstruent son embouchure; la navigation, sur la plus grande partie de son parcours nécessite aussi l'attention des pilotes à cause de l'abaissement des terrains couverts par le nappe d'eau sur les deux rives.

En remontant ce fleuve, à quarante-cinq milles environ de son embouchure, et presque en face de l'île sablonneuse Tsung-ming se trouve le grand village de Who-sung, situé à l'entrée de la rivière de Shang-haï et de son confluent, qui se déversent dans le Yang-tse-kiang.

Dimanche matin, 4 mars, nous jetions l'ancre devant les quais de Who-sung, situé entre le 31° 25' de latitude nord et le 121° 1' 30' longitude est. Quelques heures après, nous nous préparions à quitter l'*Aden* pour descendre à Who-sung et prendre une embarcation pour nous rendre à Shang-haï.

CHAPITRE III

Arrivée du général de Montauban à Who-sung. — Navigation du Yang-tse-kiang. — Arrivée à Shang-haï. — Installation. — Position géographique de la ville. — Commencement des relations commerciales avec les Européens. — Importance commerciale. — Situation topographique. — Physionomie de la ville. — Pagode de Loung-koua. — Collége de Su-ka-wé. — Population. — Division territoriale. — Hospices. — Jardins publics. — Religion nationale. — Agitation. — Panique. — Les rebelles. — Arrivée du général Hope-Grant. — Ting-haë et l'île de Chusan. — Physionomie de la ville et de l'île. — Ile de King-tang. — Station de Lou-kong. — Les fumeurs d'opium. — Ile de Pou-to. — Temple curieux.

Shang-haï, 15 mars

Le général de Montauban, commandant en chef l'expédition de Chine, est arrivé à Shang-haï le 10 mars, par le *Forbin*, vapeur de la marine impériale. Il était accompagné par le colonel Schmitz, chef d'état-major général, le colonel Bentzman, commandant l'artillerie, le sous-intendant militaire Dubut, chargé des services administratifs, et les officiers attachés à l'état-major. Sous les ordres du général en chef, ces officiers préparent avec la plus grande activité les mesures propres à assurer les opérations au moment de l'arrivée des troupes, qui ne pourront guère être à Hong-kong qu'à la fin d'avril.

On écrit de Hong-kong que le général de Montauban avait l'intention de concentrer l'armée à Shang-haï, pour se porter ensuite dans le nord du Céleste Empire ; mais des nouvelles plus récentes de Shang-haï nous donnent la presque certitude que le projet primitif a été abandonné.

Le commandant en chef réunirait toute la flotte à Whosung, à l'embouchure du Yang-tse-kiang, à trois lieues de Shang-haï : de là, sans faire débarquer les troupes, il irait s'installer non loin de la presqu'île de Tchefu, dans le golfe de Pé-tché-li. Tchefou présente un terrain vaste, élevé au-dessus du niveau de la mer ; l'air y est pur, les eaux sont douces et bonnes ; on ne pouvait mieux choisir un point de débarquement sur les côtes nord de la Chine. Les troupes pourront s'y reposer quelques jours en attendant qu'on organise l'artillerie.

Malgré toute l'activité qu'on ne cesse de déployer, les opérations ne pourront guère commencer avant le 15 juin, à cause du retard que mettront les arrivages de chevaux qui sont attendus de Manille et du Japon, où il a fallu aller les acheter.

L'artillerie une fois montée, ce ne sera plus qu'une question de jours, car Tchefu n'est pas éloigné de plus de soixante-dix lieues de l'embouchure du Pei-ho, où s'élèvent les forts qu'on a résolu d'attaquer. En vingt-quatre heures, il sera facile de transporter toutes les troupes sur le point que l'on choisira, d'accord avec les Anglais, pour commencer les opérations.

L'amiral Page est encore à Hong-kong ; l'amiral anglais Hope y est aussi, ainsi que le général Grant, commandant en chef les troupes britanniques. Le général Grant n'est arrivé à Hong-kong que par le dernier courrier.

Depuis quinze jours, la mousson souffle avec une extrême violence sur les côtes nord de la Chine ; elle nous a amené des torrents de pluie, interrompue seulement par des bourrasques dont les trombes seules peuvent donner une idée exacte.

A Shang-haï, le commerce de l'intérieur est presque paralysé par l'inquiétude des événements qui vont se produire avant peu. Les denrées alimentaires ont augmenté de prix d'une manière assez sensible, le change sur les matières d'or et d'argent s'est élevé tout d'un coup. Les Chinois sont dans l'attente des événements. D'autres part, les rebelles soulevés contre le gouvernement impérial chinois font des progrès et s'avancent vers le nord ; ils ne sont plus qu'à trente lieues de Shang-haï, et on prétend qu'ils disposent de forces considérables.

Le senouang, ou chef mogol, qui commande l'armée impériale, a, dit-on, trente mille Tartares réunis autour des forts du Pei-ho. Ils nous montrerons sans doute qu'ils ne sont pas si barbares qu'ils en ont la réputation, et qu'avec le fusil ou le canon il faut compter avec eux. Je ne doute pas du succès, mais encore une fois, je crois qu'il faudra toute la furie française unie à la bravoure de nos alliés les Anglais, pour avoir raison des forces ennemies et réduire au silence les forts qui commandent l'entrée de la capitale.

La réponse à l'ultimatum envoyé à Pékin par les ministres de France et d'Angleterre doit être connue vers le 15 avril. On s'attend au rejet de l'ultimatum.

Le général de Montauban, dès son arrivée à Shang-haï, s'est occupé de recruter 500 coolies pour éviter aux troupes les travaux de force toujours très-dangereux sous un soleil ardent. Ces enrôlements volontaires ont très-bien réussi à Shang-haï, où des masses d'individus se sont présentées au bureau de recrutement, ce qui a permis au général de faire un excellent choix.

On termine dans le port un grand nombre de chaloupes canonnières commandées par la marine. Ces chaloupes, établies par des constructeurs chinois, pour le commerce et la navigation des fleuves de l'empire, sont remarquables par l'élégance et la finesse des formes, le fini du travail, la solidité, et par toutes les qualités nautiques désirables.

Shang-haï, 16 mars.

Je vous ai dit que la navigation du Yang-tse-kiang présente certaines difficultés; une grande balise, enfoncée sur les bords du fleuve, entre deux mâts au sommet desquels flottent des bandelettes rouges, indique la route qu'il faut suivre pour entrer dans les eaux du Wampou. Nous eûmes toutes les peines du monde à nous frayer un passage au milieu de tous les bateaux qui encombraient le lit de la rivière; des centaines de jonques, pleines de riz, attendaient la marée pour remonter jusqu'à Tien-tsin, où elles vont porter leurs provisions; çà et là, autour de grands bâtiments-magasins, de nombreux receiving-chips et clippers américains et anglais, chargeaient des balles de soie, des lingots d'or, des caisses de thé ou d'opium.

L'*Aden*, qui avait, comme tous les bâtiments de la compagnie péninsulaire, pour cinq à six millions d'opium à bord, est resté à Who-sung pour se débarrasser de sa marchandise. Ces grands bateaux-magasins, situés à l'entrée de la rivière, servent d'entrepôts pour ce fameux poison qui se vend ici au poids de l'or. La station d'opium de Who-sung est la plus importante de l'empire de la Chine après celle de Cum-sing-moun, située dans la province de Canton, à quelques milles de Macao. Les villes de Lou-kong, près de l'île de Chusan, d'Amoy, dans le détroit de Formose, de Chimmo sur les côtes du Fo-kien, ne sont que des stations secondaires. On a calculé que la station de Who-sung absorbe à elle seule plus de mille à douze cents caisses d'opium par mois; depuis dix années, la vente de ce poison suit une progression constante : de cinquante millions à peine elle s'élève aujourd'hui à deux cents millions environ. Les receiving-ships qui font principalement le commerce d'opium, ont, pour défendre leur riche cargaison contre les pirates chinois, de nombreux équipages de lascars armés jusqu'aux dents et de gros canons de bronze chargés à mitraille.

Le ministre de France à Shang-haï étant venu au-devant de sa femme jusqu'à Who-sung, dans une sorte de jonque, nous avons pris place à son bord pour remonter la rivière du Wampou. Forcés d'attendre la marée, nous n'avons pu nous mettre en route qu'à trois heures, et nous ne sommes arrivés à la légation française qu'à dix heures et demie du soir, ayant mis sept heures et demie pour faire un si court trajet. En ligne directe, par les chemins de traverse, Sang-haï n'est pas à plus de sept milles de Who-sung, mais par la rivière qui fait mille plis et replis, la distance est de quatorze milles.

Débarqués sur le quai de Sang-haï, nous prîmes place immédiatement dans des chaises à porteurs construites en bambou et ornées de grandes lanternes chinoises. Quelques instants après, nous arrivions à la légation française, où un bon feu et un dîner confortable nous attendaient : nous mourions de faim, et l'air froid et humide de la rivière nous avait glacés. Nous fîmes honneur au repas et nous ne sortîmes de table que vers une heure du matin. A deux heures, je quittais l'hôtel du ministre de France pour monter en chaise (on ne marche pas autrement en Chine) et me rendre à la demeure qu'on m'avait désignée.

Cette demeure était tout simplement le palais de M. l'un des premiers négociants de Shang-haï. Un nombreux domestique, portant des torches allumées, se tenait à la porte de ce somptueux palais ; je fus introduis dans un salon splendidement éclairé, où m'attendait en habit noir et cravate blanche, M. H. qui m'accueillit avec tout l'empressement possible,

En me conduisant dans un appartement qu'il mit entièrement à ma disposition, il me dit : « Le déjeuner est a neuf » heures, le tifin à une heure et demie, le dîner à sept » heures. Les domestiques, les chaises, les bateaux, tout ici » est à vos ordres ; faites comme si vous étiez chez vous. Vous » trouverez au rez-de-chaussée une bibliothèque, un billard » et d'autres jeux ; dans votre cabinet de travail, j'ai fait dis- » poser tout ce qui peut vous être nécessaire ; si vous aimez » les chevaux, prenez dans mon écurie ceux qui vous con- » viendront ; enfin, vous n'avez qu'à sonner et on vous don- » nera tout ce que vous demanderez. »

Voilà l'hospitalité princière que je reçus à Shang-haï.

Après avoir serré les deux mains de ce bon M. H. pour lui témoigner combien j'étais reconnaissant d'une si cordiale réception, je me mis au lit remerciant la Providence de m'avoir amené à l'extrême Orient dans de pareilles conditions.

Je suis installé ici pour tout le temps de mon séjour ; jusqu'à présent, comme vous le voyez, je n'ai pas le droit de me plaindre.

Il y a dix ans, Shang-haï n'existait qu'à l'état de ville chinoise ; aujourd'hui, c'est une cité européenne qui s'étend le long du fleuve, avec tout le luxe et le comfort anglais. Ce point est appelé à une importance immense, parce qu'il reçoit tous les produits du nord de la Chine, qui sont les plus abondants et les plus recherchés.

Placé à quarante-huit heures du Japon il est en relations journalières avec les populations de cet empire ouvert depuis peu au commerce de la France et de l'Angleterre ; il communique régulièrement avec la Californie, la Nouvelle-Hollande, la Nouvelle-Calédonie, l'Australie, le Chili ; avant quelques années, Shang-haï sera assurément l'entrepôt général de tout le nord-est du monde. Je ne puis entrer en ce moment dans de longs détails sur la position exceptionnelle de cette ville ; le temps me manquerait pour vous les envoyer par ce courrier, mais je me réserve d'y revenir. C'est une question qui offre un grand intérêt pour le commerce des peuples occidentaux.

Nous attendons le général de Montauban et les officiers de l'état-major, du 8 au 9 mars.

Ce n'est guère qu'en 1844, comme je crois vous l'avoir dit déjà, que le commerce européen s'est introduit à Sanghaï; nul n'aurait pu prédire alors à cette cité naissante le développement considérable auquel elle était appelée.

Le nom primitif de Shang-haï était Hou, qui signifie : pêche au bambou. La manière de prendre le poisson, usitée encore en ce pays, consiste à enfoncer dans la rivière des pieux de bambous reliés entre eux par des branches flexibles ou des cordages ; on établit ainsi deux ou trois rangées de pieux qui viennent converger vers le rivage; la marée montante couvre cette espèce de réservoir de ses eaux, qui, en se retirant, laissent toujours un certain nombre de poissons prisonniers dans cette muraille de bambous. C'est par extension qu'on a donné à un village le nom de cette pêche qui occupait la plupart des ses habitants.

Depuis le commencement du douzième siècle, le nom de Hou a été remplacé par diverses dénominations qu'il serait trop long d'énumérer. Vers 1600, on désigna ce village par l'épithète de mer supérieure, et on le nomma Canhay, puis Shanhae, Zhangae, Xhanghay, Schanghae, Shanghay, et enfin Shang-haï, que nous prononçons en français comme s'il était écrit : Changaïe.

En 1844, on comptait à Shang-haï : 23 Européens résidant avec leurs familles, 11 maisons de commerce, 2 missionnaires et un consulat. Dix ans après, dès le commencement de 1855, on y comptait 340 Européens outre leurs familles, 68 maisons de commerce, 35 missionnaires et 8 consulats représentant les nations les plus considérables. Aujourd'hui tous ces chiffres ont singulièrement augmenté et tendent à s'accroître encore. Si l'on considère les tableaux d'importation et d'exportation publiés tous les trois mois par le bureau des douanes maritimes de Shang-haï, on peut prédire, à coup sûr, que cette ville deviendra avant peu d'années, l'une des plus importantes du Céleste Empire.

MOUVEMENT COMMERCIAL DE SHANG-HAI.

D'après les relevés publiés par le surintendant des douanes de ce port, l'ensemble des échanges de Shang-Haï avec l'étranger et le littoral s'est ainsi réparti en 1859 (marchandises et numéraires réunis) :

	liv. st.		fr. [1]
Importations..........	15,124,920	ou	378,123,000
Exportations	13,330,055		333,001,000
Total.....	28,454,975		711,124,000

Si l'on rapproche ce chiffre total de 711 millions de francs de ceux qu'avaient donnés (numéraire compris) 1856 et 1857 [2], à savoir : 401 et 538 millions de francs, on a la mesure des progrès considérables qu'a réalisés dans ces dernières années le commerce extérieur de Shang-haï.

[1] En évaluant la livre sterling au taux conventionnel de 25 fr., que le change continuellement variable rend purement fictif. Pendant le 2e semestre 1859, le taël chinois a valu en moyenne, à six mois de vue, 6 schellings 7 deniers sterling

[2] On n'a pas reçu de tableaux officiels pour l'exercice 1858.

Dans le total précité de l'exercice 1859, l'opium figurait à l'entrée pour 5,004,139 liv. st. (125 millions de francs) et le numéraire pour 3,407,154 (85 millions de francs). Sur cette dernière somme, il a été expédié en espèces ou métaux précieux 1,379,972 liv. st. (35 millions de francs), mais il convient de faire remarquer que ces chiffres ne comprennent pas d'importants envois de numéraire dirigés sur le Japon et dont il n'a pas été tenu compte par la douane locale.

Les deux principaux articles exportés de Shang-haï pour tous pays sont, comme on le sait, le thé et la soie. Les expéditions de l'un et de l'autre article ont été plus considérables en 1859 qu'en 1858; elles se sont composées, pour le premier (le thé), de 55,329,000 liv. (25,064,000 kilogrammes), au lieu de 45,466,000 liv. (19,595,000 kilogr.), et pour le second (la soie), de 75,652 balles au lieu de 71,279 [1]. Les destinations étaient, savoir :

	THÉ.	SOIE.
	livres.	balles.
Grande-Bretagne	30,989,000	24,770
États-Unis	10,952,000	2,389
Hong-kong pour Angleterre, Bombay et le continent d'Europe [2]	1,261,000	48,383
Autres pays	3,127,000	110
Total	55,327,000	75,652

Le contingent de la soie grége, dans ce total, était de 61,422 balles, et celui de la soie moulinée de 11,965. Il a de plus été

[1] La balle de soie de Chine pèse en moyenne 50 kilogr., ce qui donne pour 1859 un total approximatif de 3,782,600 kilogr.

[2] Le document ne spécifie pas les quantités expédiées en France.

chargé, principalement pour l'Angleterre, 575 balles de bourre de soie et 317 de cocons.

A l'importation, les marchandises qui ont figuré pour la plus forte valeur sont les toiles de coton (805,600 pièces), le sucre 287,000 piculs [1], et les étoffes en général.

On a compté à l'entrée 926 bâtiments d'un jaugeage collectif de 287,000 tonneaux, et à la sortie 939 bâtiments représentant 289,709 tonneaux. Ces chiffres s'appliquent à la navigation tant sur lest que chargée. Quant à cette dernière, en voici le résumé :

PAVILLONS.	ENTRÉE.		SORTIE.		TOTAL.	
	Navires.	Tonneaux.	Navires.	Tonneaux.	Navires.	Tonneaux.
Anglais	331	133,824	284	111,678	615	245,502
Américains	163	65,893	130	50,210	273	116,103
Divers non dénommés.	363	68,171	314	41,572	677	109,743
Totaux.....	857	267,888	728	203,460	1,585	471,348

Indépendamment des navires étrangers qui forment la majeure partie de l'effectif de cette navigation, un assez grand nombre de bâtiments de construction chinoise y concourt sous le pavillon de la nation qui les affrète pour faire le trajet entre Shang-haï et Ning-po.

[1] Le picul = 60 kilogr. 1/2. C'est à tort qu'on l'a évalué précédemment à 61 kilogr. 1/2.

Voici des chiffres qui résument assez bien le mouvement d'entrée et de sortie du port de Shang-haï :

Piastres ou lingots d'argent....................	140,000,000 fr.
Sapèques..................................	20,000,000
Opium....................................	140,000,000
Marchandises diverses......................	150,000,000
Total du chiffre d'importation......	450,000,000 fr.
— d'exportation......	400,000,000

Ainsi, le commerce de Shang-haï présente à lui seul un mouvement d'affaires de plus de 800 millions par an, chiffre réellement énorme pour un centre dont l'existence remonte à une période si récente.

Si cette ville a pris, en quelques années, une importance si considérable, elle le doit surtout à sa position. Située à trois lieues et demie de l'embouchure du Yang-tse-kiang (fleuve Bleu), immense cours d'eau qui prend sa source près de l'Himalaya, élevé à 8,600 mètres au-dessus du niveau de la mer, et qui sépare la Chine de l'Indoustan, Shang-haï communique par ce fleuve, qui la traverse, avec Sou-tcheou-fou, la ville la plus riche, la plus somptueuse, la plus commerçante, la plus civilisée du Céleste Empire. De Shang-haï, qui n'est en réalité que le port de Sou-tcheou-fou, partent tous les ans plus de deux mille bateaux qui, par les innombrables canaux qui sillonnent la Chine en tous sens, déversent leurs marchandises d'importation jusqu'au fond des dix-huit provinces de l'empire. On estime à plus de six mille le nombre de jonques de toutes grandeurs qui apportent, tous les ans, à Who-sung et à Shang-haï les soieries et les cotons, les porcelaines et les poteries, les caisses de thé et de sucre, l'indigo et la cannelle, les cristaux et les parfums qu'absorbent le littoral de l'empire comme le commerce étranger.

Pendant qu'une partie de la population de Shang-haï, celle qui habite les quais bordant la rivière, est occupée du commerce d'importation et d'exportation, l'autre travaille silencieusement à tisser la soie et le coton, qu'on récolte en grande abondance dans le pays.

Shang-haï comme toutes les villes de la Chine, est entourée d'une muraille dont l'épaisseur est de cinq mètres et la hauteur de cinq à six. La ville proprement dite àcinq ou six milles de circuit, mais lesfaubourgs qui l'entourent de toutes parts en s'étendant surles deux rives du fleuve, sont considérables. Ces fortifications furent élevée il y a deux cents ans environ, pour mettre la ville à l'abri d'un coup de main des pirates qui infestaient ces parages. Aujourdhui elles n'ont ancune raison d'être, et tombent en ruines en beaucoup d'endroits.

Dans l'enceinte des fortifications comme au dehors, Shang-haï est entrecoupée d'une quantité innombrable de canaux, où coule une eau trouble et jaunâtre.

Quand on sort des faubourgs de la ville on aperçoit des champs d'une immense étendue, coupés par mille petits canaux ; çà et là, quelques groupes de maisons bâties presque à fleur de terre, pour mieux résister aux fureurs des typhons, et entourées d'arbres fruitiers, parmi lesquels on remarque les cerisiers, les pêchers, les pruniers, les figuiers, les grenadiers, les orangers et les mûriers. Les champs, que la rivière inonde à une certaine époque de l'année, sont consacrés à la culture du riz ; dans les terrains les plus élevés, on sème le coton qu'on recolte vers le mois de septembre, où l'on y cultive le mûrier; les environs de la ville sont couverts de toutes les plantes maraîchères qu'on voit en Europe.

Le gibier y est en très-grande abondance et se vend très-bon marché; dans mes excursions, j'ai vu une grande quantité de lièvres et de faisans dorés, de bécassines, d'oies sauvages et de canards. Pour les amateurs de chasse ce pays, vous le voyez, offre de grandes ressources.

Le genre de livre le plus répandu en Chine est assurément l'almanach. Dans toutes les maisons, dans tous les magasins et les boutiques, on voit des almanachs ; on en vend partout, dans les rues et sur les quais. Il y en a de plusieurs formats, les uns complets, et les autres abrégés. L'almanach le plus complet est celui qui est composé par le bureau astronomique de Pékin, et publié tous les trois mois. J'ai trouvé dans ce petit livre populaire, dont la traduction en anglais et en français est due à nos missionnaires, des documents très-précis et curieux qui révèlent chez le peuple chinois un esprit d'observation poussé aux dernières limites.

Un des phénomènes les plus intéressants que j'ai observé à shang-haï, ce sont les marées qui sont extraordinaires par leur rapidité et leur hauteur ; chaque jour, la marée arrive trois quarts d'heure environ après avoir envahi la station de Whosung, et se fait sentir avec une grande force à plus de trente milles au-dessus de la ville. Au printemps et à l'automne, au moment de la nouvelle et pleine lune, les marées acquièrent des hauteurs incroyables et des vitesses de huit à dix milles à l'heure ; les marées d'automne surtout sont terribles par les inondations subites et les désastres qu'elles produisent.

Depuis quinze jours, la pluie tombe ici en abondance ; le thermomètre s'est tellement abaissé, que nous sommes obligés de faire du feu dans tous nos appartements. Mais il n'y a que les Européens qui aient recours à cette chaleur factice ; pour échapper à la rigueur du froid, les Chinois se contentent de remplacer leurs vêtements de soie large et légers par des pelisses ouatées et garnies de fourures. La froide température qui règne à Shang-haï depuis notre arrivée, l'air vif que nous y respirons, ont d'ailleurs réparé nos forces énervées par la chaleur tropicale qui, pendant près de deux mois nous avait accablés.

Shang-haï, 21 mars.

Quand on a vu une ville chinoise, on peut dire qu'on les connaît toutes, car toutes se ressemblent ; elles ont le même aspect général, la même architecture. Shang-haï ne diffère des autres villes chinoises que par la partie de ses faubourgs qu'habitent les Européens ; là, les rues sont larges, propres et droites ; les maisons, plus hautes, plus vastes, ressemblent à des palais. Dans la partie chinoise, les rues sont étroites, sales et tortueuses ; chaque maison se compose d'un seul rez-de-chaussée surmonté d'un toit à longues tuiles rouges, qui descend très-bas et dont l'extrémité se relève par une courbe prononcée. Ces toits prolongés ont le double avantage de protéger le passant ou la marchandise contre la pluie, et de donner un peu de fraîcheur, par l'ombre qu'ils projettent, quand darde le soleil.

Dans la partie commerçante de la ville, je n'ai remarqué qu'une chose, ce sont les enseignes, peintes en gros caractères rouges et noirs, qui envahissent toute la devanture de chaque maison ; elles produisent un singulier effet.

Les monuments les plus curieux à visiter pour les Européens, sont les pagodes, qui sont nombreuses à Shang-haï. Elles ont la forme hexagone ou octogone ; les plus importantes, bâties en briques rouges et en marbre de couleurs diverses, ont de sept à neuf étages. Quel que soit le nombre d'étages, il est toujours impair, les nombres impairs étant considérés par les bouddhistes comme favorables et agréables aux dieux.

La pagode de Loung-koua, petit village sur la rive droite du Wampou, est un but de promenade et de pèlerinage pour tous les habitants de Sang-haï, dont elle n'est éloignée que de quatre kilomètres environ. L'architecture extérieure du monument est assez remarquable; simple à la base, elle devient plus riche et plus fouillée à mesure que la pagode s'élève; chaque étage est garni d'une galerie extérieure à jour d'un dessin original. La dernière galerie est ornée d'une quantité de petites clochettes qui jettent au loin leur son argentin, quand la brise ou le vent vient les agiter. J'ai compté soixante-douze clochettes au sommet de la galerie, et quatre-vingt autres aux angles des galeries inférieures, en tout cent cinquante-deux clochettes qui forment un véritable carillon. Aux angles des galeries sont suspendues de grandes lanternes chinoises, qu'on illumine le soir, à l'occasion des fêtes religieuses.

A l'intérieur du monument, on remarque une grande statue de Bouddha entourée de tous les demi-dieux de l'Olympe chinois, parmi lesquels figure le Christ; de grandes lampes de cristal éclairent le temple nuit et jour ; à la porte d'entrée, se tient un bonze qui reçoit une aumône de la générosité des visiteurs étrangers.

Du sommet élevé de la pagode de Loung-koua, l'œil embrasse un panorama d'une immense étendue, mais qui n'offre rien de pittoresque. Partout ce ne sont que champs régulièrement entrecoupés de ruisseaux et de canaux, qui font ressembler ce pays à un vaste échiquier.

Il en est de même, à ce qu'il paraît, de toute la Chine, si ce n'est dans le pays des montagnes qui bordent l'Indoustan et le Thibet.

Dans l'intérieur de Shang-haï, il y a plusieurs pagodes dont quelques-unes n'ont pas plus de quinze à vingt pieds d'élévation, c'est là qu'on enterre les prêtres et les prêtresses bouddhistes; aussi les nomme-t-on *Koh-t'ah*, qui signifie *pagode pour les os.*

Dans une de mes promenades aux environs de la ville, j'ai été visiter le collége et le monastère que les pères de la Compagnie de Jésus ont fondés à Su-ka-wé. Le vaste établissement de Su-ka-wé a pris son nom de l'illustre Paul Su, ministre de la dynastie chinoise, converti à la religion chrétienne, vers la fin du dix-septième siècle, par le père Ricci, prélat italien. C'est dans le petit village de Su-ka-wé, propriété de sa famille, que Paul Su se retira pour se livrer entièrement à la conversion de ses compatriotes. Dans la chapelle du monastère, on m'a montré un très-beau monument élevé par les jésuites à la mémoire du Chinois converti ; autour de ce tombeau, tout en pierres de taille, sont groupées huit grandes figures allégoriques représentées par des lions, des chevaux et des brebis.

Le collége de Su-ka-wé n'a pas dix années d'existence, et déjà il compte plus de deux cents élèves chinois, à qui l'on enseigne la religion chrétienne, la littérature chinoise, la peinture, la musique, la sculpture et la langue française. J'ai pris un véritable plaisir à interroger plusieurs de ces jeunes gens, qui m'ont surpris par leur intelligence et leur instruction.

Je ne puis passer sous silence la Congrégation de la Sainte-Enfance, fondée, il y a quelques années, à Shang-haï, par les disciples de saint Vincent de Paul ; plus de deux mille enfants sont tous les ans recueillis par leurs soins ; les uns sont placés dans des familles chrétiennes, qui se chargent de leur entretien et de leur éducation moyennant une légère rétribution mensuelle ; les autres sont conservés dans la maison centrale, où ils apprennent divers métiers sous la surveillance des missionnaires ou des religieuses voués au salut des enfants abandonnés.

L'insurrection, à la tête de laquelle se trouve un aventurier, qui se fait appeler Tien-te, empereur, fils du ciel, semble de nouveau menacer les provinces nord de l'empire. Maîtresse du cours du Yang-tse-kiang (fleuve Bleu), elle intercepte toutes les communications entre le nord et le midi de l'empire; par le canal impérial, qui de Nankin va directement à Pékin, elle peut s'avancer rapidement vers la capitale et opérer une diversion puissante en notre faveur.

Si l'on s'en rapportait à la *Gazette de Pékin*, le *Moniteur* officiel du gouvernement chinois, les troupes impériales, après avoir battu les insurgés en vingt rencontres, auraient dispersé et presque anéanti les rebelles. De son côté, le faux Tien-te publie chaque jour des bulletins de triomphe, qu'il affiche dans tous les pays qu'il parcourt. Quoi qu'il en soit, l'insurrection est loin d'être domptée. Comme vous ne l'ignorez pas, elle a pris naissance en 1850, dans la partie méridionale la plus reculée, la province de Kiang-si, et s'est développée progressivement dans le nord, en s'emparant des cours d'eau et des villes les plus importantes : Canton, Amoy, Nankin.... Le 7 septembre 1853, la ville de Shang-haï elle-même tomba au pouvoir des rebelles, qui, maîtres de la place, résistèrent pendant plus d'une année à tous les efforts des mandarins.

Ce ne fut qu'au mois de décembre 1854 que les insurgés furent chassés de Shang-haï par le contre-amiral Laguerre, qui vengea ainsi sur eux la mort d'un marin français de la frégate *la Jeanne-d'Arc*. A cette époque, les mandarins adressèrent à notre brave amiral des lettres de remercîments et d'éloges, exaltant en termes orientaux la gloire du nom français. Les temps sont bien changés.

Shang-haï, 22 mars.

D'après le dernier recensement fait par les ordres de l'empereur, la population de la Chine serait de 540 millions. Dans la seule province de Pé-tché-li, dont Pékin est la capitale, on compte plus de 40 millions d'âmes, et dans celle de Kiang-sou, chef-lieu Nankin, 55 millions. On peut dire, sans exagération, que l'empire chinois semble n'être pas assez vaste pour contenir sa population, qui se multiplie d'une façon prodigieuse ; aussi ne doit-on pas s'étonner de voir un grand nombre d'habitants quitter la terre ferme pour aller vivre sur des jonques ou sur des radeaux, espèces d'îles flottantes couvertes de cabanes et d'arbustes.

Shang-haï renferme aujourd'hui plus de cinq cents mille âmes, et, avant dix ans, elle comptera peut être un million d'habitants. Cette ville, si populeuse, dont l'existence commerciale ne remonte pas à vingt années, n'est cependant qu'un *hien*, ou canton.

La Chine, proprement dite, sans y comprendre les pays extérieurs qui en dépendent, est divisée en dix-huit grandes provinces, subdivisées en cent quatre-vingt-sept départements, deux cent quarante-huit arrondissements et mille trois cent cinquante-quatre cantons.

On désigne les provinces par le nom de Seng, les départements par celui de Fou, les arrondissements par le nom de Tcheou, et les cantons par celui de Hien. Chaque département, arrondissement et canton porte l'appellation de son chef-lieu.

Cette division territoriale de la Chine est, comme on le voit, la même qui existe en France. Ce n'est pas, du reste, la seule analogie qu'offrent ces deux pays qui, éloignés par l'immensité des mers, étrangers l'un à l'autre, sans point de contact et avec des mœurs différentes, ont grandi à part, tout en se servant des mêmes moyens pour concourir à leur développement particulier. Ainsi, le ministère de la maison impériale, le conseil des ministres, le conseil d'État, les divers ministères spéciaux, le bureau des longitudes, le tribunal des censeurs, la cour des référendaires près du conseil privé, la cour d'appel et de cassation, l'académie impériale des Beaux-Arts, etc., ont en Chine les mêmes attributions qu'en France. Les budgets des divers ministères sont divisés et subdivisés comme les nôtres. Nos établissements de bienfaisance semblent copiés sur ceux du Céleste Empire. Les banques chinoises fonctionnent comme en France, le papier-monnaie a également cours dans les deux États. Il n'y a pas jusqu'aux établissements de monts-de-piété chinois qui ne fonctionnent comme les nôtres; mais ces monts-de-piété, au lieu d'être sous la surveillance des autorités, et administrés par des employés du gouvernement, sont des établissements particuliers, autorisés par les mandarins, et qui prélèvent des intérêts énormes. Le mont-de-piété de Shang-haï est établi dans un spacieux édifice qui, en 1842, servit de caserne aux troupes anglaises.

Il y a aussi de nombreux hospices pour les enfants trouvés; leur fronton porte une inscription qu'on peut traduire ainsi : nourriture et protection des enfants. Et qu'on ne pense pas que cette institution soit de date récente. Elle remonte à l'an 1120 avant Jésus-Christ, sous la dynastie des Tcheou. Toutes les dynasties suivantes ont considéré comme un honneur et une nécessité impérieuse de venir en aide aux enfants trouvés en ordonnant la construction d'édifices consacrés spécialement à leur usage, et en affectant annuellement une somme déterminée pour l'achat de vêtements et de provisions de toute espèce. Ces faits sont consignés dans plusieurs histoires des temps les plus reculés.

L'hospice des Enfants-Trouvés à Shang-haï date de 1710. On m'avait, pendant mon enfance, habitué à considérer les Chinois comme de véritables barbares, et je ne connaissais du Céleste Empire que les nombreux instruments de supplice appliqués aux divers condamnés. Plus j'étudie le pays que nous occupons, plus je reviens à des idées plus justes.

Shang-haï est, je vous l'ai déjà dit, une ville essentiellement commerciale ; les plaisirs y sont fort restreints. Pour faire diversion à leurs affaires. les Chinois se contentent de venir entendre la musique au jardin public, où ils prennent le thé en fumant de l'opium. Ce jardin, qu'on nomme Tea-Garden, parce qu'on y prend le thé, est une charmante promenade où l'eau d'une rivière factice coule au milieu de massifs touffus et de groupes de rochers élevés. Une partie de ce jardin est occupée par des saltimbanques qui donnent chaque jour des représentations. Commencées avec le jour, ces représentations ne finissent ordinairement que vers la nuit ; elles se composent de scènes militaires et de pantomimes burlesques qui paraissent plaire beaucoup à la basse classe de la société chinoise. Je ne sais si l'art musical est poussé bien loin dans le Céleste Empire, mais ce que j'ai entendu jusqu'à présent exécuter sur le you-kam, le tatong, le gong et le sam-siou me donne une médiocre idée de l'harmonie chinoise.

Il n'est pas rare d'entendre le bruit discordant d'un orchestre retentir sous les voûtes d'une pagode bouddhiste. C'est un Chinois qui, à l'aide d'une musique religieuse qui vous paraîtrait des plus grotesques, vient supplier les mânes d'un parent d'intercéder auprès de Bouddha pour la réussite de ses projets ou de ses affaires.

A ce propos, je vous dirai que tous les Chinois, ceux du centre comme ceux du littoral de l'empire, sont uniquement absorbés dans la préoccupation des intérêts et des jouissances matériels : leur indifférence en matière de religion est complète. Les dépenses que quelques coreligionnaires de Bouddha font pour la décoration de leurs temples ne sont provoquées que par un sentiment d'ostentation et de vanité.

La religion primitive de la Chine était le sabéisme, dont le principe était l'adoration des astres. Cette religion a été détruite par trois sectes qui se partagent encore aujourd'hui le Céleste Empire : la première : la religion des lettrés, nommée Io-kiao, ayant Confucius pour sectateur ; la seconde, celle des esprits, ayant pour chef Lao-tsé, contemporain de Confucius ; enfin la troisième, le bouddhisme ou religion de Fo, introduite deux siècles avant Jésus-Christ et admise comme une des religions de l'empire par les empereurs de la dynastie des Han. Cette dernière religion, plus matérielle que les deux autres, est la plus répandue, non-seulement en Chine, mais encore dans l'Indoustan. Les prêtres de Fo, appelés bonzes, sont voués au célibat ; leur nombre est considérable ; on en compte près d'un million dans l'empire. Quelques-unes des cérémonies célébrées par les bonzes dans les pagodes ont de la ressemblance avec celles du culte catholique, et plusieurs de leurs croyances se rapprochent des dogmes du catholicisme.

Près des bonzes vivent en paix les juifs, les parsis et les mahométans, qui exercent en toute liberté leurs différents cultes. Je crois qu'il en serait de même de la religion catholique, dont les doctrines ont depuis longtemps été reconnues sublimes par les chefs du gouvernement chinois, si les ministres de cette religion n'avaient pas toujours été représentés comme des espions, cherchant par tous les moyens à soulever les provinces contre l'autorité de l'empereur. Ce qui a donné créance à une telle absurdité, c'est que les Chinois, dont le seul mobile est l'intérêt, n'ont jamais pu comprendre que nos missionnaires abandonnent leur patrie uniquement pour aller prêcher, dans des pays lointains, la doctrine de Jésus-Christ. D'un autre côté, les bonzes, qui avaient un intérêt personnel à propager l'erreur populaire, ont travaillé sans cesse à exciter les sentiments de défiance qui animaient les gouvernements et l'empereur lui-même contre tous les étrangers. Quand ce mauvais vouloir fera-t-il place à la tolérance ? je l'ignore, mais l'expédition militaire anglo-française pourra, sous ce rapport, amener des résultats importants.

Shang-haï, 6 avril.

Depuis le commencement du mois, une grande agitation régnait dans la ville chinoise de Shang-haï ; voici à quelle occasion. Le général de Montauban, pour éviter à nos braves soldats et marins la fatigue des plus gros travaux qui, pendant la saison d'été, sous un soleil ardent, auraient pu produire de graves maladies, avait fait ouvrir un bureau pour le libre recrutement de travailleurs. Alléchés par l'appât d'un salaire assez élevé, un grand nombre de coolies se sont immédiatement présentés. Des gens mal intentionnés (des agents du gouvernement chinois peut-être), n'ont pas tardé à répandre partout le bruit que, le soir, les Occidentaux enlevaient des coolies pour les embarquer, malgré eux, sur les bâtiments français et anglais, et les employer au loin au service des armées qui s'organisent. Des placards provocateurs furent affichés sur plusieurs points de la ville ; on vit se former des groupes menaçants ; des agents allaient de l'un à l'autre, poussant à la révolte et à la guerre.

En présence de ces manifestations, les ministres de France et d'Angleterre ont cru devoir adresser une proclamation aux habitants pour les rassurer sur leurs intérêts, et les prémunir contre des excitations malveillantes et mensongères.

En même temps que la question des coolies, qu'on prétendait avoir été embarqués par ruse ou par force, répandait l'agitation dans tous les quartiers de la ville, des nouvelles alarmantes, venant de l'intérieur, suscitaient une panique qui n'est pas encore entièrement calmée. On disait que Ang-Chou-Fou avait été prise par les rebelles, qui avaient pillé, saccagé et brûlé la ville. Le territoire de Ang-Chou-Fou compte plusieurs millions d'habitants, et, avec Sou-Chou-Fou, alimente presque tout le commerce européen et américain de thés verts et noirs, ainsi que de soies gréges, dont nos manufactures de Lyon se servent particulièrement pour confectionner les belles étoffes de soies si recherchées à l'étranger comme en France.

Tous ces bruits inquiétants ont été démentis heureusement. On a su bientôt d'une manière positive que les rebelles, loin d'avoir été victorieux, avaient été complétement battus et repoussés avec des pertes considérables.

Les riches Chinois, qui, sur la nouvelle de la victoire remportée par les rebelles, s'étaient enfuis, emportant leurs bijoux, leurs diamants et leur or, sont rentrés en ville; mais ils ont donné l'ordre de faire fermer les portes d'enceinte à six heures du soir.

Le commerce de Shang-haï avec l'intérieur se ressent à la fois, et de ces rumeurs contradictoires, constatant un jour une défaite, le lendemain une victoire, et de l'attente de la guerre avec les puissances européennes. Aucune transaction importante ne s'effectue; on ne vend aux Chinois ni cotonnades, ni opium. Un grand nombre de jonques, chargées de riz et de froment, se tiennent dans la rivière de Shang-haï, n'osant pas s'aventurer dans le nord pour porter leurs denrées à Pékin dans la crainte du commencement prochain des hostilités.

Si-Oué, ancien taotaï de Shang-haï, est arrivé depuis cinq jours. Les bruits les plus contradictoires ont circulé à son sujet : les uns affirment qu'il vient de Pékin avec la réponse à l'ultimatum ; mais il ne s'est présenté encore à aucun des deux ministres. D'autres prétendent, et les Anglais sont de ce nombre, que cet ancien fonctionnaire est chargé d'entamer des négociations avec les représentants de France et d'Angleterre.

On assure que le taotaï de Shang-haï et les mandarins les plus influents de la province ont de grandes espérances que le gouvernement de Pékin donnera une réponse favorable.

On dit bien d'autres choses encore. Quant à moi, je crois que Si-Oué est venu tout simplement par l'ordre de l'empereur du Céleste Empire, pour tâcher de savoir ce qui se passe parmi nous et en profiter au besoin.

Quoi qu'il en soit, nous ne tarderons pas à savoir d'une manière définitive à quoi nous en tenir. Dans tous les cas, le gouvernement chinois doit donner des garanties pour l'exécution du traité, et il n'y aura point de garantie sérieuse sans la destruction ou l'occupation par les alliés des forts du Pei-ho, qui seuls ferment les portes de la capitale.

En attendant la réponse du gouvernement chinois à l'ultimatum franco-anglais, on se prépare activement à toutes les éventualités de guerre, et on agglomère les moyens coercitifs.

Le général anglais, sir Hope Grant, est arrivé aujourd'hui avec tout son état-major, qui se compose de plus de vingt aides de camp, officiers d'ordonnance et commissaires. Shang-haï va ainsi devenir le quartier général des deux commandants en chef.

Lady Grant était à bord du *Grenada*, steamer qui nous a amené tout l'état-major anglais ; elle doit rester à Shang-haï pendant tout le temps que dureront les opérations militaires.

Nous attendons demain le *Pei-ho* steamer américain que la marine française vient d'acheter près de 1,400,000 fr. à la maison Russell ; l'amiral Page est à son bord.

La marine militaire anglaise est en ce moment représentée à Shang-haï par *l'Imperious*, *le Furious*, *le Cruiser*, *le Rœbuck*, et les canonnières *le Firin* et *le Bustara*. Nous n'avons encore que *le Forbin*, capitaine Morier, et il part, dit-on, demain pour le nord en compagnie du *Cruiser*, capitaine Rythesca. L'amiral Protet et le colonel Schmitz, à bord du *Forbin*, sont chargés de faire une reconnaissance dans le golfe du Pé-tché-li, et d'examiner d'une manière toute particulière la pointe de Chang-tong, où existe le petit port de Tché-fou, point désigné pour établir le camp français.

Ile de Chusan, 6 avril 1860.

Toute l'infanterie de marine casernée à Canton, et les troupes anglaises arrivées depuis peu des Indes à Hong-kong, viennent de recevoir l'ordre de se porter vers le nord et d'occuper Kin-tang et Chusan ; ces deux îles de l'archipel Chusan deviendront, avec Shang-haï, la base des opérations militaires.

Placées en face de Chin-haï et de Ning-po, elles commandent la vaste baie de Nang-chou et l'embouchure du Yang-tse-kiang; autour d'elles sont groupées une quantité d'îles et d'îlots, entourés de récifs et d'écueils portant les noms des bâtiments qui sont venus y toucher ou périr.

L'île de Chou-san, Chuzan, ou Chusan, que les Chinois écrivent Tchou-san, a été déjà deux fois occupée par les Anglais. En juillet 1840, le bâtiment de guerre le *Wellesley*, commandé par le commodore sir Gordon Bremer, vint jeter l'ancre devant les quais de Ting-haë et après avoir coulé bas les jonques de guerre qui avaient paru s'opposer à son entrée dans le canal, il débarqua au milieu de la population chinoise, surprise d'une si brusque attaque, quelques compagnies qui prirent possession de la ville au nom de la reine. Au mois de janvier de l'année suivante, le mandarin Kishan obtint des Anglais la restitution de Chusan, qui, à la reprise des hostilités, le 29 septembre 1841, retomba en leur pouvoir aussi facilement qu'en 1840. Le gouvernement chinois avait cependant mis le temps à profit; des ordres avaient été envoyés à la fonderie de Ning-po d'avoir à livrer dans le plus bref délai un grand nombre de canons destinés à la défense de Ting-haë ; on avait, en toute hâte, élevé d'épaisses et hautes murailles autour de la ville ; la grande digue qui préserve les faubourgs des marées envahissantes avait été consolidée, et on y avait établi une batterie de deux cents pièces qui devait prendre d'enfilade le canal conduisant à la ville; mais on avait oublié de défendre les côtés de la batterie, qui, prise en flanc par les feux de l'escadre anglaise, ne put tenir plus d'une heure.

Pendant que l'amiral Parker réduisait au silence l'artillerie chinoise, une colonne d'infanterie de marine escaladait les remparts et s'emparait de Ting-haë. Cette seconde victoire des Anglais causa une vive impression à la cour de Pékin ; on prétend même que le mandarin à qui était confiée la défense de la ville fut noyé, par ordre de l'empereur, dans un lac qui se trouve à peu de distance, et au bord duquel on a élevé une pierre funéraire de granit où est gravée une grande inscription chinoise.

La ville de Ting-haë et l'île de Chusan furent de nouveau abandonnées par les Anglais, mais, cette fois, par suite des récriminations de plusieurs membres du parlement, qui prétendirent que les bénéfices commerciaux faits à Ting-haë ne couvriraient jamais les frais d'occupation de l'île.

Pour la troisième fois depuis 1840, l'île de Chusan est occupée par les barbares européens. La garderont-ils cette fois? C'est ce que je ne saurais dire; mais je ne puis m'empêcher de regarder comme fort importante une position qui à la fois se trouve sur la route du Japon et commande l'embouchure du plus grand fleuve de l'empire chinois. Outre sa position géographique, l'île de Chusan présente certains avantages qu'on ne rencontre pas dans toutes les îles qui bordent les côtes du Céleste Empire. Sur une étendue de plus de vingt-cinq lieues carrées, elle offre la plus belle végétation en arbres frutiers et la culture la plus variée. Dans les vergers, on peut voir tous les fruits d'Europe au milieu des produits de l'Orient; dans les plaines, de vastes champs de blé encadrent les rizières; presque tous les coteaux sont couverts de l'arbuste à thé qu'ombragent çà et là des cocotiers ou des châtaigniers. Les principales cultures de Chusan sont le riz, le blé, l'orge, le sarrasin, le blé de Turquie, la canne à sucre, la patate, la rhubarbe, le gingembre, le tabac et l'indigo. Dans les jardins, on récolte la pêche, la poire, l'orange, le citron, la prune et la cerise, et toute espèce de légumes.

Quant à la ville, elle ressemble à toutes les villes chinoises; c'est un composé de rues, ou plutôt de ruelles sales et étroites où le soleil pénètre à peine. Les murailles construites en 1841, tombent déjà en ruines, et, telles qu'elles sont, ne pourraient être d'aucune utilité au point de vue de la défense de la place, pas plus que la digue marine.

J'ai remarqué, en parcourant l'île, un grand nombre de chapelles, la plupart élevées primitivement par des prêtres bouddhistes, et aujourd'hui consacrées au culte catholique. C'est surtout au zèle infatigable d'un de nos missionnaires, le père Lavaissière, secondé par le père Fan, Chinois converti, qu'on doit ces monuments arrachés à l'idolâtrie des barbares. Le père Lavaissière est mort, il y a quelques années, universellement regretté; encore aujourd'hui, son souvenir paraît présent à la mémoire des habitants. Je suis persuadé que les conseils salutaires de notre missionnaire, l'exemple de ses vertus, son abnégation évangélique et son dévouement pour tous ont puissamment contribué à modifier le caractère primitif des habitants de Chusan. Ils n'ont pas les goûts rapaces des Chinois de la côte; ils ne sont pas comme eux soupçonneux et craintifs, lâches et méchants. Pendant notre séjour dans l'île, ils nous ont constamment témoigné toute la prévenance et l'affabilité possibles; et je ne doute pas que les troupes alliées ne reçoivent un excellent accueil dans cette île charmante et hospitalière.

Le port de Ting-Haë, situé sous le 30° de latitude nord et le 121° de longitude est réputé l'un des meilleurs des côtes de la Chine; la profondeur de l'eau est de six à sept brasses, et les montagnes qui dominent le centre de l'île, en préservant les navires de tous les coups de vent, rendent le mouillage de ce port excellent.

L'île entière de Chusan est divisée en dix-huit tchangs (districts), gouvernés par des maires ou magistrats municipaux qui dépendent de la sous-préfecture de Ting-haë. Sa population totale dépasse deux cents mille habitants groupés en quarante mille familles.

Il suffit de jeter un coup d'œil sur la carte pour apprécier l'importance de l'occupation de l'île de Chusan non-seulement pour le présent, mais pour l'avenir, aux deux points de vue commercial et politique; et j'aime à penser que les gouvernements alliés sauront mettre à profit les événements pour fonder sur ce point un établissement qui, à mon avis, présenterait toutes les chances possibles de développement et de prospérité.

Ile de Kin-tang, 7 avril, et station de Lou-kong.

L'île de Kin-tang, qui a été choisie, dans la baie de Hang-chou, pour servir de base à nos opérations militaires, est située entre l'île Chusan et le village de Lou-kong, station d'opium, qui se trouve à l'embouchure du fleuve Ta-hen, sur les bords duquel sont bâties les villes de Chin-haï et de Ning-po. Moins étendue que Chusan, l'île de Kin-tang présente le même aspect; ses côtes, plus élevées, offrent un excellent mouillage. Un grand nombre de petits ruisseaux d'une eau limpide et excellente, descend des collines jusqu'à la mer, en traversant des vallons d'une fertilité remarquable; la température élevée pendant la saison d'été, est rendue supportable par la brise de mer qui souffle constamment. En résumé, cette île présente toutes les garanties d'hygiène et de salubrité nécessaires; les détachements des armées alliées y seront convenable ment installés, et bien accueillis par les habitants d'un caractère doux et affable.

Kin-tang, qui en chinois signifie *Digue d'or*, est surnommée par les Européens *Ile d'argent*, à cause de traces nombreuses d'argent trouvé dans les roches de l'intérieur. La présence de ce métal n'a rien d'étonnant; il est démontré que la plupart des montagnes qui proviennent d'éruptions volcaniques en renferment une certaine quantité; toute la question est de savoir si cette quantité est assez grande pour couvrir les frais d'exploitation et donner des bénéfices.

En parcourant l'île de Kin-tang, j'ai vu d'innombrables troupeaux de moutons parqués sur des terrains défrichés. Ils se vendent très-bon marché et seront d'une grande ressource pour nos marins et soldats. Tous ces moutons, aussi communs dans le nord du Céleste Empire qu'ils sont rares dans les provinces méridionales, viennent de la Mongolie, qui chaque année envoie plus de vingt millions de moutons.

Nos troupes trouveront encore dans ces parages d'excellents cigares et du tabac de Manille ; c'est le seul qu'on fume en ce pays.

La station d'opium du Lou-kong n'est pas éloignée de plus de deux milles des rives de Kin-tang. Moins importante que celle de Who-sung, elle rivalise avec celles de Namoa, de Chimmo, de Fou-tchou-fou et d'Amoy. Les receiving-ships de Lou-kong ont livré le mois dernier au commerce de Chin-haï et de Ning-po plus de mille caisses d'opium qui, en moyenne, ont été payées 480 taels ; or, le taël équivaut à 7 francs 50 centimes de notre monnaie, on peut donc estimer à 3,600 francs chaque caisse d'opium, et à 3,600,000 francs la somme en lingots que les bâtiments anglais et américains ont emportée de la station de Lou-kong.

La quantité d'opium absorbée annuellement en Chine est effrayante. Cette denrée délétère, dont l'entrée dans le Céleste Empire est toujours défendue par décret impérial, a envahi tous les marchés. D'abord réservé aux mandarins, qui en usaient pour eux et pour leurs invités comme d'un objet de luxe et de fantaisie, ce poison s'est répandu peu à peu parmi les riches, et enfin dans le peuple qui y a pris goût. Toutes les classes de la société chinoise en consomment aujourd'hui. Les femmes de l'empereur elles-mêmes ont succombé à la tentation. Le gouvernement serait en ce moment impuissant à défendre ce qui est devenu plus qu'une habitude, une nécessité.

Quant aux mandarins, les droits d'entrée qu'ils prélèvent à leur profit sur l'opium sont trop considérables pour qu'ils ne s'ingénient pas à en faciliter la vente tout en ayant l'air de s'y opposer. Dans toutes les villes de l'empire, on voit des tabagies, véritables maisons patentées, qui n'exercent leur commerce ostensiblement qu'à force de présents que ne refusent jamais les mandarins et les tao-taï.

Ces tabagies sont généralement tenues par des femmes de mauvaises vie. Tous ces établissements se ressemblent, ce sont d'affreux bouges à peine éclairés; sur les tables, placées au milieu de la salle, sont disposées des pipes à longs tuyaux, de petites broches ou pinces qui servent à prendre les boulettes d'opium qu'on chauffe légèrement avant de les introduire dans les pipes, des théières, des tasses et quelques liqueurs du pays; dans tout le pourtour, on voit des cases en bambou, espèces d'alcôves où sont dressés des lits de rotins couverts de nattes sur lesquels viennent se coucher les fumeurs.

C'est là que les Chinois viennent aspirer ces vapeurs narcotiques qui, prise à petite dose, peuvent, par une excitation du système nerveux, transporter leur esprit dans le monde des chimères, mais qui finissent par les abrutir et les tuer.

Le goût de l'opium est irrésistible, dit-on, et l'estomac ne peut plus s'en passer une fois qu'il en a absorbé. Le fumeur commence par en aspirer une ou deux pipes, puis successivement il double la dose, qui ne suffit plus bientôt à son appétit; il y a des fumeurs qui vont jusqu'à dix, douze, quinze et vingt pipes par jour: ils succombent presque toujours au bout de huit ou dix années. Des observations rigoureuses faites sur les fumeurs d'opium, permettent d'affirmer que tous abrégent leur existence d'un certain nombre d'années.

L'opium se fume dans des pipes de terre rouge, de forme cylindrique, à l'extrémité desquelles se trouve la petite ouverture dans laquelle on introduit l'opium. Les uns aspirent l'opium pur, d'autres le mélangent d'essence de rose. Quoi qu'il en soit, après avoir aspiré plusieurs gorgées, les fumeurs éprouvent d'abord le vertige, puis ils succombent au sommeil, qui dure quelquefois plusieurs heures et auquel succède une complète prostration.

En visitant une des tabagies de la station de Lou-kong, en voyant des Chinois ravis au septième ciel, je ne pus résister à la tentation. Je me couchai sur une des nattes de l'établissement et après quatre ou cinq aspirations, je ne tardai pas à me laisser gagner par le sommeil, qui dura près de trois heures. On ne saurait se figurer l'influence prodigieuse qu'exerce sur le système nerveux la fumée de l'opium. Si la réalité s'efface devant ces rêves insensés, pendant lesquels l'imagination la moins exaltée se laisse emporter à travers les félicités de l'inconnu, il faut reconnaître qu'en sortant de ce trouble nerveux, le corps éprouve un malaise, une lassitude qui envahissent la tête comme tous les membres. Aussi est-il facile de reconnaître les fumeurs d'opium à leur face décolorée, à leur corps amaigri, au tremblement continuel de leurs membres et à la cavité sinistre de leurs yeux.

Le pavot qui sert à fabriquer l'opium se récolte dans les trois provinces de Bombay, Bénarès et Calcutta, et c'est précisément dans les districts d'Avrangâbâd, de Malwa et de Patna qu'on prépare les fameuses caisses qui se payent au poids de l'or sur les côtes de la Chine.

Tout le monde sait que c'est le commerce de l'opium qui fit naître entre les Anglais et les Chinois la guerre de 1840. Depuis cette époque, de nombreuses transactions commerciales ont eu lieu entre la Chine, l'Europe et l'Amérique, mais la Chine étant un pays de production par excellence, nous sommes restés jusqu'à présent tributaires de ce vaste empire, qui, tous les ans, exporte des balles de soie et des caisses de thé pour des sommes considérables. Le commerce de l'opium est le seul qui lui fasse rendre une partie des millions qu'elle reçoit, et qui maintienne un certain équilibre dans nos transactions commerciales. La campagne de 1860 aura pour le commerce européen, nous l'espérons tous, des conséquences immenses, et le jour n'est pas loin peut-être où les produits de France et d'Angleterre, trouvant un débouché facile et avantageux sur ces rives lointaines, balanceront le chiffre des exportations chinoises.

A peu de distance de Kin-tang et au sud est de Ting-haë se trouve la petite île de *Pouto*, qui s'étend du nord au sud au milieu d'une myriade de petits îlots qu'elle domine. Sa position lui a valu le surnom de *pic de Tchou*. Ce dernier nom rappelle le nom fameux d'un prêtre bouddhiste qui en 550, de Jésus-Christ, sous la dynastie des Léang, vint s'établir en cette île et y fonder une secte particulière vouée exclusivement au culte de *Kouan-Ynn*, grande déesse chinoise.

Cette secte religieuse existe encore, et le temple dans lequel les bouddhistes adorent leur divinité est un des monuments les plus beaux et les plus curieux qu'on puisse voir en Chine.

Ce temple, situé dans un des endroits les plus escarpés de la montagne, fait l'effet d'une vaste grotte; la voûte est supportée par trente deux colonnes, haute de trente pieds environ et taillées dans le granit. Les chapiteaux de ces colonnes, réliés entre eux par une guirlande de branches d'arbres, de fleurs et de fruits admirablement sculptés en guipure, sont ornés de têtes fantastiques et d'arabesques bizarres. Au fond du temple s'élève la statue colossale de *Kouan-Ynn*, de chaque côté de laquelle sont deux rangées de divinités au nombre de quatre-vingt-quatre, et les bras tendus vers la déesse. Ajoutez à cette décoration architecturale vraiment grandiose la mise en scène de nombreux bouddhistes qui, la tête complétement rasée, et vêtus de longues robes de soie jaune, viennent encenser leur divinité ou frapper bruyamment sur des instruments en bois creux, et vous aurez une idée assez exacte de ce monument curieux.

CHAPITRE IV

Ning-po. — Son passé historique. — Physionomie de la ville. — Produit du pays. — Avenir commercial. — Bibliothèque. — Derniers événements. — Retour à Shang-haï. — Animation du port. — Monnaie du pays. — Ultimatum des puissances alliées. — Rejet par le gouvernement chinois. — Les coolies chinois. — Grand conseil des généraux, amiraux et ministres alliés. — La guerre est décidée. — Composition numérique de l'armée alliée. — Fondation d'une église catholique. — Départ pour Chusan de l'amiral Page et du général Grant. — Arrivée du tao-taï. — Salines. — Mariage chinois. — Récolte du thé. — Premier acte de guerre. — Occupation militaire de Chusan.

Ning-po, 10 avril.

Après avoir visité les îles de Chusan et de Kin-tang, la station de Lou-kong et les terrains qui l'avoisinent au bord de la mer, nous reprîmes notre vapeur. En quelques heures, il nous conduisit à Ning-po, située à la bifurcation des deux rivières l'Young, et l'Yu-yao, qui, se réunissant pour se jeter dans la mer, au golfe de Hang-chou, prennent le nom de fleuve Ta-tsie, que nous appelons rivière de Chin-haï.

Ning-po est une ville ancienne dont le passé historique se rattache étroitement aux révolutions qui amenèrent en Chine des changements de dynastie. Ainsi, vers la fin du treizième siècles, l'un des derniers représentants des Goungs transporta de Nankin à Hang-tchou-fou le siége de son gouvernement.

Reliée à cette nouvelle capitale par un canal direct, Ning-po, favorisée d'ailleurs par sa position maritime, devint bientôt le centre de toutes les grandes transactions commerciales de l'empire chinois.

Ning-po est, je crois, la première ville du Céleste Empire que les Européens aient visitée. Marco Polo y vint en 1274. En 1528, Fernand Mendez Pinto, hardi navigateur portugais, y aborda à son tour, et fonda en cette ville le premier établissement autour duquel vinrent se grouper plusieurs comptoirs européens; et, on voit encore, comme consécration de cette date, près de la porte du pont, un bâtiment qui fut élevé à cette époque pour servir de résidence aux étrangers.

Pendant une période de deux cent vingt-cinq ans, ces comptoirs entretinrent un commerce actif avec les Chinois; mais en 1700, par suite d'un incident de peu d'importance, le comptoir anglais fut pillé, et les Européens chassés de la ville. Les Anglais n'y reparurent qu'après la prise de Chin-haï, le 13 octobre 1841, mais n'y firent qu'une courte apparition, car le 6 mai 1842, ils évacuèrent Ning-po pour la deuxième fois.

Ce ne fut qu'en 1843, après le traité de Nankin, que les Anglais y établirent un poste consulaire, dirigé par M. Thom. Dans ses relations avec les autorités chinoises et les habitants de Ning-po, cet agent déploya une habileté, une prudence, un esprit de conciliation qui le firent aimer et regretter par tous.

Ning-po, l'une des principales villes de la province de Tché-kiang, est située entre le 29° 58' de latitude nord et le 121° 22' de longitude est. Quand on arrive par la rivière de Chin-haï, les hautes murailles qui l'entourent de toutes parts et qu'on aperçoit de loin, présentent un aspect assez imposant. Ces fortifications, dont la base est construite en pierres de taille et le sommet en briques, ont au moins dix mètres d'élévation et cinq mètres d'épaisseur. Elles pourraient former une très-belle et agréable promenade, surtout pendant les soirées d'été : mais çà et là des pans de murailles sont écroulés, des ronces et des épines les envahissent et rendent la circulation impossible. Six portes donnent accès dans la ville ; ces portes, garnies de corps-de-garde inhabités et défendues par des espèces de pont-levis, sont sous la surveillance de gardiens qui ont ordre de les fermer après le coucher du soleil. Mais en Chine comme ailleurs, les gardiens les ouvrent avec plus ou moins d'empressement, moyennant une légère rétribution.

Par la largeur et la régularité de quelques-unes de ses rues, tirées au cordeau, Ning-po a mérité le titre pompeux de la plus belle ville de l'empire chinois. Je trouve ce titre bien peu justifié, car à part ces quelques rues, on ne trouve que ruelles étroites et tortueuses ; les monuments qui ornent la ville sont d'une architecture assez médiocre ; encore, la plupart sont-ils dus aux missionnaires anglais, français et américains.

Depuis 1850, les Français, les Américains et les Portugais ont suivi l'exemple des Anglais, en établissant des postes consulaires à Ning-po. Tous ces postes sont situés hors la ville chinoise, dont ils sont séparés par la rivière, et compris dans l'espace resserré entre la rivière Yu-yao et le fleuve Ta-tsie. Le pavillon français flotte en face de la ville, à la pointe extrême où se réunissent les deux rivières ; au-dessus, inclinés au nord, flottent les pavillons d'Amérique, d'Angleterre et de Portugal ; au sud et au bord de la rivière de Chin-haï, s'étendent les factoreries étrangères devant lesquelles sont ancrés un certain nombre de bâtiments de commerce. Derrière est situé le village habité par les Européens.

Autour de la grande pagode à neuf étages de Thieu-foung, qui se trouve presque au centre de la ville chinoise, sont groupés l'église catholique romaine, les chapelles protestantes, la mosquée mahométane et les temples chinois de Toungyoh, de Tao-ssé, de Licou-tsou, de Wang-tchang et de Fou-kien, la Reine du-Ciel.

Les missionnaires anglais sont les premiers qui, depuis le traité de Nankin, se soient établis à Ning-po ; après eux sont arrivés les missionnaires catholiques français et les missionnaires baptistes américains. Aujourd'hui toutes les sectes religieuses sont établies ici, chacun prêche avec une ardeur et une liberté égales. Cette lutte religieuse me rappelle quelques mots adressés, sous le règne de l'empereur Khang-hi, en 1690, par des mandarins aux jésuites et aux dominicains, dont les querelles avaient pris des proportions peu évangéliques : « Comment voulez-vous que nous ajoutions foi à ce que vous prêchez comme la religion du vrai Dieu, quand vous-mêmes ne vous entendez ni accordez entre vous ? » En tout cas, l'empereur actuel et les mandarins qui sont sous ses ordres, prouvent leur bon vouloir en matière religieuse, par la liberté complète des cultes.

Un moment, on avait pensé que Ning-po était appelé à un grand avenir commercial ; sa position avantageuse sur les rives d'un large fleuve qui conduit à la mer, son voisinage avec des villes importantes, avaient fait espérer que cette ville deviendrait le centre de transactions importantes ; mais les difficultés qu'on a rencontrées dans les canaux et les écluses, peut-être aussi le mauvais vouloir des mandarins à l'égard des étrangers, ont réduit à néant toutes les espérances conçues.

La plus grande opération du commerce européen à Ning-po est le sucre qu'on y consomme par millions de kilog.

La denrée qui donne lieu à un énorme mouvement d'exportation est le riz, qu'on cultive dans les plaines immenses qui bordent les trois rivières de la ville et qui, d'une part, s'étendent jusqu'à la mer, et, de l'autre, jusqu'aux montagnes situées à seize milles environ au nord. Le riz ne pousse bien que dans la vase liquide, aussi ne le cultive-t-on qu'au bord des rivières ou dans les plaines qu'on peut facilement inonder au moyen d'irrigations artificielles.

Ces plaines sont divisées en milliers de petits carrés, encaissés dans des monticules en terre qui retiennent les eaux dans des rigoles et des fossés. On consacre une certaine étendue de terrain à la semaille du riz, et dès que les jeunes plans ont atteint la hauteur de dix centimètres, on les arrache, ce qui est facile, et on les transplante en petites touffes séparées. Ce sont les femmes qui sont chargées de ce travail ; le buffle traîne avec effort une charrue qui trace de larges sillons dans la terre détrempée, et, aussitôt suit, pas à pas, la femme chargée de piquer les touffes de riz sur l'arête du sillon.

Les montagnes situées au nord de la ville sont consacrées à la culture du thé, et les terrains situés derrière les postes consulaires sont presque exclusivement plantés de mûriers.

Au point de vue commercial chinois, Ning-po a une importance incontestable; on peut dire que cette ville est l'entrepôt général des soies de la Chine, et c'est dans ses murs que de nombreux et habiles ouvriers tissent ces belles étoffes de crèpe, et ces splendides damas et satins peu connus en Europe. Les plus beaux meubles de laque sortent encore de ses ateliers. La visite des boutiques de marchands de curiosités, qui ressemblent du reste assez à celle de nos marchands de bric-à-brac, est une des choses les plus intéressantes pour un amateur; on y trouve pêle-mêle les meubles vernis et incrustés de Ning-po, les bronzes de Nankin, et les belles porcelaines de Sou-tcheou-fou.

En Chine, il n'y a pas à proprement parler de bibliothèques publiques, dans le sens que nous attachons à ce mot. Et même, les établissements expressément destinés par les fondateurs à l'usage du public (tels, par exemple, le *Wan-Lau-Koh* ou la bibliothèque du palais Kienlung à Hangtschau), ne sont accessibles qu'à ceux qui obtiennent un permis spécial des autorités locales ; aussi, par suite de cette disposition, sont-elles peu ou point fréquentées.

Mais, par compensation, il y a de nombreuses bibliothèques particulières. Une des plus importantes est celle de la famille Fan à Ning-po, qui d'après son catalogue, renferme 4,094 ouvrages en 53,799 *kiuen* ou volumes (ou plutôt petits volumes). Elle avait été créée par la famille Yung; mais, après le désastre de cette maison, elle fut achetée par un des membres de la famille Fan, ardent bibliophile, et bientôt elle s'accrut tellement d'ouvrages rares, qu'elle put être d'un grand secours lors de la mesure prise par Kienlung, en 1774, pour combler les lacunes de la bibliothèque impériale. L'empereur fit répandre des catalogues de ce dernier établissement avec promesse de récompenses aux particuliers qui apporteraient les exemplaires manquants à la bibliothèque, même seulement pour les prêter, afin qu'on en pût prendre copie et les faire réimprimer. L'année suivante, un appel semblable fut fait aux libraires. La famille Fan se distingua en cette circonstance ; elle envoya 696 livres rares qui manquaient. Pour sa complaisance elle reçut un exemplaire complet du *Ku-Kin-Tu-Shu Sshi-Thing* ou *Encyclopédie des livres anciens et modernes*, collection imprimée avec des caractères mobiles en cuivre, rassemblée par ordre de l'empereur Kanghi, et tirée à fort peu d'exemplaires. Elle donne des renseignements sur plus de 10,000 ouvrages d'astronomie, géographie, sciences naturelles, etc.

C'est ici que se montre la bizarrerie chinoise. Cette collection est gardée comme autrefois le jardin des Hespérides. Elle est située dans le quartier méridional de la ville de Ning-po, au milieu d'un jardin décoré dans le goût chinois, avec des bouquets d'arbres, des grottes, des montagnes en miniature, des défilés, des lacs et autres merveilles d'une nature artificielle. Chaque membre de la famille Fan a fait mettre à la bibliothèque une serrure particulière dont il garde la clef. Il n'est donc possible d'ouvrir ce dépôt littéraire, qu'avec le consentement de tous les membres de la famille, et il est d'usage que cette opération ne s'accomplisse jamais qu'en leur présence.

Du reste ces règles s'appliquent à beaucoup d'autres bibliothèques particulières. Il y a là sans doute beaucoup de trésors inexplorés, et il est à souhaiter que la commission scientifique française puisse y étudier et en extraire ce qui concerne plus particulièrement la géographie ancienne et moderne. Ce qu'il y a de plus curieux c'est que les livres concernant cette branche de la science sont peu nombreux dans les bibliothèques chinoises des villes, tandis qu'ils abondent en dehors. Les plus petites localités ont leurs monographies ou *tschis*; dans la seule province de Tché-kiang, ces tschis forment une collection de plus de 700 volumes.

Les événements du mois de juin dernier, dans le Pei-ho, avaient produit ici une réaction fâcheuse contre les étrangers, et, dès le mois de septembre suivant, les dispositions malveillantes conçues à leur égard s'étaient manifestées par des actes de pillage exercés dans la maison des missionnaires lazaristes. Ainsi, le 14 septembre, une bande de Chinois, conduite par plusieurs mandarins, s'était portée au siége de la mission, l'avait envahi de force, maltraitant et menaçant de mort les missionnaires et l'évêque lui-même, brisant les meubles et insultant enfin de la manière la plus grossière les emblèmes religieux apposés sur les murs. Le prétexte de cette invasion était le refus de la mission de restituer une ancienne pagode de bonzesses qu'elle occupe depuis plusieurs années à Tching-haï, et où les lazaristes ont fondé une chapelle et un établissement de bienfaisance.

M. de Bourboulon ne put être instruit de ces faits que le 19 septembre, mais aussitôt il prit les mesures nécessaires pour empêcher le renouvellement d'actes hostiles et déplorables. Sur la demande de notre ministre, l'amiral Hope, arrivé tout récemment d'Europe, s'empressa de mettre à sa disposition la corvette *le Cruizer*. Grâce à ce concours, M. Edan, notre consul à Ning-po, put réclamer et obtenir toutes les satisfactions convenables.

Cinq Chinois étaient signalés comme les instigateurs ou les acteurs principaux des désordres commis ; deux d'entre eux furent condamnés à un mois d'exposition publique et mis à la cangue devant la porte de l'évêché de Ning-po ; quant aux autres, appartenant à certaines classes de la société, M. Edan a pensé qu'il était préférable de leur faire grâce. La sévérité dont on a usé en cette circonstance, tempérée par un acte de clémence, a produit le plus salutaire effet. Depuis, Ning-po a repris son calme habituel, et les relations des Européens avec les Chinois sont devenues aussi cordiales qu'elles l'étaient peu pendant quelques mois.

Shang-haï, 8 avril.

Grâce à la proclamation des ministres de France et d'Angleterre, l'agitation qui s'était manifestée dans la ville chinoise de Shang-haï s'est peu à peu calmée. L'attitude ferme et énergique des ministres et du général de Montauban, les dispositions prises par le commandant en chef, n'ont pas peu contribué à ramener l'ordre et la tranquillité un instant troublés. La panique générale produite par la prise de Hangchow, qu'on prononce ainsi par abréviation de Ang-chou-fou ou Hang-tcheou-fou, a occasionné de graves perturbations dans les relations commerciales de Shang-haï. Ainsi, plusieurs banquiers chinois s'étaient enfuis, suspendant leurs payements, à la première nouvelle de la victoire des rebelles. L'argent était devenu introuvable, tous les marchés avaient été interrompus. Il n'est pas un Chinois qui ne se souvienne du 7 septembre 1853, date de la prise de Shang-haï par les rebelles, et de la période désastreuse de 1853 à 1854, pendant laquelle la vie des habitants était chaque jour en péril.

Hang-tcheou-fou n'est pas très-éloigné de Shang-haï, et, en quelques heures, les rebelles pouvaient se porter d'une ville à l'autre. Ce qu'il y a de certain, c'est que durant six jours une partie de la ville a été en leur pouvoir. Les troupes impériales qui, pendant ce temps, avaient été tenues en échec par les insurgés, ayant reçu des renforts des villes voisines, ont pu reprendre alors l'offensive. Après un combat opiniâtre elles ont forcé toutes les bandes rebelles à quitter les faubourgs de Hangchow, et les ont dispersées en leur faisant subir des pertes considérables.

Cette nouvelle officielle n'a pas tardé à ramener les banquiers fugitifs, et avec eux un certain mouvement d'affaires.

Après l'évacuation de Tourane, la *Némésis* est partie pour Manille, où elle doit déposer un certain contingent de troupes espagnoles.

En attendant la réponse à l'ultimatum, toute la marine française va prendre position à Who-sung et Shang-haï.

Tous les bâtiments en rade de Hong-kong ont reçu l'ordre de partir pour cette destination. La division anglaise et deux cents soldats français ont dû arriver aujourd'hui même de Hong-kong à Kin-tang, une des îles Chusan, désignée pour être occupée par les troupes alliées.

Le général en chef anglais, sir Hope Grant, est arrivé hier avec les officiers de son état-major à bord du vapeur *la Grenada*. L'amiral Page, en station à Hong-kong, est attendu tous les jours. Les colonels Schmitz et de Bentzman ont quitté Shang-haï pour se porter vers le nord et faire une reconnaissance dans le Pé-tché-li. *Le Forbin* est à l'ancre devant l'habitation du général de Montauban, tout prêt à porter des ordres. L'animation du port de Shang-haï est extrême, et tout indique que les officiers des armées alliées ne restent pas inactifs.

Outre les navires de guerre qui entrent ou s'éloignent chaque jour, le port est encombré d'un grand nombre de steamers ou de bâtiments marchands. Les principaux sont *l'Eureka* et *l'Urania,* qui vont appareiller pour New-York; le *Benvoirlich, le Berwick-Walls, la Constancia* et *le Sir-Georges-Pollock*, en partance pour Londres; en destination pour Hong-kong, *le Christian-Louis* et *le Pékin;* pour le Japon, *le Yangtszé, l'Emma* et *la Ville-de-Dieppe;* pour Manille, *le Tiempo;* pour Foochow, *le Tillon, la Junon, le Kohi-nor, la Marie-Wilhelmine* et *le Star-of-the-North;* pour Amoy, *le Palmerston;* pour Singapore, *le Wanpans;* puis, plus de quarante bâtiments de la Compagnie péninsulaire orientale, dont la destination n'est pas encore connue. Toutes les nouvelles d'Europe, à la date du 10 février, nous sont arrivées le 31 mars par le *Yangtszé* et le *Pékin;* ce dernier vapeur a apporté à Shang-haï 16,780 dollars de Hong-kong, et 119,170 liv. sterl., c'est-à-dire près de 3 millions de francs, destinés à l'armée franco-anglaise.

Les piastres fortes d'Espagne et les dollars de l'Amérique du Sud ont été, pendant longtemps, les seules pièces admises par les Chinois, non comme monnaie, mais comme lingot. La Chine, vous ne l'ignorez point, n'a pas de monnaie, si ce n'est un grossier billon, qui a cours dans tout l'empire sous le nom de *sapèque* ou de *taël*, once qui exprime l'unité de poids. Le taël se divise en dix *maces*, le mace en dix *candarins,* le candarin en dix *tsien.*

Tous ces noms, à l'exception du dernier, désignent plutôt le poids que la monnaie elle-même. Le tsien ou tchen est une petite pièce circulaire de cuivre et de zinc, percée par le milieu d'un trou qui sert, au moyen d'une attache quelconque, à former des rouleaux de cent pièces, dont la valeur légale équivaut à un mace d'argent (3 grammes 25 centigrammes).

Il n'est pas de pays au monde où le faux monnayage soit plus répandu qu'en Chine. Le peuple, les marchands, les banquiers, les fonctionnaires publics eux-mêmes, tout le monde s'en mêle ; le tsien, cette misérable monnaie qui porte d'un côté en lettres tartares, et, de l'autre, en lettres chinoises le nom de l'empereur, avec la désignation *tung-paci*, qui signifie monnaie courante, n'est pas même exempt de contrefaçon. Aussi lorsqu'on achète dans un magasin, et qu'on paye en piastres, en doublons, en dollars ou en livres, le marchand examine avec la plus scrupuleuse attention toutes les pièces une par une, les touche avec la pierre, et les pèse ensuite avec une petite romaine d'ivoire, instrument que tout Chinois porte constamment sur lui. Toutes les pièces d'or ou d'argent, venant d'Europe ou d'Amérique, et ayant cours en Chine, sont percées; malgré cette précaution, d'adroits filous trouvent encore le moyen de les altérer en remplaçant par du cuivre et du plomb l'or ou l'argent enlevé, de manière à conserver aux pièces évidées leur ancien poids.

C'est sans doute cette propension extrême du peuple chinois à contrefaire toute espèce de monnaie qui a jusqu'à présent empêché le gouvernement d'avoir un système monétaire.

Quoi qu'il en soit, l'or, l'argent, le platine et les autres métaux précieux ne circulent dans les provinces du Céleste Empire qu'à l'état de lingots ; c'est pour faciliter leur circulation qu'on transforme ainsi nos pièces de monnaie d'or et d'argent. La Chine étant un pays où toutes les matières premières viennent en abondance, tend à absorber une grande partie de notre numéraire, qui, une fois introduit dans les provinces intérieures, est complétement perdu pour nous. Il importe beaucoup que l'Europe et l'Amérique ne restent pas longtemps tributaires de la nation chinoise; mais il est à craindre que, pendant quelques années encore, nos fabriques ne puissent soutenir avec avantage la concurrence avec leur commerce.

Le temps, pendant tout le mois de mars, a été triste et pluvieux : nous avons eu vingt-sept jours de pluie continuelle.

Shang-haï, 9 avril 1860.

Le Pékin, parti ce matin de Sang-haï, faisant le courrier d'Europe, n'emportait que des nouvelles douteuses que je m'abtiens de vous communiquer pour rester dans le vrai.

Aujourd'hui, 8 avril au soir, *le Pei-ho* part de Shang-haï pour rejoindre le courrier d'Europe à Hong-kong; puis, après la remise des dépêches, il doit continuer sa route vers Canton, pour y embarquer des troupes de marine destinées à occuper les îles de Chusan simultanément avec les Anglais.

La réponse à l'ultimatum envoyé à l'empereur de Chine est arrivée aujourd'hui; elle contient un refus absolu, et repousse toutes les demandes de réparations adressées par les alliés. Les ministres de France et d'Angleterre font faire en ce moment la traduction de la réponse de l'empereur de Chine aux alliés; vous ne pourrez donc en avoir une complète communication que par le prochain courrier.

L'ultimatum adressé par nos ministres à la cour de Pékin comprenait les ratifications du traité de 1857, l'historique de l'affaire du Pei-ho, et se terminait par la demande d'ouverture des fleuves, la résidence permanente de nos agents à

Pékin, une indemnité de guerre pour le passé et une garantie territoriale pour l'avenir. Les points les plus importants de la réponse à l'ultimatum sont que, « sous aucun prétexte, la navigation du Pei-ho ne peut être livrée aux étrangers. »

L'empereur de Chine ajoute avec ironie que : « en ce qui concerne l'indemnité de guerre réclamée par les alliés, il n'a jamais été dans l'idée de la cour de Pékin de faire venir des troupes anglo-françaises en Chine ; que les ridicules prétentions montrées par les étrangers l'année dernière le forçaient à entretenir une armée au Pei-ho, ce qui grevait son budget de la guerre, et qu'en admettant justes ces prétentions, les dépenses extraordinaires qu'ils avaient ordonnées par suite des événements établissaient une compensation... »

En résumé, l'ultimatum a été rejeté sur tous les points. C'est plus qu'il n'en faut, vous le voyez, pour commencer nos opérations sans retard et exiger, par les armes, la réparation que nous ne pouvons obtenir autrement.

L'amiral Page est arrivé ce matin à Shang-haï, précédant l'amiral Hope.

La situation commerciale de Shang-haï, très-tendue et difficile par l'appréhension des futurs événements militaires, s'est un peu améliorée depuis deux jours. L'argent disparu complétement pendant huit jours, a reparu sur le marché ; l'opium a donné lieu à d'assez fortes affaires ; mais les cotonnades et les autres articles d'importation, soies fabriquées et velours imprimés, très-négligés, ne donneront pour ce trimestre que très-peu de résultat.

En ce qui concerne l'exportation, tous les prix des thés et des soies gréges sont tenus fort élevés et inabordables. Cette élévation des prix tient tout simplement à la raretée de la marchandise ; nous sommes à la fin de la saison des thés et des soies, et tous les magasins sont à peu près vides. Il faut donc attendre au mois de juillet, époque à laquelle on commence à expédier les produits nouvellement récoltés ou obtenus. Les marchés du Japon donnent lieu à de grandes affaires sur les soies; mais, d'une qualité inférieure à celles de la Chine, ces soies sont moins recherchées et par suite se vendent à meilleur compte. En résumé, le mouvement commercial du port de Sang-haï est peu animé, et jamais, depuis la prise de Nankin, en 1853 et 1854, la stagnation n'a été pareille.

Les chiffres d'exportation, depuis le 1er juillet 1859 jusqu'au 31 mars 1860, donnent cependant des résultats assez satisfaisants.

Pendant la période de juillet 1859 au 31 mars 1860, Shanghai a expédié à Londres 56,080 balles de soie.

Pendant la même période correspondante 1858-1859, 68,081 balles.

Pendant la même période correspondante 1857-1858, 52,493 balles,

Pendant la période de juillet 1859 au 31 mars 1860, Sang-haï a expédié au seul port de New-York des thés noirs et verts pour une valeur de 16 millions de francs.

Pendant la même période correspondante 1858-1859, pour 17 millions.

Pendant la même période correspondante 1857-1858, pour 14 millions.

Pendant la même période 1859-1860, Londres a absorbé des thés pour 29 millions.

Pendant la même période 1858-1859, pour 13 millions.

Pendant la même période 1857-1858, pour 25 millions.

Pendant la dernière période, l'exportation du thé en Angleterre a dépassé tous les chiffres déjà obtenus jusqu'alors.

Je ne parle pas de l'exportation des thés absorbés par la France, la Russie et d'autres pays d'Europe, j'arriverais à un total énorme, et cependant cette quantité, si considérable qu'elle soit, n'est rien auprès de la consommation qui se fait en Chine et dans les pays voisins. Elle est telle que si tout d'un coup l'Europe et l'Amérique cessaient leurs acquisitions de thés en Chine, les producteurs s'en apercevraient à peine, par la diminution insensible du prix de cette denrée.

Le commerce des draps et des lainages, dont on consomme dans le nord du Céleste Empire de grandes quantités, a pris depuis peu à Shang-haï un développement remarquable. Ces deux produits pourront donc être pour toutes nos fabriques de France d'un écoulement facile et avantageux.

Par sa position géographique, par les avantages que présentent son port et son marché, par la liberté très-grande du commerce, l'affabilité et l'honorabilité des négociants, Shang-haï est destiné à devenir l'une des villes les plus importantes de la Chine.

L'aspect du port et des quais, encombrés par des milliers de ballots de coton et de soie, de caisses de thé et d'opium, qu'une armée de coolies est journellement occupée à charger et décharger, présente aux yeux de l'étranger nouvellement débarqué le spectacle le plus curieux qu'il soit possible de voir.

Non-seulement les coolies sont employés aux gros travaux du port et de la rivière, mais ce sont eux qui portent les palanquins ou les chaises, qui transportent sur leurs épaules, d'une écluse à l'autre, certains bateaux qui ne peuvent les franchir ; ce sont eux enfin qui font le service des dépêches particulières de ville en ville, quand on ne peut aller directement de l'une à l'autre par la voie d'eau.

Le prix de location des palanquins avec porteurs, très-minime, varie peu pendant toute l'année, excepté pendant la saison qui se trouve entre la cinquième et la huitième lune, époque à laquelle les travaux des champs occupent tous les bras de la population ; pendant cette partie de l'année, ce prix s'élève de 50 centimes par quatre ou six milles jusqu'à 1 franc 50 centimes. Ce sont encore les coolies qui portent les bagages des voyageurs, et c'est par extension qu'on a donné leur nom aux paquets qu'ils transportent, nom fort usité en France et en Angleterre.

Shang-haï, 17 avril.

Par suite de la réponse de l'empereur du Céleste Empire à l'ultimatum adressé par les ministres de France et d'Angleterre, la situation en Chine est devenue très-nette : c'est la guerre.

A la réception de cet ultimatum, il y a eu chez M. Bruce, ministre d'Angleterre, grand conseil auquel assistaient M. de Bourboulon, ministre de France, et les généraux de Montauban et sir Hope Grant. On dit que, pour rassurer les intérêts européens et n'entraver en rien les transactions commerciales de part et d'autre, les membres du conseil ont résolu, d'un commun accord, de n'établir de blocus ni sur les côtes de Chine, ni à l'embouchure du Yang-tse-kiang; on ne fera aucune déclaration de guerre à Shang-haï, et on fera tous les efforts possibles pour localiser la guerre dans le Pé-tché-li.

On a fait connaître les dispositions des représentants de France et d'Angleterre aux habitants de Shang-haï. Le commerce a repris un peu de son activité; les jonques seules semblent paralysées; depuis plus d'un mois, des milliers de bateaux ou grandes jonques, chargées d'approvisionnements pour la capitale, sont groupées dans la rivière de Shang-haï et dans le Yang-tse-kiang, n'osant pas s'avancer dans le nord.

Le gouvernement chinois fait continuer avec la plus grande activité les travaux considérables commencés aux forts Takou pour défendre l'entrée du Pei-ho; sur un parcours de 32 kilomètres, de Takou à Tien-tsin, la rivière est encombrée de pieux de bambous, d'arbres entiers, d'estacades formidables, et, de chaque côté, ses bords sont défendus par des redoutes en briques, que protégent des ouvrages en terre. Vous le voyez par ce simple aperçu, l'empereur de Chine, accumulant tous les jours travaux sur travaux, centuplant les difficultés, espère rester maître de la situation. Il faudra pourtant que les drapeaux de France et d'Angleterre flottent sur les murs de Pékin! L'attaque sera en raison de la défense, et l'empereur, fils du Ciel, frappé d'épouvante, devra alors subir nos conditions.

La diplomatie ayant momentanément suspendu son action, les généraux en chef vont prendre la direction des afraires.

Voici l'état des forces alliées, aussi exactement que possible :

ARMÉE FRANÇAISE.

	hommes.
2e bataillon de chasseurs à pied	850
101e régiment d'infanterie de ligne	1,600
102e régiment d'infanterie de ligne	1,600
Deux bataillons d'infanterie de marine à huit compagnies chacun	1,600
Artillerie à pied et à cheval	1,200
Soldats du génie	360
Soldats du train et d'administration	360
Gendarmerie et ordonnances	80
	7,650

ARMÉE ANGLAISE.

	Soldats anglais.	Soldats indiens.	Total.
Cavalerie...........	400	900	1,300
Artillerie...........	1,150	150	1,300
Génie...............	250	150	400
Train militaire.......	290	»	290
Infanterie...........	6,000	3,000	9,000
			12,290

L'armée anglaise est sous le commandement en chef du général sir Hope Grant.

La cavalerie est commandée par le brigadier Pattle ; l'artillerie, par le brigadier-général Crofton ; la 1re division, par le major-général sir John Mitchel, et la 2e division, par le major-général sir Robert Napier.

En ce qui concerne l'armée française, je me suis borné à vous donner le chiffre du contingent ; vous connaissez la division des commandements divers.

L'armée de terre alliée pourra donc disposer d'un effectif de vingt mille hommes, qui, appuyés par les flottes réunies, composeront une force assez formidable. Je vous parlerai prochainement des flottes anglo-françaises et des forces qu'elles peuvent mettre en bataille.

Depuis le commencement du mois, nous avons à Shang-haï un très-beau temps ; aux pluies diluviennes de mars ont succédé les coups de soleil qui menacent de devenir terribles.

Dimanche dernier, 15 courant, nous avons eu une cérémonie religieuse à laquelle assistait tout l'état-major français, la légation et un certain nombre de résidents européens à Shang-haï. Il s'agissait de la pose de la première pierre d'une église catholique que les pères jésuites vont construire sur un terrain de la concession française. Mme de Bourboulon est la marraine, et le général de Montauban le parrain de l'église qui va bientôt s'élever en notre ville. C'est à un Portugaïs de Macao, M. Pedro Loureiro, que sont dues l'initiative et la mise à exécution de cette généreuse pensée ; c'est lui qui s'est mis en avant pour recueillir les fonds nécessaires à la construction, et ses constants efforts ont été couronnés par un plein succès. Il s'est adressé à tous : Français, Anglais et Américains protestants, Chinois même, et tous ont donné. M. Bruce, ministre plénipotentiaire de Sa Majesté Britannique a voulu souscrire un des premiers, et son offrande est digne de lui. Je suis heureux d'avoir à vous citer ce fait pour vous prouver une fois de plus combien sont intimes et généreux les sentiments qui unissent les représentants officiels des deux grandes nations européennes.

Le comte d'Escayrac de Lauture, chargé d'une mission scientifique en Chine, et le colonel Livet sont arrivés par le dernier courrier à Shang-haï.

L'amiral Page part aujourd'hui même pour l'île de Chusan avec M. de Méritens, interprète de la légation.

Shang-haï, 18 avril.

Le général sir Hope Grant, commandant en chef les troupes de terre de l'armée anglaise, part aujourd'hui même pour l'île de Chusan, où il va préparer l'installation des troupes anglaises et indigènes arrivant de Hong-kong et des deux cents soldats d'infanterie de marine française venant de Macao.

Depuis notre arrivée à Shang-haï nous n'avons reçu aucune nouvelle des transports qui amènent d'Europe l'armée franco-anglaise. Les dernières dépêches reçues de la cour de Pékin ont détruit les espérances de paix conçues par M. Bruce. La mission diplomatique des ministres plénipotentiaires de France et d'Angleterre étant momentanément suspendue, il est important que les opérations militaires et maritimes commencent sans retard et soient menées avec toute la vigueur possible. L'impatience du général de Montauban est extrême. Si les hommes attendus de France, si les chevaux, qu'on a reçu ordre d'acheter au Japon, étaient arrivés, le quartier général de l'armée française serait vite transporté des bords de la rivière de Shang-haï aux rives du Pei-ho. Le courrier d'Europe est attendu demain ; nous espérons qu'il nous apportera des nouvelles de nos troupes, qu'il a dû rencontrer à Singapore.

L'ancien toa-taï de Shang-haï, arrivé de la cour de Pékin, depuis une quinzaine de jours, n'a point quitté la ville. Il reste ici, sans nul doute, pour savoir d'une manière positive ce qui se passe à Shang-haï et sur les bords du Yang-tsé-kiang ; il doit avoir mission de connaître, si c'est possible, les dispositions des généraux anglais et français, les forces dont ils disposent, et le moment probable de l'attaque combinée des forts de Takou. Par les postes militaires qui correspondent de l'un à l'autre, depuis Shang-haï jusqu'à la capitale du Céleste Empire, l'empereur de Chine reçoit chaque jour des dépêches particulières qui l'informent sans doute de tout ce qui peut l'intéresser.

Les consuls étrangers font tout ce qu'il peuvent pour rassurer les commerçants de Shang-haï et rétablir la confiance, qui seule peut ramener le mouvement des affaires, un instant interrompu.

Le tao-taï lui-même a donné à plusieurs reprises, aux commandants des joncques arrêtées ici, le conseil de continuer leur route vers le nord, mais il n'a point été écouté; la peur les retient toujours dans les eaux du Wam-pou.

Le tao-taï est un personnage important. Par suite du développement du commerce du nord de l'empire, de la présence des ministres étrangers qui correspondent avec le gouvernement chinois et de l'attitude récente par les généraux de l'armée alliée, il occupe, comme le vice-roi de Canton, une position lucrative, mais aussi fort délicate et difficile. Il est chargé de l'inspection générale des transports par les canaux et rivières ; de la direction des impôts directs et indirects, ainsi que des droits de douane; il prélève en outre les droits de mutation sur la propriété foncière. Il a aussi la surveillance des salines, qui sont pour le trésor impérial la source de revenus importants. Il est en même temps responsable du transport du numéraire et des lingots pour le compte du gouvernement ; enfin, il doit pourvoir à la défense des côtes et à la protection du commerce maritime. La partie la plus délicate de ses fonctions est celle qui concerne les étrangers ; ainsi, chaque jour, il doit chercher à complaire aux ministres, aux consuls étrangers et garantir leur sécurité, tout en sauvegardant la dignité et les intérêts de son gouvernement.

Les salines, qui sont nombreuses sur toutes les côtes de la Chine, donnent lieu, à l'embouchure du Wampou et du Yong-tse-kiang, à un mouvement commercial considérable. Ce sont elles en effet qui fournissent aux besoins de presque tout le nord de l'empire. Toutes ces salines sont affermées par le gouvernement à des particuliers soumis au contrôle d'employés officiels sous la direction générale du tao-taï.

La manière d'obtenir le sel est des plus simples : on creuse sur le littoral de la mer ou au bord des fleuves, envahis par la marée, une certaine étendue de terrain qu'on met en communication avec l'eau de mer, par des tranchées plus ou moins profondes; on retient les eaux au moyens d'écluses, qu'on ferme dès que le terrain est envahi et couvert. Au bout de quelque temps l'eau, évaporée par les rayons du soleil, laisse sur la terre une couche ou plutôt une croûte grisâtre plus ou moins épaisse, qu'on brise pour emplir des sacs destinés au transport. Le sel, je le répète, est ici l'objet d'un commerce important.

Shang-haï, 20 avril.

J'ai assisté hier au mariage d'un jeune Chinois, parent du tao-taï de Shang-haï. Vous lirez avec quelque intérêt, je pense, le compte rendu de cette cérémonie nuptiale, à laquelle j'avais été invité. En Chine, la loi ne reconnaît qu'une épouse légitime; la polygamie n'y existe pas, du moins à l'état officiel, comme dans presque tous les pays de l'Orient. L'homme peut prendre plusieurs *petites* femmes, suivant l'expression consacrée en ce pays, pourvu qu'il soit en état de subvenir à tous leurs besoins; mais il n'y a que la femme légitime qui ait droit aux honneurs dus au rang de son mari; les autres femmes sont des espèces d'esclaves, qui sont obligées d'obéir à l'épouse légitime aussi bien qu'au maître de la maison.

Le mariage est considéré en Chine comme un acte obligatoire; aussi le célibat y est-il fort rare.

La condition de la femme chinoise diffère essentiellement de celle des femmes européennes. La Chinoise passe toute sa jeunesse enfermée au fond des appartements, sous la surveillance exclusive de sa mère, loin du regard des hommes, dont la présence est interdite jusqu'au jour du mariage. Ce jour-là seulement elle voit l'époux qui lui est destiné et qu'elle doit accepter.

Dans tout le Céleste Empire, l'autorité paternelle est absolue, et les enfants obéissent sans murmurer aux ordres des parents. Il suffit qu'un père dise à son fils : « Tu es en âge de prendre femme ; je t'ai fiancé à la fille d'un tel : dans huit jours tu te marieras. » Le fils s'incline et obéit.

Souvent les parents traitent directement du mariage de leurs enfants, quelquefois même dès la naissance de ceux-ci ; mais, presque toujours, les mariages se font par l'entremise d'une *meï-jin*, véritable entremetteuse dont le métier est considéré comme très-honorable. C'est la meï-jin qui se charge de prendre tous les renseignements au sujet de l'honorabilité et de la fortune des familles ; c'est elle qui reçoit la dot en dépôt et le billet d'acceptation de la jeune fille. Sur ce billet, des plus laconiques, est écrit le nom de la future et son âge, avec l'indication exacte de l'année, du mois et du jour de sa naissance. Ce billet est porté à un devin, qui jette dans une urne les chiffres correspondants à ceux qui sont inscrits sur le billet et tire l'horoscope des deux jeunes gens. Si le sort est défavorable, le mariage est rompu ; s'il est favorable, le jeune homme s'empresse de faire les cadeaux d'usage, qui consistent en bracelets, boucles d'oreilles, étoffes de soie et de damas, fruits de toute espèce, meubles, etc., le tout selon la fortune du prétendant. Les jeunes gens riches joignent toujours aux présents de noce la voiture de la mariée, palanquin garni à l'intérieur de soie et d'or, de coussins brodés et de fleurs, orné à l'extérieur de laque, d'ivoire et de lanternes multicolores. La future, de son côté, remet à l'entremetteuse, pour son fiancé, des ouvrages de tapisserie, de broderie ou de peinture faits par elle-même. Alors, les parents échangent une carte rouge, en signe de consentement et d'engagement. Le prétendu est admis dans la maison de sa future, qui reste voilée pendant toute la durée des visites; le jour du mariage seulement, elle découvre son visage. Dans certaines familles du peuple et de la bourgeoisie, dès que les cartes d'engagement ont été envoyées et reçues, la jeune fille vient s'installer dans la maison de sa belle-mère, qui la met au courant des travaux domestiques, et ne la quitte pas un instant.

Deux ou trois jours avant la célébration du mariage, a lieu l'opération du *kaï-mien*, qui signifie découvrir le visage, et consiste à couper les tresses virginales que les jeunes filles portent étendues sur le visage, afin de mieux le dissimuler aux regards et à raser le front, marque distinctive de la femme mariée. Ce jour-là est presque toujours choisi pour les fiançailles, qu'on célèbre par un repas auquel sont conviés tous les amis des futurs époux; ce jour-là aussi, la jeune fille porte dans ses cheveux, relevés en chignon sur le derrière de la tête, une grande épingle d'or, en signe de consentement.

Le mariage ne change guère la manière de vivre des femmes riches, et ne leur donne pas plus de liberté qu'elles n'avaient étant jeunes filles. Quand elles sortent, c'est toujours en palanquin hermétiquement fermé, d'où il ne leur est possible de voir le public que par des trous ou fissures invisibles. On peut dire qu'elles ne font, le jour de leur mariage, que changer de maître et de prison. Mais toutes préfèrent la prison maritale à la prison paternelle; et pour le petit nombre d'entre elles qui restent vieilles filles, c'est une grande douleur qu'elles ne cherchent pas à dissimuler.

Je reviens au mariage auquel j'ai assisté. A mon arrivée chez le père du fiancé, toute la famille, entourée d'amis, était rassemblée dans le salon des ancêtres, lieu consacré à la prière et aux cérémonies religieuses. Sur la table sainte, ornée de lanternes, brûlaient des parfums qui répandaient une odeur énervante; le silence n'était interrompu que par l'arrivée d'un ami. Quand tous les invités furent entrés, l'entremetteur du mariage, véritable maître des cérémonies, invita le père de famille à prendre place sur un siége élevé, dressé au fond du salon, et donna l'ordre d'introduire immédiatement le jeune homme, qui, en entrant, salua profondément toute l'assemblée et se prosterna la figure contre terre. Sur l'invitation de son père, il se releva et vint prendre une coupe remplie de vin qu'il but d'un trait après en avoir, préalablement, répandu quelques gouttes sur la table ; puis, il se mit à genoux pour entendre l'allocution de circonstance et salua, à plusieurs reprises, pour témoigner de son respect et de son obéissance. Le discours terminé, le jeune marié se releva et sortit, suivi de ses amis, pour se rendre au domicile de sa fiancée.

Au moment où il montait en palanquin eut lieu un concert assourdissant de tam-tam, d'instruments de cuivre de toute espèce, auquel se mêlèrent le bruit des pétards et les feux d'artifice éclatant comme des coups de canon. Je ne connais pas de pays où la joie soit plus bruyante qu'en Chine. Quoi qu'il en soit, nous arrivâmes ainsi, avec l'accompagnement continu de ce concert burlesque, jusqu'à la demeure de la future. Tout le monde mit pied à terre et attendit dans la cour de la maison. Aussitôt que la venue du marié fut annoncée, le beau-père vint à sa rencontre, tenant sa fille par la main. Alors les deux époux se mirent à genoux pour faire les prières de circonstance.

Je pus voir à ce moment la jeune Chinoise, qui était couverte d'un grand manteau de soie bleue, soutaché de broderies de diverses couleurs ; des bracelets ornaient ses bras et son cou ; sa chevelure relevée, dans laquelle apparaissaient des fleurs, était couverte d'un voile descendant jusque sur les épaules. Malgré ce voile, je pus distinguer les traits de la jeune Chinoise et remarquer que son visage était couvert de blanc et que ses lèvres étaient peintes avec du carmin.

Depuis mon arrivée en Chine, j'ai été à même de constater

que toutes les femmes de ce pays ont l'habitude de se plâtrer la figure avec une espèce de blanc de céruse qui altère sensiblement la peau et la ride en tous sens. C'est une mode atrocement laide; mais à quoi bon critiquer les Chinoises alors que nos Européennes les imitent avec tant de ferveur?

La prière achevée, l'épouse fut conduite à son palanquin, l'époux remonta dans le sien, et le cortége reprit sa marche. Au moment où la jeune mariée franchissait le seuil paternel, les pétards éclatèrent de plus belle, les cymbales et les tam-tam retentirent avec un redoublement de bruit, et la chaise, aux panneaux de laque chargés de dorures, dans laquelle venait de monter la jeune Chinoise, s'avança au milieu des musiciens et d'une foule compacte portant lanternes, parasols et étendards.

A leur arrivée dans le salon des ancêtres, les deux jeunes Chinois se mirent à genoux pour entendre la lecture du contrat de mariage et le discours du bonze, qui termina la cérémonie en entonnant une prière dont le refrain fut répété en chœur par toute l'assistance. Alors, les époux furent conduits à la chambre nuptiale pour recevoir la visite de leurs amis, qui ne se contentèrent pas, comme en certains pays, d'adresser des compliments plus ou moins flatteurs à la mariée; ils lui firent passer une espèce d'inspection rigoureuse, où la patience et la vertu de la jeune Chinoise durent être mises à une rude épreuve. J'avais hâte, je l'avoue, de voir terminée cette partie de la fête du mariage, qui doit être très-pénible pour la femme, malgré la coutume du pays. La journée finit par un grand repas auquel prirent place tous les invités; là encore je fus à même d'étudier la différence des coutumes chinoises avec les nôtres. Le premier acte des époux fut de boire dans la même coupe; la femme y porta d'abord ses lèvres, et le jeune marié, après l'avoir vidée d'un trait, la brisa.

Dans toutes les parties de la Chine, la cérémonie du mariage ne s'accomplit pas de la même manière, mais les détails seuls diffèrent. Ainsi, dans quelques provinces, la coupe de vin brisée par l'époux lui est offerte par son père ou le bonze, dans la salle des cérémonies religieuses. Dans d'autres, le futur époux ne se dérange pas, et se contente d'attendre sur le seuil de sa porte l'arrivée de sa fiancée. Dans les provinces du nord, le repas de noce a lieu dans deux grandes salles, l'une destinée aux hommes, l'autre exclusivement réservée aux femmes. Dans la Mongolie, les nouveaux époux dînent en tête à tête dans une salle séparée.

Je rentrai fort tard chez moi, très-content de la cérémonie nouvelle et curieuse à laquelle je venais d'assister, mais la tête fatiguée du tapage infernal qui, pendant plusieurs heures, ne discontinua pas un seul instant d'assourdir mes oreilles. Je dois rendre hommage à la politesse et aux prévenances de toutes sortes dont je fus l'objet de la part de la famille du tao-taï de Shang-haï. En général, le Chinois est d'une politesse, d'une douceur extrêmes; mais c'est surtout dans la classe élevée de la société qu'on rencontre cette politesse exquise, cette amabilité de bonne compagnie, qui prouvent en faveur de leur éducation première.

Shang-haï, 26 avril.

L'incertitude qui pèse sur le situation, depuis plusieurs mois, a mis tout le commerce du littoral de la Chine dans un état de souffrance extrême. Il n'y a guère que le thé qui commence à donner lieu à quelques affaires ; il est vrai que nous arrivons au mois de mai, où se fait la grande récolte de thé dans toutes les provinces de l'empire; c'est aussi l'époque d'un mouvement extraordinaire d'exportation pour l'Europe et les États-Unis d'Amérique.

L'arbre à thé produit trois récoltes, qui ont lieu pendant les mois de mars, avril et mai. La première récolte a lieu quand les feuilles sont tendres et à peine développées. Elle fournit ce qu'on appelle le premier thé supérieur ou impérial, recherché par tous les gourmets. La seconde récolte se fait au mois d'avril, quand les feuilles, plus développées, ont pris une certaine force et fournit la deuxième qualité. La troisième et dernière cueillette a lieu au mois de mai, et donne la récolte la plus abondante ; mais ce dernier thé, peu estimé, forme la qualité inférieure.

Depuis mon arrivée en Chine, j'ai eu occasion de visiter de nombreuses plantations de thés et de voir comment on récolte et on prépare les thés avant de les livrer au commerce.

Le thé est un arbrisseau vivace, qui, en certains endroits, s'élève jusqu'à quatre et cinq mètres de hauteur ; ses branches touffues se croisent en tous sens, semblables à celles du poirier du Japon; son feuillage, d'un vert foncé, ressemble à celui du camélia, tant pour la forme que pour la couleur. C'est surtout dans les terres sèches, sur les collines et les montagnes élevées, qu'on cultive cet arbrisseau. Rien n'est plus curieux, au moment de la récolte, que de voir s'agiter au milieu de ce vert feuillage des milliers de travailleurs dont on n'aperçoit que le chapeau de paille blanc, pointu, de forme primitive, mais dont la couleur, la forme et la légèreté conviennent parfaitement à ce pays pour braver l'ardeur du soleil. Ceux qui sont chargés de la cueillette des feuilles portent des hottes faites en branches de bambou et en paille de riz.

On distingue deux variétés dans ces plantations, le thé vert et le thé noir. C'est principalement dans les provinces de Kiang-si ou Kiang-nan et de Chi-kiang qu'on cultive le thé vert; dans les provinces de Kiang-sou, de Tcheh-kiang et de Fo-kien, c'est le thé noir qui domine.

On ne peut se figurer les soins minutieux qu'exige la préparation de ce produit et la quantité prodigieuse de personnes occupées, depuis le matin jusqu'au soir, pendant plus de quatre mois, à la manipulation des feuilles. Il ne suffit pas, comme on pourrait le croire, de faire sécher au soleil ou à l'ombre les feuilles du thé et de les mettre ensuite en caisse pour les livrer au commerce. Dès que la récolte est terminée, des ouvriers prennent une certaine quantité de feuilles sur une palette de bois à jour, les plongent pendant quelques secondes dans l'eau bouillante, puis, après les avoir fait égoutter, les étendent sur de grandes plaques de fer sous lesquelles on entretient un feu modéré.

Aussitôt que les feuilles commencent à crépiter sous l'action de la chaleur, on les retire pour les donner aux femmes et aux enfants chargés de la manipulation. C'est le travail le plus long; il consiste à rouler, sur des tables couvertes de nattes de bambou, chaque feuille avec la paume de la main, comme on roule les feuilles du tabac pour en faire des cigares. En roulant ainsi les feuilles du thé on leur fait rendre une liqueur jaunâtre dont l'action corrosive donne à la peau une excitation toute fébrile, et quelquefois tellement violente que les manipulateurs sont obligés d'interrompre leur travail. Après cette opération, on jette les feuilles sur des claies et on ne les met en boîte que lorsqu'elles sont entièrement dégagées d'humidité.

Les principales espèces de thés noirs livrées au commerce, sont le Congo, le Soutchong, le Samlo, qui a le parfum de la violette, et le Pekoé, dont l'arome, très-agréable et doux, est très-apprécié par les véritables amateurs. Parmi les thés verts, plus âcres que les thés noirs, on peut citer le Chulang, le hyson, le perlé et enfin le poudre à canon. Tels sont les thés livrés au commerce d'exportation. Non contents du parfum naturel que dégage le thé, quelques propriétaires chinois mettent pendant un certain temps, dans les caisses, des fleurs ou des racines odorantes, tels que des roses, des jasmins, des vanilles ou des iris. Je viens de citer les principales espèces de thé; mais il en est d'autres qui ne s'exportent pas, à cause de leur rareté et de l'élévation de leur prix; ainsi le Kiang-sin se vend en Chine douze francs la livre, le Kon-tan-sa-mi coûte de vingt à trente francs et le Kon-lang-fyn-i va jusqu'à quarante francs : ces deux dernières espèces de thé sont réservées pour l'empereur, la maison impériale et les gouverneurs de province.

Les établissements où l'on prépare les feuilles du thé sont de simples et immenses hangars en bambous, sous lesquels sont installées des chaudières, des plaques de fer et de grandes tables couvertes de nattes faites en paille de riz.

La vue d'un Européen éveille presque toujours, chez les Chinois, un mouvement de curiosité. Notre arrivée dans un de ces établissements en plein vent causa une certaine agitation, surtout parmi les enfants; quelques-uns, des plus hardis, s'approchèrent pour nous considérer à leur aise et toucher nos sabres. J'en pris un dans mes bras, l'embrassai et lui demandai, par signes autant que par mots, s'il voulait venir avec les Français ; il me répondit affirmativement en riant... mais son père, prenant sans doute au sérieux cette plaisanterie, lui ordonna aussitôt de me quitter, ce qu'il fit, mais non sans regret, je crois.

Jusqu'à présent, je ne puis me croire en pays ennemi, et vais partout, souvent seul, sans avoir rencontré encore la moindre manifestation hostile.

Shang-haï, 28 avril.

L'île de Chusan, comme je vous le faisais pressentir dans une de mes dernières correspondances, a été occupée sans coup férir par le corps expéditionnaire anglo-français. Le 21 avril, l'amiral anglais Hope et l'amiral français Page se sont présentés à portée de canon de Ting-haë, capitale de l'île. Ce simulacre de guerre a déterminé la reddition immédiate de la ville. Quelques heures après, le mandarin militaire, chargé par l'empereur de Chine du commandement de l'île de Chusan, passait avec les amiraux des forces alliées une convention à l'amiable.

Le mandarin actuel s'est souvenu de l'attaque faite en juillet 1840 par le *Wellesley*, portant le pavillon du commodore sir Gordon Bremer, et qui, en quelques heures, réduisit au silence les batteries de Ting-haë et s'empara de la ville. La reprise de Ting-haë, le 27 septembre 1841, par l'amiral Parker, a dû lui prouver une fois de plus que les hautes murailles de la ville, garnies d'une triple rangée de canons, ne pourraient la défendre contre une attaque dirigée par les troupes européennes.

Quoi qu'il en soit, toute la population de Chusan a témoigné sa satisfaction de revoir les barbares, par son empressement à les recevoir.

Ainsi le premier acte de la guerre de Chine se trouve accompli par l'occupation militaire de l'île de Chusan, le 21 avril 1860.

Le soir même, les pavillons de France et d'Angleterre flottaient réunis sur la forteresse et les principaux établissements de la ville de Ting-haë.

Une proclamation affichée aux carrefours et sur les places publiques, pour annoncer aux habitants l'occupation de l'île, comme pour les inviter à continuer en toute sécurité leurs opérations commerciales a produit un excellent effet parmi toute la population.

Les Anglais ont l'intention d'établir à Ting-haë le dépôt centrale d'approvisionnements de l'armée et d'y fonder tous les établissements nécessaires à la concentration d'un grand nombre de soldat. Les Français, qui se sont dirigés tout de suite vers le nord, n'ont laissé là qu'une garnison de quatre cents hommes et quelques bâtiments de guerre, pour concourir à l'occupation de l'île et protéger les dépôts de charbons de terre et autres que notre marine y a établis immédiatement.

Après la conférence qui a eu lieu à bord de *la Granada*, entre sir Hope Grant, le général de Montauban, les amiraux Page et Jones et les autorités chinoises de Ting-haë, les troupes alliées sont parties de suite pour prendre possession de leur quartier respectif.

Les Anglais ont établi leur quartier général dans une grande et belle caserne qui, en 1841, servit d'hôpital. Les Anglais, au nombre d'environ trois mille hommes, dont le 67e et le 99e régiments, un bataillon d'infanterie de marine et une batterie d'artillerie dirigée par le major Rotton, se trouvent sous le commandement militaire du colonel Reevès du 99e.

Les divers détachements d'infanteries de la marine françaises, amenés de Canton par *le Saigon*, se sont installés dans un fort bâti sur une colline qui domine la ville et la rade. C'est le lieutenant-colonel Martin des Pallières qui est chargé du commandement militaire de Chusan.

Au moment de mon départ de Chusan, la rade de Ting-haë était occupée par les bâtiments français: *le Saigon*, *le Duchayla*, *le Shang-haï*, *l'Avalanche*, *la Mitraille*; et les bâtiments anglais, *la Perle*, *l'Adventure*, *le Scout*, plus cinq ou six canonnières.

Les rapports officiels et officieux entre tous les militaires et marins français et anglais étaient des mieux établis et l'entente parfaite.

CHAPITRE V

Départ de Toulon (voie du Cap). — Sainte-Croix de Ténériffe. — Cap de Bonne-Espérance. — Arrivée des première troupes anglaises et françaises. — Aspect de la ville. — Hôpital français. — Réceptions officielles. — Dépôt de remonte. — Sinistres en mer. — Historique de la colonie. — Départ des navires français. — *Le Duperré*. — Tempête affreuse. — Naufrage des ambassadeurs de France et d'Angleterre à la Pointe-de-Galles — Perte du *Malabar*. — Iles du Cap-Vert. — Saint-Vincent. — La frégate *l'Impératrice Eugénie*, commencement d'incendie. — Passage de la ligne. — Simon's-Bay, promenade au cap.

Cap de Bonne-Espérance, 3 mars.

Je ne reviens pas sur l'embarquement des troupes qui a eu lieu à Toulon, ni sur les adieux sympathiques de toute la population, accourue pour saluer une fois encore le drapeau de la France, symbole de l'honneur, de la civilisation et de la liberté...

Peu après notre départ de Toulon, nous longions les îles d'Hyères, les Baléares, et après avoir côtoyé les rives d'Espagne, dont on voit au loin en mer les sommets couverts de neige de la Sierra-Nevada, nous franchissions le détroit de Gibraltar où, à droite, nous apercevions la flotte française mouillée dans les eaux d'Algésiras, et, à gauche, les côtes lumineuses du Maroc.

Douze jours après notre embarquement, nous étions au pied

du pic de Ténériffe qui s'élève à perte de vue à gauche de la ville. Après un séjour de quarante-huit heures, pendant lequel nous n'avons eu qu'à nous louer de l'empressement et de l'amabilité de M. Berthelot, vice-consul de France, qui avait pris toutes les mesures nécessaires pour nous procurer tout ce dont nous avions besoin, nous reprenions la mer dont l'immensité a quelquefois bien du charme pour les natures rêveuses, mais dont le bruissement prolongé éveille bien souvent les échos de la mère patrie.

L'expédition envoyée par le gouvernement prussien en Chine a relâché le 7 janvier à Sainte-Croix de Ténériffe. Cette expédition, qui est placée sous le commandement du capitaine de vaisseau Sundewall, se compose de la frégate *la Thétis*, commandant Jachmann; de la corvette à vapeur *Arcona*, et de la goëlette *Frauenlob*. Les membres de la commission ont séjourné à terre pendant plusieurs jours pour explorer certaines parties de l'île, au point de vue de la géologie et de la botanique.

Après cinquante six jours de navigation, nous arrivions en vue du cap de Bonne-Espérance, cap Town, où bientôt nous foulions le plancher des vaches.

Cette ville, ordinairement si calme, présente depuis plus d'un mois l'aspect le plus animé. Chaque jour, en effet, ce sont de nouveaux bâtiments qui arrivent, des équipages qui débarquent ou se réembarquent. Dans toutes les rues, on n'aperçoit qu'uniformes anglais et français. Il semble que la ville du Cap soit une véritable place de guerre anglo-française. Tous les hôtels, marchés et boutiques sont envahis depuis la première heure du jour jusqu'au soir; tous nos soldats font leurs achats en parcourant la ville en touristes pendant que les navires, profitant de leur séjour, achèvent leurs réparations ou complètent leurs approvisionnements.

Le général Jamin, dont la sollicitude pour les troupes est

extrême, a fait installer au Cap, dont le climat est des plus salubres, un hôpital où les hommes tombés malades depuis leur départ de France, pourront promptement recouvrer la santé. Cet hôpital est sous la direc tion d'un chirurgien français.

Depuis le mois de janvier, ce ne sont que bals et dîners officiels qui se terminent par de nombreux toasts à l'entente des deux nations et au succès des armées alliées. Le 8 février, le général Jamin a donné un grand dîner de cinquante couverts, auquel assistait le général Willyards, gouverneur par intérim de la colonie anglaise, M. Haussmann, consul de France, le général Collineau, les principaux fonctionnaires de la colonie, les officiers supérieurs du 59e régiment de la Reine et les officiers supérieurs du corps expéditionnaire. Le lendemain, le général Willyards répondait à la politesse française par un grand dîner, suivi d'un bal splendide.

La demeuré hospitalière du consul de France est tous les jours ouverte aux officiers du corps expéditionnaire. Il n'est pas possible d'être plus gracieux et plus prévenant que M. Haussmann ; et je ne suis que le faible interprète de tous mes camarades en lui rendant cet hommage.

Par suite des mesures adoptées à Londres pour la réorganisation de l'armée indo-britannique, par suite de l'expédition de Chine, l'activité administrative du Cap est égale à l'animation publique produite par l'arrivée incessante des navires anglais et français. Les officiers de remonte, envoyés de Londres, ont passé des marchés considérables et acheté le nombre de chevaux nécessaires pour le service du corps expéditionnaire commandé par le général Hope Grant; ces chevaux ont été embarqués à bord des transports-écuries à destination de Hong-kong. On s'occupait aussi très-activement de la remonte de la cavalerie indienne, qui sera faite tant au Cap qu'à Lahore, la colonie du Cap devant y contribuer pour les quatre cinquièmes.

Pendant toute la première quinzaine de janvier, le vent a soufflé avec une violence extrême sur les côtes du Cap, et on a eu à déplorer plusieurs sinistres. Dans les premiers jours du mois, *le Chevreuil,* navire français, a ramené au Cap tout l'équipage du *Hastings*, navire anglais, qui a coulé bas. Le **12** janvier est arrivé au Cap un autre navire français, *le Duc de Richelieu* qui, revenant de la Réunion, a été obligé de relâcher pour réparer ses nombreuses avaries occasionnées par la tempête et le feu qui s'était déclaré à bord.

Le Cap de Bonne-Espérance, découvert en **1486** par Barthélemy Diaz, navigateur portugais, qui le surnomma le *Cap des Tempêtes*, et visité en **1498** par Vasco de Gama, est situé à environ dix lieux de la ville du Cap, nommée *Cap Town* par les Anglais.

La ville du Cap, située au fond de la baie, et peuplée aujourd'hui de plus de trente mille habitants, fut fondée en **1650** par Van Riebeck, navigateur hollandais ; prise en **1795** par l'Angleterre, rendue en **1803**, reprise en **1806**, elle fut définitivement attribuée au gouvernement britannique par le traité de **1815**.

La ville du Cap offre un assez joli coup d'œil. Toutes les habitations, entourées de jardins spacieux, sont basses et terminées en plate-forme. Les rues tirées au cordeau sont larges et d'une propreté parfaite. Les magasins sont de véritables musées de curiosités où sont groupés les produits de l'Afrique, de la Chine, de l'Inde, du Japon et d'Europe. Par sa position, la ville du Cap est l'entrepôt naturel du commerce des Indes avec la Grande-Bretagne.

La partie septentrionale de la colonie est rocailleuse et aride ; mais toute la partie méridionale, sillonnée par de nombreux cours d'eau, est luxuriante de végétation. On y récolte tous les fruits d'Europe et on y élève de nombreux troupeaux qui servent au ravitaillement des navires.

La plus grande partie du corps expéditionnaire anglo-français a déjà franchi la pointe du Cap pour entrer dans la mer des Indes. L'état sanitaire des troupes est excellent; toutes sont pleines d'ardeur et de gaieté; pour occuper les loisirs d'une aussi longue traversée, nos troupiers n'ont trouvé rien de mieux que de donner des *bals*, des *concerts* et des *représentations théâtrales*. Les concerts sont exécutés par les chanteurs émérites et les musiciens des régiments à bord; les représentations théâtrales : vaudevilles, drames, opéra-comiques sont données par les artistes de vocations; les bals sont alimentés par les danseurs, soldats et marins dont quelques-uns s'affublent, pour la circonstance, de crinolines improvisées; c'est à qui fera les pas les plus brillants, les poses les plus excentriques. Rien de plus divertissant que ces bals à bord des navires. Un officier anglais, témoin de l'un de ces bals, me disait hier : « Ces diables de Français, à bord comme à terre, sont toujours les mêmes. »

Le premier bâtiment faisant partie de la flotte française en Chine a relâché au mois de décembre au Cap; c'est *le Forbin*, aviso à vapeur, qui doit se tenir pendant toute l'expédition à la disposition du général de Montauban. Ce navire a déposé au Cap un officier d'administration chargé de diriger, pour le compte de la France, le service de l'approvisionnement de la division navale et du corps expéditionnaire. Après quelques jours de mouillage, *le Forbin* a continué sa route vers Singapore où il doit arriver vers le milieu du mois de janvier, pour y déposer également un officier chargé du service administratif.

Je vous adresse le mouvement de la flotte française et la date de sortie du port du Cap, par bâtiment.

Renommée, désignée pour porter le pavillon de l'amiral Charner, 9 février.

Vengeance, ayant à bord une partie du 102e, 9 février.

Andromaque, ayant à bord quatre compagnies d'infanterie de marine, 14 février.

Entreprenante, ayant à bord le général Jamin et partie du 101e, 16 février.

Forte, ayant à bord quatre compagnies d'infanterie de marine, 18 février.

Garonne, ayant à bord une partie du 101e, 21 février.

Dryade, ayant à bord le général Collineau, partie du 102e, 22 février.

Persévérante, ayant à bord quatre compagnies d'infanterie marine, 22 février.

Calvados, ayant à bord artillerie et partie du 101e, 22 février.

Rhône, ayant à bord le 2e chasseurs, 24 février.

Loire, ayant à bord artillerie et administration, 25 février.

Nièvre, ayant à bord artillerie et administration, 25 février.

Reine-des-Clippers, ayant à bord détachements divers, 25 février.

Rhin, ayant à bord, infirmiers, ouvriers d'administration, 25 février.

Jura, ayant à bord, artillerie, génie et pontonniers, 3 mars.

Isère, ayant à bord, artillerie, génie et pontonniers, 3 mars.

On attend vers la fin du mois *le Duperré*, qui a dû embarquer à Alger la cavalerie du corps expéditionnaire et composée de détachements de chasseurs et de spahis. Les transports *Wœser*, *European* et *Japon*, ayant à bord les chaloupes canonnières démontées, qui doivent opérer sur les côtes ou dans le Pei-ho, sont attendues vers la même époque.

Dans quelques heures je reprends la mer ; je n'ai que le temps de vous dire adieu.

A bord du *Duperré*, 23 mai 1860,
en vue de Singapore.

Nous sommes arrivés en vue du cap de Bonne-Espérance le 30 mars au matin. Un brouillard opaque cache à tous les regards l'énorme bloc de granit appelé la *Montagne-de-la-Table*, et qui donne son nom à la ville où nous devons mouiller. A cause de l'obscurité qui nous environne de toutes parts, nous marchons lentement, toutes voiles serrées. Cependant le brouillard se dissipe, chassé par la brise, et tout à coup apparaît à nos yeux éblouis un splendide panorama: c'est la ville du Cap qui semble sortir de la mer, couchée mollement au pied de ce colosse granitique qui la garantit des froids climats : ce n'est qu'une pointe de terre perdue dans l'immensité des mers, mais cette pointe est une oasis charmante, inondée de rayons lumineux qui donnent à tous les objets une teinte d'or du plus brillant effet.

A onze heures, nous jetons l'ancre en pleine rade au milieu d'une centaine de petites barques qui viennent accoster le navire. Toutes sont montées par des gens demi-nus, au teint bronzé, la tête couverte d'un chapeau de paille aux larges bords tombant sur les épaules : ce sont des Malais, des Cafres, des Juifs arabes, des Européens qui viennent vendre : ceux-ci du poisson, ceux-là des légumes, d'autres des fruits. Au milieu des cris qui s'élèvent de toutes parts, on distingue la voix de quelques nègres qui guettent l'arrivée des voyageurs, et viennent nous redire vingt fois l'adresse des divers hôtels de la ville. A midi, nous nous élançons joyeusement dans une barque et, dix minutes après, nous mettons le pied sur l'extrême pointe de l'Afrique.

La ville du Cap est une possession anglaise qui, découverte en **1486** par Barthélemy Diaz, navigateur portugais, fut longtemps occupée par les Portugais. Une partie de la ville, encore habitée par eux, conserve un certain cachet de nationalité ; le reste est bâti à l'anglaise. De grandes et somptueuses maisons, de larges et belles rues ornées de deux rangées d'arbres touffus, offrent un magnifique coup d'œil : on est surpris de trouver à la partie la plus reculée et la plus sauvage de l'Afrique une ville toute européenne.

La ville, éclairée au gaz, possède de remarquable bâtiments militaires, de vastes ateliers de construction, un beau jardin public, un port magnifique, défendu par des forts qui commandent toute la rade. En revanche, elle est triste comme toutes les villes anglaises. Après l'avoir visitée en détail, nous prîmes des chevaux pour explorer le paradis de l'Afrique, la ville aux vins si renommés.

Constance, située à deux lieues environ de la ville du Cap, au pied d'une riante colline, est moins une ville qu'un village composé de quelques maisons qui appartiennent aux riches propriétaires des vignes. Constance est le Clos-Vougeot de l'Afrique ; nous en avons bu de son vin, qui ne le cède en rien aux meilleurs crus de la France et nous en avons fait une provision pour le reste de notre traversée.

Nous sommes restés en rade jusqu'au 4 avril ; à huit heures du matin, nous levions l'ancre et nous partions pour Singapore avec une brise insensible, qui gonflait à peine nos voiles. Le 7 au soir seulement, nous perdions les côtes de vue.

Le **11**, avec la brise qui s'élève, la température devient froide, le thermomètre descend de 30° jusqu'à 5° au-dessous de 0 ; nous conservons cette moyenne jusqu'au **18** ; ce jour-là, vers sept heures du soir, la température change tout d'un coup ; de froide et glaciale qu'elle était, elle devient chaude, lourde, accablante ; de gros nuages obscurcissent le ciel, puis crèvent en torrents de pluie qui inondent le bâtiment. A deux heures du matin, le vent commence à souffler avec violence, la mer devient mauvaise, la pluie tombe toujours, les éclairs fendent sans cesse la nue, à chaque instant la foudre éclate avec un bruit effroyable; c'est une véritable tempête avec toutes ses horreurs. Tous les officiers de marine sont à leur poste de combat, attentifs aux signaux du capitaine, qui reste impassible, malgré l'émotion qui doit l'agiter intérieurement, et qui ne consent à se faire momentanément remplacer que lorsque ses forces trahissent son courage.

La tempête dure huit jours, sans une heure de trêve, au milieu de l'obscurité la plus complète. La violence du vent est telle qu'en vingt-quatre heures, avec une seule voile qui reste, *le Duperré* file quatre-vingt-seize lieues. Toutes les batteries sont fermées; dans la cale, les quatre pompes manœuvrées par les matelots et nos soldats, qui se relayent, jouent nuit et jour; le roulis et le tangage sont tellement violents qu'il est impossible de se tenir en équilibre; tous les hommes sont pieds nus; des cordes passées autour du corps les retiennent pendant leur travail, soit sur le pont du navire, soit à fond de cale. D'un bout du bâtiment à l'autre, on a tendu sur le pont des cordages qui puissent servir de rampes et de filets de sauvetage; sans ce surcroît de précaution, on courrait risque à tout instants d'être renversé par les vagues énormes qui viennent déferler sur le pont. Vingt fois on s'attend à sombrer; d'heure en heure, la tempête semble augmenter d'intensité.

La nuit, c'est quelque chose d'horrible: à peine a-t-on fermé l'œil, brisé de fatigue et démotion, qu'on est brusquement réveillé en sursaut par des bruits sinistres et des cris d'épouvante; ce sont des barils qui, se détachant, roulent d'un bout de la batterie à l'autre; ce sont des caisses, des malles, des cristaux, des poteries et des bouteilles qui roulent aussi, se heurtent et se brisent; c'est le navire qui gémit en suivant les brusques mouvements de la vague qui monte et descend; c'est le tonnerre dont le roulement est incessant. Tous ces bruits sinistres finissent par donner le vertige.

Cette affreuse tempête a duré jusqu'au 25 avril; vers midi, le vent a tourné brusquement, et le calme est revenu. Il en était grand temps, je vous assure, pour l'équipage et les passagers; tout le monde était malade. Notre intrépide commandant, plus que tout autre, s'est ressenti plusieurs jours de la fatigue extrême qu'il a éprouvée durant la tourmente. Il est vrai que, pendant huit jours, il ne prenait qu'une heure de repos par vingt-quatre heures. Toujours sur pied, attentif au moindre coup de vent, il savait, avec un admirable sang-froid et une énergie peu commune, faire les commandements à propos, relever le moral des soldats et exciter tout le monde à faire son devoir.

Heureusement, pendant ces huit jours de tempête, nous n'avons eu aucune perte d'homme à déplorer. Nous avons profité du calme pour prendre le repos dont nous avions tous grand besoin, et réparer les avaries et le désordre causés par la tempête.

Le 15 mai, nous arrivions en vue du détroit de la Sonde, passage fort dangereux. Nous n'avancions qu'avec précaution afin d'éviter les nombreux bancs de sable qui s'élèvent à fleur d'eau dans toute l'étendue du détroit. Nous jetons l'encre avant la nuit dans la crainte d'accidents.

Le 20, nous repassions la ligne pour la deuxième fois, et après cinquante jours de mer depuis notre départ du Cap, nous nous trouvions encore à trente lieues de Singapore.

Le 23, à cinq heures du matin, la vigie cria : Terre! A huit heures, nous mouillions dans la rade de Singapore, au milieu d'un nombre considérable de navires, au grand mât desquels flottent les pavillons de toutes les nations.

Depuis quinze jours que nous sommes sous les tropiques, nous avons des chaleurs excessives; malgré cela, l'état sanitaire du personnel du *Duperré* est excellent.

Pointe-de-Galles, 25 mai.

Le steamer de la compagnie péninsulaire et orientale *le Malabar*, sur lequel venaient de s'embarquer les ambassadeurs de France et d'Angleterre en Chine, ainsi que les autres passagers à destination de Singapore et de Hong-kong a fait naufrage en rade. Personne heureusement n'a péri.

Le navire allait appareiller, lorsqu'une raffale assez forte le fit chasser sur son ancre, et peu d'instants après, il touchait sur des roches sous-marines auprès desquelles il était imprudemment mouillé. Cette dangereuse position ne dura pas longtemps; mais lorsque *le Malabar* eut cessé de talonner sur les récifs, le mal était déjà irréparable. En effet, une voie d'eau s'était déclarée, le navire s'enfonçait visiblement, et le capitaine, pour ne pas compromettre l'existence de l'équipage et des passagers, dut prendre le parti d'aller à toute vitesse se jeter sur les bancs de sable qui s'étendent au fond de la baie de la Pointe-de-Galles.

Un seul bâtiment français était au mouillage, *le Paul-Auguste*, de Dunkerque, capitaine Messemacher et c'est de lui que vinrent, ainsi que du *Werwersey*, navire anglais, les premiers secours que réclamait la situation du paquebot naufragé. Cet exemple ne fut suivi que plus tard par les embarcations du port et des autres navires qui se trouvaient sur rade.

Une fois à la côte, le débarquement des passagers s'effectua assez facilement. Les bagages, les dépêches, les barres d'argent pour une somme de douze millions de francs, en un mot tout ce qui se trouvait à fond de cale est très-compromis, et si un coup de vent survenait, il serait fort à craindre qu'on ne pût en opérer le sauvetage.

Les plongeurs ont été à l'œuvre toute la semaine dernière ; ils n'ont pu retrouver toutes les malles, mais ils ont retiré plus de cent colis de lingots et quelques bagages. Parmi ces bagages sont les coffres contenant la lettre autographe de la reine à l'empereur de Chine, les lettres de créance et instructions de lord Elgin. La lettre est lisible, quoique très-décolorée ; les lettres de créance sont parfaitement conservées.

Le baron Gros a aussi retrouvé ses papiers. La lettre autographe de l'Empereur est tout à fait effacée ; l'eau salée, l'opium, l'huile, le charbon et la vase dans lesquels ces papiers ont été submergés ont tout abîmé.

Le Colombo a apporté d'Angleterre un nouvel appareil de plongeur.

Le Malabar a complétement disparu sous l'eau.

Le personnel des deux ambassades devait quitter Pointe-de-Galles le 6 juin.

Saint-Vincent (île du cap Vert), 1er juin, à bord de la frégate *l'Impératrice-Eugénie*.

Partis de Toulon, le 19 mai, pour l'expédition de Chine, nous étions dans le détroit de Gibraltar le 23, et le 25 nous arrivions au milieu des îles Fortunées ou Canaries, Santa-Cruz,

Canarie, Portaventure et Lancerate, laissant Ténériffe par bâbord. En passant près de cette île, tous nos regards se portèrent sur le sommet du pic qui, élevé à 3,800 mètres au-dessus du niveau de la mer, se termine par le cratère du Teyde ; mais les nuages qui l'environnent presque toujours le dérobaient complétement à nos longues-vues marines.

Le 31, au soir, nous jetions l'ancre dans le Porto-Grande de l'île Saint-Vincent, située à peu de distance des côtes de Sénégambie et presque en face de Saint-Louis.

Saint-Vincent fait partie du groupe des dix îles du Cap-Vert, découvertes en 1459 par A. Nolli, navigateur portugais ; les principales sont Santa-Cruz, Sant-Yago, Boavista, Saint-Vincent et l'île du Sel.

A notre arrivée à Saint-Vincent, la rade était sillonnée de barques de pêcheurs, et la petite ville, située au fond du port, présentait un aspect des plus animés. C'était l'animation qui règne, chaque matin et chaque soir, dans toutes les colonies. Dès que le soleil darde ses rayons, on voit toutes les boutiques, toutes les portes, toutes les persiennes se fermer comme par enchantement ; c'est le moment de la sieste. Si la curiosité vous pousse à parcourir les rues, vous ne rencontrerez personne ; la ville, silencieuse, ressemble à une ville abandonnée. Elle ne sort de sa léthargie qu'au moment du coucher du soleil. Alors le mouvement et la vie recommencent ; les commerçants reprennent leurs travaux, le peuple ses habitudes nonchalantes ; les Portugaises, armées de leur inséparable éventail, reparaissent aux fenêtres ; la foule bruyante parcourt les rues et les quais, et jusqu'à une heure avancée de la nuit on entend le murmure des conversations et le son de la musique.

Quand on débarque à Saint-Vincent, le regard est attristé par l'aspect aride que présente le pays. Ce ne sont partout que des rochers sur lesquels on aperçoit çà et là quelques maigres bandes de terre où poussent des ignames et des patates, mais dans les rares endroits où coule un filet d'eau, la végétation est luxuriante comme dans tous les pays aimés du soleil. Là, on peut admirer les grandes fougères des tropiques, les lauriers-roses et les orangers, grands comme des arbres, les bananiers aux grappes pendantes, et les pins au feuillage toujours vert.

Ce qui frappe le plus le voyageur qui descend sur le sol portugais, c'est le vêtement bizarre du peuple. La plupart portent une espèce de caleçon et une couverture de coton qui leur sert à braver le soleil, à affronter la pluie et à supporter la fraîcheur des nuits qu'ils passent couchés sur la terre. Un grand nombre est entièrement nu. Les femmes ont une espèce de jupon court en calicot, qui laisse à nu les jambes ainsi que le haut du corps. Peu de blancs, des noirs et des négresses partout.

Nous avons trouvé en rade *l'Etoile*, aviso à vapeur de la station du Sénégal, attendant pour retourner à Saint-Louis, les dépêches officielles du gouvernement.

Jusqu'à présent la traversée a été bonne, sauf le premier jour, pendant lequel nous avons été assaillis par la pluie et un fort vent ; heureusement ce grand vent soufflait du sud-est, ce qui nous permit, malgré le chargement énorme de la frégate, de nous éloigner promptement des côtes de France.

Deux incidents sont venus troubler la monotonie du bord :

Le 28 mai, vers deux heures du matin, je fus réveillé par le bruit du tambour et le cri sinistre : « Tous les hommes au poste de combat ! » Comme vous le pensez bien, je fus vite debout et hors de ma cabine. Un timonier qui avait ordre de nous prévenir, et dont l'esprit était encore alourdi de sommeil, me dit qu'une très-grande voie d'eau s'était déclarée, que toutes les pompes étaient déjà en mouvement, et que la frégate ne pouvait plus avancer. A ce moment nous devions être à 70 ou 80 lieues de Ténériffe et à 170 lieues des îles du Cap-Vert, par conséquent loin de tout secours.

Je courus à l'arrière du bâtiment, et j'acquis bientôt la certitude que la nouvelle que j'avais recueillie était fausse.

Je me rendis à mon poste de combat de la batterie pour attendre et exécuter les ordres du commandant. Là, j'appris que nous n'étions pas menacés par l'eau, mais bien par le feu. A bâbord de la machine, dans le faux-pont, existe un magasin divisé en deux compartiments séparés l'un de l'autre par de très-minces cloisons ; l'un d'eux contient un assez grand nombre de caisses d'huile et du coton à mèche qu'on avait placé entre les caisses pour les préserver du roulis ; mais la fermentation et le frottement sans doute avaient mis le feu à l'un des rouleaux de coton, et ce feu, se communiquant, menaçait d'envahir le deuxième compartiment rempli d'étoupe blanche et d'essence de térébenthine, après avoir déjà carbonisé le milieu d'une épontille. Heureusement, l'air manquant en cet endroit, l'incendie ne put pas faire de grands progrès, et, en peu de temps, on s'en rendit maître. Une heure après le moment de la panique, nous retournions à nos cabines, ne pensant plus à ce petit accident, qui aurait pu avoir des suites terribles, si la fumée n'avait pas trahi la présence du feu.

Le deuxième incident est la mort de deux hommes qui ont succombé, à une heure d'intervalle, dans la matinée du 29, l'un atteint d'une fluxion de poitrine, l'autre d'une gangrène générale ; dans la même journée, à trois heures de l'après-midi, avait lieu le service des morts. Cette cérémonie funèbre ne dure que quelques instants, mais elle impressionne fortement, et laisse dans l'âme une indicible tristesse.

Nous partons dans une heure, après avoir fait 180 tonneaux de charbon, et nous nous rendons directement au cap de Bonne-Espérance, notre second point de relâche.

La monotonie du séjour à bord de notre belle frégate, *l'Impératrice-Eugénie*, est rompue tous les jours par la musique de l'amiral. Chaque soir, quelques-uns de nos artistes militaires improvisent de petits concerts de musique vocale et instrumentale, et finissent par les airs nationaux que nous aimons tant à entendre.

Simon's-Bay (cap de Bonne-Espérance), à bord de *l'Impératrice-Eugénie*, 6 juillet.

Comme vous le savez, nous avons quitté les îles du Cap-Vert le 2 juin ; le 7, nous passions la Ligne où nous recommencions cette fête si souvent célébrée, et où il n'y a de variantes que dans les allocutions plus ou moins spirituelles de ceux qui remplissent les principaux rôles ; la mise en scène peut recevoir quelque modification, la conclusion est toujours la même : il faut arroser son passage avec de l'argent. Quoique je ne sois pas un intrus dans ces parages, j'ai payé aussi ma nouvelle venue, sans toutefois passer sous les fonts baptismaux composés de baquets, de seaux d'eau et de jets de pompes. Chacun des néophytes y a passé à son tour; or, leur nombre étant considérable, la cérémonie s'est prolongée, à la satisfaction générale, jusqu'au soir. Notre commandant, M. de Lapelin, capitaine de vaisseau, avait invité tous les officiers à dîner à sa table, et, voulant que la fête fut complète, avait fait distribuer double ration à tout l'équipage qui, toute la soirée, témoigna de sa joie par des chants et des danses de circonstance.

Rien n'est plus amusant que nos danses de matelots, qui joignent au sérieux le plus grand l'excentricité la plus folle, la plus désopilante ; il faut rire quand même.

L'étiquette avait été mise de côté, à la table même de notre commandant; aussi, notre dîner, qui ne laissait rien à désirer sous le rapport des mets exquis et du choix des vins, fut-il des plus gais. Les éclats de rire se mêlaient au bruit de la musique qui, pendant tout le repas, ne cessa de faire entendre les morceaux les plus remarquables de son répertoire, et, après de nombreux toasts portés à l'empereur, à la famille impériale, à notre commandant, à nos ennemis les Chinois eux-mêmes, nous allâmes applaudir nos braves matelots qui, pour terminer dignement la soirée, nous donnaient, sur un théâtre improvisé, une grande représentation d'un vaudeville en trois actes, avec des intermèdes de chansons comiques.

Depuis le passage de la ligne, nous avons été favorisés par des vents excellents et un temps magnifique ; nous suivions la route des bâtiments à voiles pour consommer le moins de charbon possible, et cependant, quarante et un jours après avoir quitté Toulon, nous mouillions dans la rade de Table-Bay, ou, si vous aimez mieux, dans la rade du cap Town. Le cap de Bonne-Espérance possède deux ports : l'un, *Table-Bay*, abrité des vents du sud-est, sert de mouillage d'été ; l'autre, *Simon's-Bay*, abrité des vents du nord-ouest, est la rade d'hiver. Ces deux mouillages sont éloignés de huit lieues l'un de l'autre.

En ce moment, nous sommes dans la saison d'hiver, ce qui peut vous paraître étrange au mois de juillet ; ce qu'il y a de certain, c'est que les cimes des monts, que nous apercevons de notre bâtiment sont couvertes de neige ; ce qu'il ya de certain, c'est que les coups de vents, qui soufflent à cette époque de l'année dans ces parages, sont d'une violence extrême, et les tempêtes succèdent aux tempêtes presque sans interruption.

C'est pour ces raisons que le commissaire français de la marine, chargé d'approvisionner nos bâtiments de guerre passant par le Cap, donna à notre commandant le conseil de ne pas rester à Table-Bay et de filer de suite à Simon's-Bay où les vents ne peuvent causer aucune avarie. Bien nous prit de quitter le mouillage du Cap, car, le lendemain même de notre départ, un coup de vent s'est déclaré, et deux bâtiments se sont perdus à la côte.

Nous sommes arrivés le dimanche 3 juillet, dans la soirée, en rade de Simon's-Bay, où nous avons trouvé un vaisseau anglais, le *Boscawen*, portant le pavillon du contre-amiral Grey, commandant depuis trois ans la station du Cap, ainsi qu'une grande corvette à vapeur, *le Brick*, faisant partie de la même station.

Notre frégate devant rester quelques jours au mouillage de Simons-Bay, j'ai profité de ce temps d'arrêt pour aller passer quelques heures au Cap et revoir quelques bons amis que je n'avais pas vus depuis plusieurs années.

La route de Simons-Bay au Cap est des plus pittoresques : d'un côté, à droite, la vue de la rade qui se confond avec le vaste horizon bleu de la mer ; à gauche, une grande chaîne de montagnes incultes d'un aspect sauvage. La route est étroite et si rapprochée de la mer que souvent le flot vient, en expirant, mouiller les roues des voitures. A mi-chemin, on rencontre un petit village dont les habitants vivent en grande partie de la pêche des baleines, très-fréquentes en ces parages; à partir de ce village, la route, ombragée de grands chênes et de peupliers de Hollande, n'est plus qu'une longue rue composée de maisons de campagne coquettement entourées de fleurs et de feuillage. Toutes ces maisons de campagne, même les plus modestes, sont propres et charmantes; elles sont toutes couvertes en paille qui ne ressemble nullement au chaume de nos villages : ce sont des tresses de paille artistement faites, légères et solides, et qui donnent à toutes ces habitations un véritable cachet artistique.

La ville du Cap est bâtie au pied de la montagne de la Table, dont la configuration est digne de remarque. En effet, le sommet est terminé par un immense plateau d'une étendue de plusieurs kilomètres, dont les flancs, de cent mètres de hauteur environ, reposent à angle droit sur la base de la montagne inférieure.

L'aspect de cette montagne est des plus tristes : sur le sommet, une couche de neige ; sur les pentes qui arrivent jusqu'au bord de la mer, quelques bruyères étiolées, quelques arbres rabougris et isolés se détachent sur le fond rougeâtre de la terre.

Dans la rade, le service est fait par des Malais ; ces matelots ont une physionomie étrange ; leur teint olivâtre, leurs yeux obliques, leurs membres grêles les feraient ressembler aux Chinois s'ils n'avaient le nez aquilin et les lèvres minces comme les Européens ; de grands cheveux noirs tombent sur leurs épaules qu'abrite un chapeau de paille pointu aux larges bords ; ils sont nus jusqu'à la ceinture et ne portent pour tout vêtement qu'une espèce de caleçon dont l'étoffe bariolée est semblable aux madras de l'Inde.

Le débarcadère du Cap est une simple jetée en bois qui s'avance assez dans la mer pour faciliter l'embarquement ou le débarquement lorsque la mer est mauvaise, ce qui arrive souvent. Du débarcadère, on se rend dans l'intérieur de la ville par des allées larges, macadamisées et bien plantées d'arbres d'essence diverse. On est frappé de suite de la propreté des rues, de l'eau claire et vive qui coule de chaque côté des trottoirs, du luxe des magasins qui ne le cèdent en rien à ceux de Paris ou de Londres. Pendant tout le jour, on peut admirer de nombreux chevaux de race africaine galopant sur la chaussée, au milieu d'élégantes voitures découvertes dans lesquelles sont étendus les nababs de l'Inde, précédés et suivis d'esclaves noirs aux jambes et bras nus cerclés d'or.

Le climat de Cap-Town est admirable ; l'air qu'on y respire est d'une pureté parfaite, et les maladies qui ravagent presque toutes les colonies, telles que le choléra et la fièvre jaune, y sont complétement inconnues. Aussi, les Européens qui ont séjourné quelques années aux Indes viennent remettre dans ce paradis terrestre leur santé délabrée par les chaleurs excessives de ce climat tropical.

La colonie anglaise du Cap s'étendait primitivement assez loin au nord ; maintenant, la limite de la colonie est formée au nord par le fleuve Orange. Sur les bords septentrionaux de ce fleuve, entre la colonie civilisée anglaise et les peuplades barbares de cette partie de l'Afrique, existent deux petites républiques indépendantes, d'origine hollandaise, fondées par les premiers colons Européens qui ont abordé sur cette plage lointaine. L'historique en serait curieuse, mais je n'ai ni le temps, ni les matériaux nécessaires pour satisfaire votre curiosité à cet égard.

Simon's-Bay (Cap de Bonne-Espérance), à bord de *l'Impératrice Eugénie*, 9 juillet.

La ville du Cap est vraiment charmante. La monotonie de ses rues tirées au cordeau est rompue par les plantations d'arbres qui les couvrent de leur feuillage. La plupart des maisons n'ont qu'un rez-de-chaussée, parfois un étage ; mais toutes rachètent le manque d'élévation d'étage par une étendue plus grande de superficie ; simples et propres à l'extérieur, elles renferment à l'intérieur tout ce que le luxe asiatique et le comfort anglais ont pu inventer de merveilleux.

Au Cap, la liberté des cultes est complète. Je ne connais pas de ville où, dans un espace plus restreint, il y ait plus d'édifices religieux :

A côté de l'église catholique, s'élèvent les temples protestants de toutes les sectes, anglicans, luthériens, calvinistes, presbytériens, wesleyens et autres ; ici, la pagode chinoise ; plus loin, la mosquée des mohométans ; d'un autre côté la synagogue des juifs, forment un tout complet où le fanatisme règne en maître dans ces parties diverses.

La ville du Cap a une population de trente-six à quarante mille habitants composée de Hollandais, les premiers possesseurs européens, d'Anglais, de Français, d'Allemands, de coolies Chinois, de Cafres, de Malais et de Hottentots ; ces derniers, qui ressemblent naturellement à ceux de Simon's-Bay, sont tous laids et repoussants. Parmi les travailleurs, les Malais sont les plus nombreux, ce sont aussi les plus actifs et les plus intelligents ; entreprenants et hardis, ce sont eux qui s'occupent presque exclusivement du commerce maritime. Partie primitivement de Bornéo, cette race Malaise est répandue aujourd'hui sur toute l'étendue des mers depuis le détroit de Behring, les Antilles, Taïti, le cap Horn, la mer Rouge, les côtes de la Chine et du Japon jusqu'à l'Australie et la Nouvelle-Zélande.

Les environs du Cap ont un cachet particulier qui ne peut échapper à l'œil du voyageur : sur les collines, les endroits incultes sont couverts de hautes bruyères ; les parties cultivées sont couvertes de vignes et d'arbres fruitiers dont la plupart viennent d'Europe. Les vignes des environs du Cap fournissent le vin de Constance, épais et sucré ; celui dit du Cap est fabriqué à quelques lieues plus loin, dans un endroit qu'on nomme Stelenbosch : ce vin plus sec que le constance à quelque analogie avec le madère. Les vallées sont entrecoupées de milliers de canaux qui rappellent le sol de la Hollande avec son vaste système d'irrigation. Dans les prairies immenses qui bordent les ruisseaux paisent des chevaux, des mulets et des troupeaux considérables de bœufs dont on se sert pour labourer la terre, porter les récoltes et traîner les fardeaux; ces bœufs, une des richesses du pays, se distinguent par la longueur démesurée de leurs cornes dont quelques-unes dépassent un mètre. Les mulets, de la race zébrée, ont la plupart de fortes crinières tombantes qui leur donnent un air sauvage; ce sont d'excellentes bêtes, fortes et courageuses.

La vie est ici hors de prix, tout se vend au poids de l'or, et, pour comble de malheur, nos pauvres pièces de 5 francs ne sont acceptées que pour 3 schellings 6 pence, ce qui nous fait perdre 13 p. 100. Heureusement pour moi, j'ai eu soin, avant mon départ de France, de transformer mon petit trésor en livres sterlings pour le Cap, et en piastres mexicaines pour la Chine. Nos très-modiques appointements ne peuvent s'accorder avec les prix exorbitants de ce pays; aussi me suis-je demandé comment avaient pu faire nos braves troupiers qui ont passé par la voie du Cap?

Le général Jamin a été reçu d'une manière splendide par le gouverneur anglais et aussi par le consul suédois, qui lui a donné un bal dont les dépenses se sont élevées à plus de quinze mille francs.

Nous avons déjà fait deux mille cinq cents lieues marines, soit trois mille quatre cent soixante-dix lieues de quatre kilomètres; dans quelques heures nous allons entreprendre une étape aussi longue sans nous arrêter. Peut-être relâcherons nous à Singapore; cependant le commandant espère pouvoir faire d'un seul trait la route du Cap à Hong-kong. Nous devons suivre la route des bâtiments à voile, en passant par le détroit de la Sonde ; nous aurions désiré rencontrer l'océan Indien en passant par l'île Maurice, et entrer dans les mers de la Chine par le détroit de Malacca ; par cette voie, nous aurions gagné quelques jours, mais dépensé plus de charbon, et cette question d'économie a été en partie cause du changement d'itinéraire.

En attendant nous sommes en plein hiver ; à peine fait-il clair pendant quelques heures du jour ; à des bourrasques de vent succèdent des tourbillons de neige, ou des trombes d'eau glacée. Tout cela, peu récréatif, nous fait désirer d'abréger notre séjour sur la côte africaine. Enfin l'ordre de départ vient d'être donné ; nous partons demain.

CHAPITRE VI

Arrivée à Saint-Denis (de la Réunion). — Difficultés de la rade. — Vue pittoresque de la ville. — Produit de la colonie. — Importance de la fabrication du sucre. — Tableau des importations et exportations de la Réunion pour 1859. — Mouvement commercial du port pendant le 1er trimestre 1860. — Saint-Maurice. — Compagnie péninsulaire orientale. — Sinistre en mer. — Départ de *la Cordelière*. — Points principaux de la Croisière : Mayotte, Nossibé, Mohely, Anjouan, Madagascar. — Zanzibar. — Djeddah. — Côtes d'Abyssinie. — Immigration de six mille coolies. — Nouveau gaz d'éclairage. — Bizarre procès. — Départ pour la Chine. — Détroit de la Sonde. — Anger. — Batavia. — Historique et souvenirs. — Les grottes de Tjampeo. — Production de Java.

Saint-Denis (île de la Réunion), 27 juin,
à bord du *Japon*.

La traversée du *Japon* depuis le cap de Bonne-Espérance jusqu'aux îles de la Réunion s'est bien effectuée, malgré un vent debout assez violent ; la santé du personnel ne laisse rien à désirer. Encore un mois de mer, et nous serons au terme de notre voyage, qu'il nous tarde d'avoir effectué pour être réunis à nos braves compagnons d'armes, et prendre part à l'expédition guerrière. Le contingent de chaloupes canonnières que nous avons à bord aura, du reste, son importance dans les opérations maritimes qui seront faites assurément.

La côte de Saint-Denis, chef-lieu des îles de la Réunion, hérissée en quelques endroits de rochers énormes qui s'élèvent perpendiculairement d'une certaine hauteur, et battue constamment par les vagues que soulèvent des vents élevés, présente pour tous les bâtiments certaines difficultés d'abordage; il n'est pas rare même de voir chavirer de petites embarcations dans la rade. Pour faciliter, autant que possible, l'abordage même par la grosse mer, on a construit dans la rade deux longues jetées élevées, bâties sur pilotis et garnies dans toute leur étendue de crampons, d'échelles fixes en fer et d'échelles mobiles en cordage. C'est à une de ces échelles fixes que le canot major vint nous aborder.

Vue de la rade, la petite ville de Saint-Denis, assemblage de maisons de campagne entourées de vastes jardins, présente un charmant aspect. En effet, dominée au loin par les cônes volcaniques des montagnes qui s'élèvent au centre de l'île et que les habitants nomment Pitons, encadrée de chaque côté par d'immenses rochers, Saint-Denis est une véritable oasis de verdure au milieu des flots. A l'intérieur, ce sont de belles places et de larges rues ombragées par de beaux arbres, des maisons propres et bien bâties au milieu desquelles s'élève le palais du gouverneur, orné d'une colonnade élevée, monument aussi riche qu'élégant. De tous côtés, l'habitation du gouverneur est entourée de jardins où coulent des eaux vives au milieu d'une splendide végétation dont on n'a pas d'idée en Europe.

Une des choses les plus intéressantes à visiter à Saint-Denis, est assurément le Jardin botanique qui, outre tous les produits d'Europe, contient toutes les essences des tropiques dont les plus remarquables sont les manguiers au feuillage noir et vernis, les roucous, les papayers, les jambosiers aux fruits suaves, les orangers, les pamplemousses, les goyaviers dont on fait une liqueur et des confitures très-recherchées, les anones, les ananas, les pommes cannelles, les bambous et les cocotiers élevés qui ombragent des buissons de cassias aux longues grappes jaunes et d'hibiscus aux fruits rouges.

Les champs sont presque entièrement plantés de cannes à sucre, qui forment la plus grande richesse du pays.

La fabrication du sucre, qui est pour la colonie de la Réunion la question vivace, a commencé cette année plus tôt que de coutume ; dès le 3 juin, plusieurs usines étaient déjà en travail, et vers le 15 juillet, toutes les autres seront en pleine activité. On pense généralement que la récolte de 1860 excédera de huit à dix millions de kilogrammes celle de l'année dernière qui, elle-même, s'est élevée à soixante millions, non compris la consommation locale, qui ne laisse pas que d'avoir son importance. Il y a tout à présumer qu'on atteindra, pour 1860, le chiffre de soixante-dix millions de kilogrammes au moins, l'année ayant été météorologiquement très-favorable aux plantations de cannes.

Quoi qu'il en soit, les affaires n'ont point encore commencé sur le produit de la récolte. Acheteurs et vendeurs se tiennent sur la réserve, et attendent qu'on ait pu mieux apprécier le résultat probable de la loi sur les sucres, cafés et cacaos. L'opinion ici avait d'abord été très-favorablement impressionnée par l'annonce de cette loi, mais on paraît craindre aujourd'hui que le bénéfice offert par la réduction du droit d'entrée ne soit un peu chèrement acheté par la concurrence désormais ouverte (fort rationnellement d'ailleurs) aux sucres étrangers. Les incertitudes sur les prix auxquels se réalisera la principale denrée des îles de la Réunion, maintiennent depuis quelque temps le commerce de Saint-Denis dans une stagnation très-prononcée. L'argent devient plus abondant de jour en jour, ce qui prouverait qu'il y a arrêt dans les transactions commerciales.

J'ai sous les yeux le tableau du mouvement commercial de notre colonie pour l'année 1859 ; il donne pour les importations et les exportations réunies, un total de 74,505,000 francs. Les importations ont été de 42,608,000 francs, dans lesquelles l'article le plus important est celui qui concerne les farines alimentaires, comprenant en première ligne le riz de l'Inde, s'élevant en valeur à 13,765,007 francs, et en quantité à 37,152,000 kilog.

Le produit des pêcheries et principalement la morue, consommée surtout par les nègres affranchis de 1848, figure sur les états pour 1,045,000 francs, représentant 4,271,000 k.

On a importé pour 3,663,000 francs de vins et autres boissons d'un ordre secondaire, mais on en a réexporté pour 631,000 francs, ce qui a laissé pour la consommation locale un excédant de 3,032,000 francs.

Il est entré pour 323,000 francs de tissus de coton, et pour 1,016,000 francs de tissus divers, parmi lesquels la laine a compté pour 322,000, et la soie pour 325,000 francs. Il est à noter que la réexportation sur ce dernier article n'a pas dépassé 7,000 francs, le reste a été absorbé par les besoins locaux ; c'est à peu près ce qui a eu lieu pour les vitrifications évaluées en douane à 539,000 francs.

Les exportations se sont élevées à 34,211,000 francs, se composant en majeure partie de denrées coloniales représentées par 31,897,000 francs.

Tout le mouvement commercial s'est opéré à l'entrée par 356 navires, jaugeant 107,987 tonneaux, et montés par 6,482 hommes, et à la sortie, par 353 navires, jaugeant 127,412 tonneaux et montés par 6,851 hommes.

La loi sur les sucres, le traité avec l'Angleterre, l'inquiétude produite par les événements politiques en Europe, ont exercé une certaine influence sur les opérations faites à la Réunion. Les relevés des douanes, pour le premier trimestre 1860, n'offrent pas un résultat satisfaisant, comparés à ceux de l'année dernière. De janvier à mars inclusivement, soixante-treize navires, jaugeant 24,770 tonneaux et portant 1,306 hommes d'équipage, ont importé, en marchandises françaises et étrangères, pour 1,806.264 fr. Pendant la période correspondante de 1859, un même nombre de navires, jaugeant 23,416 tonneaux et ayant 1,266 hommes d'équipage, avait importé pour 11,882,175 fr. de marchandises diverses. Ce qui donne une différence en moins de 4,075,911 fr. en défaveur du premier trimestre 1860.

A la sortie, la position n'est pas améliorée; ainsi, cinquante-sept navires, jaugeant 19,031 tonneaux et ayant 1,241 hommes d'équipage, n'ont exporté que pour 4,934,344 fr., tandis que le trimestre correspondant de 1859 a donné quatre-vingts navires, 27,570 tonneaux, 1,479 hommes d'équipage et une exportation de 10,412.395 fr.; d'où ressort une balance, contre l'année actuelle, de 5,000,478 fr. 51 c.

Les journaux de Maurice nous apprennent que la récolte de sucre ne sera pas, dans cette île, aussi forte qu'on l'avait pensé, elle atteindra cependant le chiffre de 135 millions de kilogrammes. Une telle production, sur un territoire qui n'est pas très-étendu, s'explique par l'abondance et le bon marché de la main-d'œuvre. Lorsque, depuis six mois, Bourbon n'a pas reçu plus de 700 cultivateurs immigrants, Maurice, dans le même laps de temps, en a reçu 7,274. Les rapatriements n'ayant été que de 1,394, il en est résulté une augmentation semestrielle de 5,880 individus dans la population active et agricole. Il est étonnant que Bourbon, se trouvant dans des conditions de production si défavorables, comparativement à Maurice, ait pu, dans la campagne 1859-1860, fournir 61 millions de kilogrammes de sucre.

Nous sommes, d'ailleurs, en progrès, car la récolte de 1858-1859 n'avait été que de 56 millions; celle de 1857-1858, de 55 millions; celle de 1856-1857, de 52 millions seulement.

Les quatre grands ports commerciaux de la France participent d'une manière fort inégale à l'exportation de nos sucres ; c'est ce qui devient évident lorsqu'on fait la répartition de la dernière récolte :

Le Havre a pris	3	millions de kilog.	par 6	navires.
Bordeaux	7	id. 1/2	par 14	id.
Marseille	12	id. 1/2	par 26	id.
Nantes	38	id.	par 38	id.

La Compagnie péninsulaire orientale anglaise, qui fait mensuellement le service des vapeurs entre nos îles et l'Europe, menace de le cesser. Vous aurez peine à croire que le motif allégué soit une surabondance de passagers. Cela est pourtant vrai, et le motif est sérieux. Le nombre de passagers que fournissent Bourbon et Maurice étant beaucoup plus considérable qu'on ne l'avait prévu, les vapeurs de la ligne de l'Inde ne peuvent les recevoir à Aden ; il faut donc que la ligne des îles se prolonge jusqu'à Suez : de là augmentation de frais. Le gouvernement de Maurice y a eu égard et a déjà augmenté la subvention payée à la Compagnie d'une somme de 200,000 fr., qui ne paraît pas encore suffisante.

Par suite des difficultés présentées par la Compagnie péninsulaire orientale anglaise, la Compagnie française des Messageries impériales a fait des offres qui ont été accueillies avec empressement ; dans les premiers mois de 1861, elle reliera, par Suez, nos colonies à la France par un service bi-mensuel qui sera effectué en vingt ou vingt-deux jours, au lieu de vingt-six ou vingt-huit jours, terme des voyages actuels ; de plus, le prix du voyage sera réduit de 3,000 à 1,500 fr. Tout le monde accueillera avec une satisfaction véritable cette importante modification de temps et de tarifs dont nos colonies, dans ces parages, ne tarderont pas à ressentir tous les bons effets.

On s'occupe à Saint-Paul, fort activement, des dispositions nécessaires pour recevoir les malades et les blessés de notre expédition de Chine. Il y a à Saint-Denis, indépendamment de l'hôpital militaire, qui est fort bien installé, une ancienne caserne susceptible de contenir quatre cents lits, et où même on avait songé à transporter nos tribunaux, lorsqu'il avait été question de transformer le palais de justice actuel en palais épiscopal. On avait d'abord pensé à approprier cette caserne au service nouveau nécessité par l'expédition de Chine, et à déloger une compagnie de vingt-cinq ou trente nègres, dont on entend faire des ouvriers; mais la question du climat a prévalu, et, par suite de l'insuffisance de logement dans l'hôpital de Saint-Paul, on construit en cette ville des baraques pour recevoir les blessés qu'on attend.

Le 26 février dernier, une affreuse tempête a assailli tous les bâtiments qui, sur la foi du baromètre, venaient de quitter le port de Saint-Denis. Ces navires sont rentrés, en moyenne partie, avec des avaries ; plusieurs ont péri sur la côte est de Madagascar ; il en est deux seulement dont on n'a eu aucune nouvelle, ce sont *l'Albert le Grand* du Havre, et *le Brieron* de Nantes. Un navire américain de deux cents tonneaux, chargé de machines en fer pour Cochin, et qui a relâché le 10 mars à la baie de Saint-Augustin, a déclaré que dans la nuit du coup de vent du 26 février, il a abordé entre Bourbon et Madagascar un grand bâtiment qui a dû couler bas par suite de l'abordage. Lui-même aurait fait de grandes avaries. Il est à craindre que ce navire qui a coulé ne soit *l'Albert le Grand* ou *le Brieron*

La corvette *la Cordelière* qui fait la station de la Réunion sous le commandement de M. de Langle, petit-fils de celui qui accompagnait M. de Lapeyrouse et qui a si misérablement péri dans une des îles de l'archipel indien, vient d'appareiller pour Mayotte, Nossibé, Zanzibar et Djeddah. Elle a pris à son bord M. Gabrié, commissaire de marine qui, en 1850, fut chargé par le gouvernement impérial d'effectuer la liquidation de l'indemnité coloniale, travail minutieux et laborieux qu'il fit avec une grande régularité et surtout avec une parfaite pureté de mains. M. Gabrié est chargé d'une inspection administrative dans nos établissements de Madagascar; ces établissements du reste, paraissent entrer depuis quelques années dans une voie sinon de prospérité au moins de grande amélioration. La culture de la canne semble vouloir s'y établir sur un pied important, c'est ce qui serait démontré, à défaut de preuve directe, par les envois multipliés de monnaie de France qui, au grand détriment de Saint-Denis, se font à Mayotte et à Nossibé pour payer le salaire des cultivateurs.

Située sur la route du Cap aux Indes, entourée d'îles fertiles et riches en minerais d'or et d'argent, à peu de distance de Madagascar et de la côte d'Afrique, Saint-Denis de la Réunion est appelé à recouvrer son ancienne splendeur. Le gouvernement impérial semble avoir compris toute l'importance de cette position en ordonnant dans le port de grands travaux qui vont être entrepris dans un bref délai.

Une des îles les plus fertiles et les plus productives dans le voisinage de la Réunion est assurément Mayotte, après laquelle on peut nommer Nossibé. Quoique Nossibé n'offre pas à la culture de la canne autant de ressources que Mayotte, cette île a cependant ses avantages au nombre desquels il faut placer en première ligne un climat beaucoup moins dangereux. D'après ce qu'on écrit, les diverses races d'hommes qui s'y trouvent ne subissent qu'à des degrés différents les atteintes des fièvres paludéennes qui constituent les dangers du littoral de Madagascar et de toutes les côtes du canal de Mozambique. Ce serait, assure-t-on, les Européens qui auraient le moins de chance contre eux, puis viendraient les créoles blancs de Bourbon, et enfin les créoles noirs. On laisse entrevoir que plus l'état intellectuel écarte l'abus des liqueurs alcooliques et plus on se trouve protégé contre la *malaria.*

Tout ceci sans doute est un peu arbitraire, car, à égalité de condition, l'Européen ne se fait pas plus faute que le créole des excès de boisson. Ce qui paraît plus réel, c'est qu'à Nossibé les terrains marécageux ou irrigables sont nombreux, et que dans ces terrains la canne peut être convertie en sucre au bout d'un an de plantation, tandis qu'à la Réunion les conditions du sol sont telles qu'on ne peut fabriquer qu'après quinze ou dix-huit mois de plantation.

Près du groupe de Mayotte et de Nossibé sont les îles d'Anjouan et de Mohély. Cette dernière île, une des Comorres, a pour reine la fille d'un prince Ova, qui, chassé de Tananarive par Radama, est allé à Mohély se faire une souveraineté par droit de conquête, et aussi, je crois, en embrassant l'islamisme. Ce prince a laissé en mourant sa couronne (si couronne il y a) à sa fille qui a été élevée à Mayotte par une Française, femme d'un de nos planteurs. Cette reine peut avoir vingt-cinq ans au plus. On l'a dit fort bien de visage avec un teint olivâtre assez clair, comme est celui des Ovas en général; de plus, fort distinguée de manières, d'une instruction assez étendue et d'une rare énergie dont elle a déjà donnée quelques preuves et dont l'exemple suivant peut donner une idée. Elle a épousé, il y a quelques années, un indigène de Mohély ; mais son mari, très-inférieur à elle du reste, n'ayant pas tardé à lui déplaire, elle l'a mis à la porte sans autre façon, lui intimant l'ordre formel de ne plus remettre le pied dans son palais.

Anjouan, qui se trouve dans les mêmes parages, est une des îles les plus pittoresques, les plus charmantes et les plus agréables qu'on puisse habiter. C'est que, par exception, ce pays est d'une parfaite salubrité. C'est cette même île d'Anjouan qui, en 1717, avait été offerte au gouvernement de Bourbon pour une somme de 100,000 francs. Les temps sont bien changés, et les prétentions seraient bien autres aujourd'hui. C'est du reste un pays fort riche en minéraux de tous genres.

Une île voisine d'Anjouan renferme une grande quantité de cristaux de roche. Vis-à-vis, sur la terre de Madagascar, on trouve presque à fleur du sol, un minerai de cuivre fort riche dont plusieurs échantillons ont été envoyés à la Réunion. Mais ce qui est surtout très-précieux, c'est une mine de charbon de terre dont l'exploitation avait été, il y a quelques années, commencée par un Français qui a dû l'abandonner faute de protection suffisante contre les Ovas et les Sakalaves. Il est à souhaiter que le gouvernement impérial prenne des mesures à cet égard. En effet, l'exploitatien de cette mine de charbon de terre serait une source de revenus qu'il n'est guère possible d'apprécier, mais qui seraient considérables. Elle fournirait toutes les nombreuses fabriques de sucre du pays et permettrait d'établir de nombreux dépôts de charbon qui pourraient s'étendre depuis la pointe extrême de Madagascar jusqu'à la mer Rouge et la Cochinchine. Il y a là une question trop importante à tous égards pour que nous n'y appelions pas l'attention publique, et nous ne croyons pas nous tromper en avançant que l'avenir de nos relations maritimes et notre importance politique dans la mer des Indes sont complétement liés à cette question d'exploitation.

A Madagascar, comme à Mohély, il y a une reine très-despote qui prétend ne faire que ce qu'elle veut. Ranavola-Mankoja a fait savoir au gouverneur de Maurice qu'elle ne tenait en aucune façon à recevoir dans sa résidence d'Emirne le fils de sa sœur la reine d'Angleterre dont on attend prochainement l'arrivée dans nos parages. Le prince ira cependant à Madagascar, mais il restera à Tamatave, où d'ailleurs on lui donnera de splendides dîners. Un de nos vapeurs de commerce a été affecté pour aller porter à Tamatave tout l'attirail nécessaire à des repas qui s'annoncent comme devant être homériques.

Nos principales possessions de Madagascar sont Tamatave sur la côte orientale, et Baly, Ménabé, Saint-Augustin, sur la côte occidentale ; ces deux derniers points entretiennent un commerce maritime très-actif avec notre chef-lieu maritime ; enfin dans le nord, Sainte-Marie de Madagascar, île située à l'entrée de la baie d'Antongil.

La petite colonie française qui, il y a quelques mois, est allée se fixer à Zanzibar a été parfaitement accueillie par l'iman dont l'autorité se trouve sous la dépendance du souverain de Mascate, avec lequel la France a signé un traité de commerce et d'amitié le 17 novembre 1844. Par suite, on a été autorisé à fonder à Zanzibar un évêché, une maison d'éducation pour les jeunes filles et un hospice pour les malades ; ces deux derniers établissements sont dirigés par onze religieuses du Saint-Cœur-de-Marie, qui, soit dit en passant, ont entrepris une œuvre bien pénible et bien méritoire. Elles n'ont du reste qu'à se féliciter de l'accueil qui leur a été fait, et, d'après leurs lettres, elles sont comblées de sucreries, de de pâtisseries, de soins et de prévenances de tous genres. L'iman de Zanzibar est un homme fort accommodant et qui a promis au vice-préfet apostolique de lui confier l'éducation intellectuelle de ses cinq fils, lesquels, par une coïncidence qui n'a rien de singulier dans un pays musulman, sont tous exactement du même âge.

Un fait assez curieux s'est passé à Zanzibar où, le 25 décembre dernier, notre préfet apostolique français a célébré la messe de minuit avec beaucoup d'apparat. Non-seulement les musulmans ne s'y sont pas opposés, mais encore le harem de l'iman y assistait au complet, mais dûment drapé et voilé ;

ces dames pendant toute l'office, ont gardé le silence et fait preuve sinon d'un grand recueillement, du moins de beaucoup de tenue et de décence.

Il n'y a pas que des Français à Zanzibar ; peu de temps après nous, les Anglais y ont apparu, et depuis deux mois le nombre de leurs navires de guerre s'y est accru d'une manière insolite.

Je vois dans un journal anglais, publié à Maurice, qu'une frégate française a bombardé la ville de Zanzibar. Je puis vous rétablir les faits : à la suite d'un malentendu avec le gouverneur de la ville, le consul de France avait amené son pavillon ; on s'est reconcilié; notre pavillon a été de nouveau hissé au grand mât et salué de vingt et un coups de canon ; voilà le bombardement. Notre présence dans le canal de Mozambique excite de grandes jalousies, et je vous conseille de n'accepter qu'avec réserve tout ce que les étrangers disent de nos colonies.

On s'entretient beaucoup en ce moment, à Saint-Denis, de la mort de M. Lambert, consul de France à Massouah, et assassiné par des arabes. Les recherches faites en ces parages n'ont amené jusqu'à présent aucun résultat ; mais, si je suis bien informé, nous n'aurions recueilli des renseignements inexacts que par suite de la répugnance que je ne sais quel pavillon Européen aurait à nous voir opérer de ce côté. Le ministre de la Marine ne s'y est pas mépris, et il a ordonné des investigations nouvelles et plus précises. La mort prématurée de M. Lambert a été un fait très-regrettable pour nos relations de la mer Rouge ; il avait une connaissance parfaite de toutes les localités un peu importantes qui se trouvent dans ces parages. Pendant son séjour à Aden, notre consul de France avait fait des découvertes archéologiques et géologiques très-intéressantes. La mort de M. Lambert est donc une double perte pour la polique et pour les sciences.

Le gouvernement impérial paraît décidé à établir des dépôts de charbon et d'approvisionnements dans la mer Rouge à Djeddah, comme sur les côtes d'Abyssinie. Djeddah, qui se trouve sur la côte orientale, est située à huit cents kilomètres de Suez et quatre-vingts de la Mecque; sa position maritime en fait aujourd'hui le point central du commerce intérieur du golfe arabique et du littoral abyssinien; ses relations avec l'Asie, l'Inde, l'Indo-Chine et la côte orientale d'Afrique tendent à donner à cette ville une importance prochaine très-considérable.

On se préoccupe beaucoup depuis quelque temps, à Saint-Denis, de la convention que les gouvernements de France et d'Angleterre sont sur le point de signer pour l'introduction de six mille coolies dans notre colonie de la Réunion, où les bras manquent, et où assurément les travailleurs seront bien accueillis par tous les planteurs, dont la situation depuis la liberté des noirs a été souvent bien difficile. Il est à souhaiter que cette importante question reçoive une prompte solution.

Il est fortement question d'un nouveau gaz pour l'éclairage de la ville. Un chimiste de Saint-Denis se propose d'entreprendre l'éclairage de la ville au moyen du gaz extrait des sirops de sucre. J'ai assisté à des expériences préliminaires, et, autant que j'en puis juger, elles m'ont paru satisfaisantes. Le gaz produit par trois quarts de litres de sirop, a entretenu pendant près de 25 minutes cinq becs donnant une lumière vive et sans odeur. C'est toujours le bon marché qu'il faut considérer en ces sortes de choses, et, au cas actuel, il ne me paraît pas pouvoir être contesté. Malgré les perfectionnements apportés à la fabrication des sucres, et même lorsqu'on opère à la vapeur et absolument dans le vide, il se produit toujours une certaine quantité de sirops qu'il est impossible de cristalliser. Ces sirops, qui se vendent à des prix très-bas, n'ont été utilisés jusqu'à présent que pour la fabrication du rhum.

Il y aurait un double avantage à employer une forte partie à l'éclairage: D'abord, on épargnerait la somme importante qui, chaque année, est envoyée dans les Indes pour l'achat des huiles de coco dont l'emploi est exclusif à la Réunion ; en second lieu, on réduirait la quantité de rhum fabriqué, ce qui serait un très-grand bien si cette diminution dans la fabrication pouvait amener un changement dans l'état actuel de notre colonie.

On ne saurait se faire en France une idée exacte du degré auquel est parvenu ici l'abus des spiritueux. Jugez-en par ce seul fait : Saint-Denis est une ville de vingt-cinq mille habitants environ, et en 1858 on y comptait quatre cent quatorze cabarets affectés *exclusivement* au débit du rhum, c'est-à-dire qu'il y avait un cabaret sur cinquante-sept habitants de tout âge, de tout sexe et de toute condition. Aujourd'hui la proportion est un peu moins forte, mais elle est encore fort au delà de ce qu'exigent la bonne police, l'hygiène publique et la moralité individuelle.

On paraît croire que la récolte du sucre sera, dans la partie orientale de l'île, moins forte qu'on ne l'avait pensé. On attribue ce résultat aux ravages d'un insecte qui perce la canne, la ronge à l'intérieur en partie, et produit dans le reste une fermentation qui ne permet plus la cristallisation du jus. Cet insecte, auquel on a conservé chez nous son nom anglais de *borer*, a été introduit, paraît-il, dans la colonie par un cultivateur qui a fait venir, on ne sait d'où, des plants infectés d'une espèce nouvelle de cannes dont il pensait merveille. Il n'a acclimaté qu'un très-dangereux ennemi pour notre agriculture. Cet expérimentateur, d'ailleurs, a la main malheureuse : plus zélé que circonspect, il a encore acclimaté une espèce de puceron qui détruit en fort peu de temps les arbres les plus vigoureux ; c'est une véritable plaie pour tous les vergers.

Les jésuites qui ont à Saint-Denis un somptueux établissement viennent de perdre un bizarre procès qui, pendant notre séjour en cette ville, a fait les frais de toutes les conversations. Ayant besoin, pour parfaire le parallélogramme de leurs jardins, d'un petit terrain de seize mètres carrés possédé par un nègre affranchi, les jésuites lui firent des offres d'achat, très-raisonnables du reste, qui furent rejetées. On revînt à la charge, en augmentant le prix des offres; le nègre répondit négativement, ne voulant vendre à aucun prix le terrain où il avait enfoui le fruit des épargnes de douze années. Pour triompher d'une obstination *si ridicule*, les bons pères se virent contraints de recourir à des moyens extraordinaires, et firent un siége en règle de la propriété, objet de leur convoitise : d'abord ils barrèrent à leur adversaire le chemin de sortie, le nègre tint bon; puis,l'entourèrent complétement d'un bon mur de quatorze pieds de hauteur, le nègre ne broncha pas; enfin, par œuvre de surérogation, ils rapprochèrent à contiguïté de la propriété convoitée les fosses d'aisance de leur collége. Le pauvre nègre, ainsi cerné, muré et parfumé, n'y put tenir et s'adressa aux tribunaux qui lui ont donné gain de cause. Depuis le résultat de son procès, il se promène fièrement au milieu de toute la population de blancs, de Malais, de Bengalis, de Chinois et de nègres qui habitent notre belle colonie française, et se fait remarquer par l'excentricité de ses manières.

Pendant notre séjour dans l'été nous n'avons pu voir le gouverneur qui termine sa tournée officielle.

Dans quelques heures, nous reprenons la mer pour Hongkong; mais avant d'arriver à destination, nous ferons escale à Maurice pour prendre du charbon et à Singapore, où nous devons déposer notre nouveau consul de France, M. Cochet, qui vient de Zanzibar qu'il a habité pendant plusieurs années et où il a épousé une abyssinienne qui est morte du choléra en lui laissant un fils. Cet enfant, tout jeune encore, auquel son père témoigne la plus vive affection, est doué, dit-on, d'une rare intelligence que nous n'avons pu apprécier, aucun de nous ne comprenant sa langue maternelle qui est un composé d'arabe et de persan.

Dans quelques heures, nous allons franchir les îles *Mascareignes*, découvertes en 1598, par Mascarennas, capitaine portugais qui, vers la même époque, découvrit dans la mer des Indes, les *Amirantes*, les *Seychelles*, les *Chagos*, les *Keelings* qu'on nomme aussi groupe des Cocos. Dans quelques jours nous serons peu éloignés du Céleste Empire.

Ile de Java, Aujer, 7 août.

Partis du cap de Bonne-Espérance dans la journée du 10 juillet nous sommes arrivés aujourd'hui, 7 août, à Anger, située dans le détroit de la Sonde, à quinze lieues ouest de Batavia.

Jusqu'à présent notre traversée a été des plus heureuses et des plus rapides. Nous avons été favorisés comme pas un navire ne l'a été jusqu'à présent ; en effet, en consultant tous les documents authentiques de la marine, je vois que nous avons gagné trois jours sur les plus belles traversées du Cap au détroit de la Sonde. Et, cependant, nous n'avons pas fait ladite traversée en ligne directe ; il est vrai qu'en mer la ligne directe n'est pas toujours la plus courte. Quoi qu'il en soit, nous avons parcouru en vingt-huit jours environ dix-neuf cents lieues marines ; rappelez-vous que la lieue marine est de cinq mille cinq cent cinquante-cinq mètres, faites ce calcul et vous aurez le total d'un chiffre énorme.

Depuis le Cap, nous avons vu deux îlots à point fixe : l'un est l'îlot d'*Amsterdam*, situé à neuf cents lieues environ dans l'est du Cap ; l'autre est *Christmas*, que nous avons aperçu hier; tous deux sont de misérables rochers inhabités. La seule différence que nous avons établie entre ces deux points, c'est que près d'*Amsterdam* il faisait un véritable froid d'hiver et que le soleil se couchait à quatre heures, tandis qu'à *Christmas*, la chaleur était suffocante à 28 degrés et que le brave météore qui en était la cause veut bien ne se mettre au lit que vers cinq heures et demi.

La nuit dernière, des matelots de quart ont pris deux gros oiseaux ayant un mètre soixante centimètres d'envergure. Ces oiseaux de mers qu'on appelle *fous*, sont bêtes à ne pas croire, leur nom du reste indique suffisamment leur degré d'intelligence. Quand, fatigués d'un vol un peu long, ils viennent se reposer sur un navire, il suffit de le vouloir pour les prendre ; on s'avance en rampant jusqu'à eux et on les saisit par le corps en leur maintenant les ailes ; les *fous* regardent venir à eux et se laissent prendre sans résistance. Une fois sur le pont du navire, on peut les mettre en liberté sans crainte de les perdre ; il leur est impossible de s'envoler.

Ce matin nous avons éprouvé un grand bonheur que les marins seuls, et ceux qui ont fait quelques longs voyages, peuvent comprendre. On criait : terre ! Aussitôt tous les yeux de se porter vers ce petit point d'abord presque imperceptible qui de minute en minute grandit, prit forme et devint tout à coup une réalité. C'était l'île du Prince, située à cinquante-cinq milles ou dit-huit lieues d'Anjer.

Anjer est un petit port de relâche que sa position géographique favorise singulièrement, mais toute l'importance de la belle colonie hollandaise est concentrée à Batavia, capitale de ce vaste pays.

J'ai passé plusieurs jours à Batavia il y a quelques années déjà, et le souvenir charmant qui m'est resté à l'esprit, me fait vivement regretter aujourd'hui d'en être si rapproché; sans pouvoir aller visiter quelques bons amis que j'aurais eu grand plaisir à revoir.

La baie de Batavia ne ressemble à aucune autre de l'archipel indien ; c'est tout d'abord un groupe d'îlots nombreux et couverts de verdure, dominé au loin par la cime des monts *Salak* et *Guédé*, qui surplombent Batavia d'une hauteur de trois mille mètres ; en pénétrant plus avant dans ce labyrinthe de verdure, on se trouve tout à coup en présence des nombreux récifs de la rade qui précèdent les terres basses et marécageuses de la colonie hollandaise. Ces deux situations opposées forment une transition brusque et pénible à l'esprit, et ce n'est qu'avec un sentiment de défiance qu'on approche de Batavia.

Primitivement bâtie au bord de la mer, Batavia, par suite des alluvions énormes apportées par les flots, se trouve éloignée d'un quart de lieue de la rive. Malheureusement ces alluvions, qui rappellent la Chine à l'embouchure du Pei-ho, ne présentent qu'un terrain marécageux et insalubre, et chaque année répandent des fièvres pestilentielles, surtout pendant plusieurs mois, alors que la température s'élève pendant le jour à 30 et 35 degrés au-dessus de zéro et pendant la nuit à 20 et 25.

Cette ancienne ville de Batavia qui fut jadis entourée de remparts, de bastions, de fortifications de tous genres, dominés par une vaste citadelle, ne vit plus qu'à l'état de souvenirs. L'ancienne capital des Indes néerlandaises n'est plus qu'un faubourg composé de ruelles étroites, de magasins humides et de hautes maisons habitées en grande partie par 35 ou 40,000 habitants dont le plus grand nombre est chinois.

La ville nouvelle bâtie en 1808 par le général *Daendels* s'élève à trois milles du rivage sur un terrain plat élevé de trente mètres au-dessus du niveau de la mer. Elle est remarquable par la beauté du palais du gouverneur, l'élégance des nombreuses villas entourées de splendides jardins et par de vastes casernes qui dominent toute la rade. D'un côté, elle s'appuie sur la vieille ville, de l'autre aux montagnes, dont les flancs sont couverts de villages dans lesquels on compte 250,000 Javanais.

Un peu au-dessus de la ville passe la large et belle route carrossable qui, allant du détroit de la Sonde au détroit de Bali, traverse l'île dans toute sa longueur qui est de 175 lieues sur 26 de large. Cette route s'étend sur un parcours de 1,300 mètres sur les hauteurs les plus escarpées comme dans les précipices les plus profonds; elle relie toutes les parties de l'île les plus éloignées par de nombreux embranchements; enfin, parfaitement entretenue, cette route permet de voyager en poste en toute saison.

C'est dans les montagnes de *Salak* que se trouvent les curieuses grottes de Tjampeo dont les parois sont couverts de milliers de nids gélatineux dont les Chinois sont si friands et qu'ils achètent au poids de l'or.

Dans la nomenclature des exportations de Java, le produit annuel des nids d'oiseaux figure pour un million de francs.

Les plus grandes richesses du sol sont le riz, l'indigo, le café, le sucre, le sagou, le gingembre, le tabac ; puis viennent le thé, la cannelle, la muscade, la cochenille, la nacre, le bois de sapan et l'écaille de tortue.

Les premiers arbustes à thé furent importés du Japon à Batavia en 1827 par M. Van Siebold et un Français, le docteur Burger. Depuis cette époque, on fit de nombreuses plantations qui réussiren à merveille; mais la qualité du thé sous le climat énergique de Java, avec une puissance de végétation extrême, laisse beaucoup à désirer, et pour obtenir de certains produits, il faut un soin de chaque jour qui augmente encore la main d'œuvre. Quoi qu'on fasse, les thés de Java ne pourront jamais rivaliser avec ceux de la Chine qui, moins âcres, ont un arome que ceux de Batavia ne possèdent pas. Une des plus merveilleuses plantations de Java est le sagoutier, espèce de bambou rotang de la famille des palmiers qui produit cette fécule répandue aujourd'hui dans toute l'Europe et dont on se sert comme potage. Dans plusieurs parties de l'archipel Indien, on fait avec le sagou des pains et des gâteaux qui sont très-recherchés à Batavia. Outre la fécule qui sert de principale nourriture aux Malais, si nombreux en ces contrées, on extrait des sagoutiers une séve alcoolique et sucrée qui, fermentée, devient très-capiteuse. Dans toutes les vallées de Java, sur les bords humides des rivières, on peut voir d'immenses plantations qui sont de véritables forêts. Aussi Batavia est-il devenu le principal entrepôt indien de la fécule de sagou. Je crois que c'est en 1740 que le sagou fut importé en France, mais dix ans auparavant on en faisait usage en Angleterre comme en Hollande.

La cochenille est devenue pour la colonie hollandaise la source d'un produit annuel dont le *chiffre* n'est pas aujourd'hui inférieur à 1,200,000 fr.

Les principales résidences de Java sont celles de Kédou, de Djokjokarta, de Chéribon, de Tjanjor, Soumédang, Soukapoura, Bandong, Limbangan et des Préangers; cette dernière n'a pas moins de 20,000 kilomètres carrés de superficie occupés par 740,000 habitants, d'origine malaise en grande partie. Les principales cultures de cette province sont le café et le riz.

La culture du riz fut de tout temps la principale à Java où

elle forme la base de l'alimentation publique. La récolte, toujours très-abondante, est telle qu'on en exporte tous les ans des quantités considérables pour la Chine, Bornéo, Sumatra, les Moluques, les Célèbes et toutes les îles de l'océan Indien.

La superficie des terres consacrées à la culture du riz est de 1,500,000 hectares qui produisent environ un milliard 875 millions de kilogrammes dont le prix varie de 17 à 22 centimes le kilogramme. La récolte varie dans les diverses provinces suivant le mode de culture et le système d'irrigation auquel l'eau fait rarement défaut. La culture du riz, lorsqu'elle manque d'irrigation artificielle, fournit généralement des récoltes moins abondantes que celles des terrains inondés ; mais le produit en est estimé davantage, comme plus savoureux et plus nourrissant.

Le costume des habitants de Java ne manque pas d'élégance. Les riches habitants de province portent une espèce de petit turban, une veste de soie rayée et une large jaquette également en soie et tombant jusqu'aux genoux. Le costume des femmes est à peu près le même ; quelques-unes remplacent la veste de soie par un corset de velours, le turban par une espèce de petit casque doré d'où s'échappe la chevelure qui retombe en boucles ou en tresses sur les épaules. Les travailleurs portent la veste et la jaquette en cotonnade rayée et pour coiffure un large chapeau de paille ; les plus pauvres un simple caleçon large descendant jusqu'aux genoux.

Quant à la végétation et à l'aspect général de Java, je ne connais rien de plus beau et de plus séduisant, si ce n'est Ceylan qui est un véritable paradis terrestre.

J'aurais encore beaucoup à vous dire, mais dans quelques heures nous reprenons la mer pour gagner Singapore par le détroit de Banca, et le service avant tout.

La navigation des mers de la Chine par les détroits de la Sonde et de Banca est très-difficile, souvent dangereuse, mais avec deux capitaines aussi expérimentés et intelligents que MM. de Lapelin et de Surville, nous sommes certains d'accomplir la traversée aussi heureusement que nous l'avons commencée.

CHAPITRE VII

Hong-kong. — Occupation de Kow-long. — Préparatifs de guerre. — Arrivée des premières troupes à Shang-haï. — Commission scientifique. — M. d'Escayrac de Lauture. — Arrivée à Who-sung de troupes nouvelles. — Mesures des alliés au sujet des ports commerciaux de la Chine. — Actes de l'empereur de Chine. — Nouvelles du Japon. — Canton. — La rivière et le mouillage de Wampoa. — La ville flottante. — La ville intérieure. — Sa physionomie. — Division territoriale. — Gouvernement et districts de la vice-royauté. — Fabrique impériale de porcelaine. — Marchés principaux de l'intérieur de l'empire. — Retour à Hong-kong. — Départ des troupes anglaises. — Amoy. — Situation maritime. — Population. — Industrie des habitants. — Naufrage de *l'Isère*. — Sauvetage du matériel.

Hong-kong, 15 mars.

Notre commandant en chef, le général de Montauban, venait à peine de partir, à bord de la corvette à vapeur *le Forbin*, pour Shang-haï, que son collègue anglais, le général sir Hope Grant, arrivait à l'hôtel du Gouvernement, où tous les Européens trouvent, près de sir Hercules Robinson, l'accueil le plus parfait. Je dois ajouter que lady Robinson contribue puissamment, par son esprit, ses talents, ses goûts artistiques et son extrême affabilité, à rendre charmantes et pleines d'attraits les soirées de l'hôtel du Gouvernement, où, tous les soirs, se réunissent les diplomates français, anglais et américains, parmi lesquels sont M. de Bourboulon, M. Bruce, M. Ward, M. Wade, M. de Kleczkowski, M. de Normand, M. de Vérnouillet et autres, attachés aux légations.

Les amiraux anglais et français, Kope, Jones, Page et Protet, préparent avec une activité infatigable tous les travaux de la campagne prochaine. Chaque jour, des navires de toute espèce, appartenant à la marine alliée, arrivent de tous côtés et partent presque aussitôt dans la direction du nord. Ici, on embarque des troupes ; là, on charge des munitions et du matériel, à côté, ce sont des Chinois enrégimentés qui transportent des vivres ; plus loin, ce sont des masses énormes de charbon de terre qu'on entasse pour le service des vapeurs ; c'est enfin partout un mouvement incessant qui donne la vie aux choses inertes, la fièvre aux plus indolents : les Chinois eux-mêmes, si apathiques de leur nature, semblent trahir sur leur physionomie une certaine agitation.

Les Anglais viennent d'adopter un nouveau système d'agrandissement territorial ; ils ont pris à bail toute la Péninsule de Kow-long, située en face de la ville de Victoria ; ils ont déjà expédié des troupes sous les ordres d'un lieutenant-colonel pour l'occuper.

Le bail a été consenti par le gouverneur général des Deux-Kwang, au nom de son gouvernement, en vue de permettre aux Anglais de supprimer la piraterie, qui est pratiquée sur une assez grande échelle dans ces parages. C'est là une tâche tout à fait au-dessus des forces du gouvernement chinois. Ce que les Anglais vont payer de loyer pour ce bail, on ne nous l'apprend pas, et on dit encore moins de quelle façon les Chinois s'y prendront pour se débarrasser de leurs locataires, à la fin du bail.

On fait de très-grands préparatifs pour l'expédition anglo-française. Des approvisionnements de toute espèce sont réunis chaque jour, et quatre mille chevaux viennent d'être achetés. Les Chinois, de leur côté, ne restent pas inactifs. On assure qu'ils ont déposé un grand nombre de machines infernales au fond de la rivière du Pei-ho, surtout dans le voisinage de Tien-tsin. Ces machines consistent en de très-grandes boîtes remplies de poudre et de balles, et pourvues de fils de fer qui, au moindre frottement, déterminent une explosion. Les Chinois paraissent avoir la plus grande confiance dans leurs préparatifs ; ils se vantent que pas un des diables rouges et bleus (Anglais et Français) ne retournera en Europe.

L'insurrection dans l'intérieur de la Chine devient de jour en jour plus menaçante. Un nombre considérable d'insurgés s'est rapproché de Canton, et l'on craint qu'ils n'attaquent la ville. On remarque que le gouvernement de Pékin, depuis quelque temps, parle des rebelles avec plus de ménagement, Il ne les traite plus, comme autrefois, de voleurs, de brigands et d'assassins.

Le *Moniteur officiel* de Pékin, en annonçant la marche des insurgés, dit que ce sont des gens qui s'approprient, pour leur usage personnel, le bien d'autrui.

Le consul hollandais au Japon, M. Polsbrock, réclame du gouvernement japonais une indemnité de 20,000 dollars pour les familles des deux Hollandais récemment assassinés à Yeddo.

Shang-haï, 29 avril.

Les transports *l'Entreprenante* et *la Garonne* ont mouillé, le 17 avril, dans le port de Hong-kong ; ces deux navires ont à bord 1,700 hommes d'infanterie : ce sont les premières troupes françaises qui soient arrivées en Chine. Elles ont effectué le long voyage de France en Chine par la ligne du Cap, dans d'excellentes conditions hygiéniques. La mortalité, quelquefois terrible au milieu des agglomérations d'hommes et pendant les chaleurs extrêmes qu'on ressent dans la mer des Indes, n'a pas été considérable ; dix hommes par mille environ. *L'Entreprenante* et *la Garonne* sont attendues, vers le 1er mai, dans la rade de Who-sung, à neuf milles de Shang-haï. Les autres transports, dont la marche a été ralentie, ne tarderont pas, sans doute, à suivre, et tout porte à croire que le gros de l'armée française sera réuni à Who-sung avant le 15 mai. Il est probable que les troupes ne seront pas débarquées sur ce point du fleuve Yang-tse-kiang, mais qu'elles seront conduites immédiatement vers la pointe de Tché-fou, dans le golfe de Pé-tché-li, où croise en ce moment l'amiral Protet, chargé du soin d'examiner les côtes et d'étudier l'endroit le plus favorable au débarquement des troupes françaises.

Pendant que l'amiral Page surveille dans l'île de Chusan la création des établissements français, l'amiral Charner, qui doit arborer son pavillon sur la frégate à vapeur *l'Impératrice Eugénie*, attendue de Toulon, reste à Who-sung, à bord de *la Renommée*, pour présider à l'arrivage des troupes et à leur départ immédiat. Le général en chef de Montauban, le chef de l'état-major général, l'intendant militaire, les commandants de l'artillerie et du génie, sont toujours à Shang-haï; ils attendent pour partir l'arrivée du corps expéditionnaire. Ils ne sont pas restés inactifs, comme on pourrait le supposer, tous ont mis le temps à profit pour préparer l'expédition sur des bases solides et la mener avec vigueur.

Le dernier courrier expédié de France fait pressentir l'arrivée prochaine de lord Elgin et du baron Gros, en qualité de ministres plénipotentiaires. Cette mesure prise par les deux gouvernements a vivement ému l'opinion publique. Chacun ici se demande si les ambassadeurs viennent ici renouer quand même les négociations avec le gouvernement chinois. Ont-ils mission d'empêcher la guerre par tous les moyens possibles en usant du système de la conciliation, ou bien attendront-ils pour agir la solution des événements militaires qui ne peuvent tarder à se produire ?

Dans la première hypothèse, les Chinois, voyant arriver de nouveaux ambassadeurs, ne seront-ils pas portés à penser que les gouvernements européens ont blâmé nos agents de leur ferme attitude à l'égard des mandarins depuis l'affaire du Pei-ho ? La croyance de ce blâme infligée aux ministres résidents les rendra-t-elle plus accommodants ? Il n'y a pas lieu de le croire.

Au moment du départ de lord Elgin et du baron Gros, les gouvernements d'Angleterre et de France ignoraient et ne pouvaient pressentir le rejet de l'ultimatum fait par la cour de Pékin. Or la réponse du gouvernement chinois est faite en termes insolents et grossiers qui ne permettent pas la reprise des négociations diplomatiques avant que le sort de la guerre ait décidé. Notre influence sur les côtes lointaines du Céleste Empire serait à jamais compromise si on tentait en ce moment une démarche conciliatrice que les Chinois interpréteraient d'une façon étrange. Il y a plus, l'honneur de la France et de l'Angleterre est engagé sur les bords du Pei-ho, et, comme disent les habitants de l'Orient, il faut que la poudre parle.

Nous ne pouvons donc sérieusement admettre que la deuxième hypothèse.

L'expédition militaire doit être menée avec d'autant plus d'énergie et de promptitude que le langage du gouvernement chinois a été arrogant et inconvenant. Il faut que les forts de Takou tombent une dernière fois pour ne plus se relever. Ce n'est plus à Tien-tsin que doivent s'arrêter nos ambassadeurs ; cette fois, c'est dans la capitale de l'empire Chinois, c'est à Pékin même, que la paix doit être signée. Là seulement on pourra négocier sur des bases solides.

Le gouvernement chinois a donné aux alliés trop de preuves de sa mauvaise foi pour qu'ils ne prennent pas de sérieuses garanties. Nos troupes aidant, nous obtiendront vraisemblablement le libre accès dans tout le royaume, l'ouverture de tous les cours d'eau, la liberté du commerce et des cultes, et une indemnité de guerre. Mais une fois notre armée partie, les mandarins trouveront le moyen, sinon de déchirer, tout au moins d'annuler les traités ; nos ministres résidents seront impuissants à les faire respecter, et il faudra de nouveau recommencer une expédition difficile et coûteuse. Pour obvier à ces graves inconvénients, il n'y a qu'à occuper militairement divers points stratégiques du Céleste Empire, et y laisser une armée d'occupation permanente, dont l'entretien serait à la charge de l'empereur de Chine.

Ces deux conditions remplies nous permettront de poursuivre en paix et sans secousse notre œuvre de propagande civilisatrice. Il est possible, du reste, qu'avant peu de temps l'empereur de Chine lui-même soit le premier à solliciter l'exécution de ces deux conditions essentielles, car la présence de notre armée dans sa capitale portera un coup terrible à sa puissance et à son prestige, et il n'est pas douteux que le chef des rebelles, qui s'intitule pompeusement le Fils du Ciel, n'exploite habilement à son profit la défaite des troupes régulières chinoises.

En attendant, il est probable que le baron Gros et lord Elgin trouveront à leur arrivée les Anglais à Chusan et les Français établis à Tché-fou, à 60 lieues environ du Pei-ho. Si les deux ambassadeurs arrivent, comme je le pense, pour laisser faire la guerre, l'opération sera en bon chemin : il n'y aura plus qu'à presser l'organisation définitive du corps expéditionnaire et activer le débarquement sur les rives du Pei-ho.

Le comte d'Escayrac de Lauture nous est arrivé par le dernier courrier. Ce savant qui doit suivre l'expédition militaire, a été chargé par le ministre de la guerre de diriger les travaux de la commission spéciale scientifique envoyée en Chine. M. d'Escayrac de Lauture n'a qu'à marcher sur les traces de M. de Montigny.

La France est déjà redevable à M. de Montigny de deux produits précieux rapportés de la Chine, l'igname et le sorgho sucré. Ces deux produits, acclimatés dans notre pays, peuvent devenir une grande ressource au point de vue de l'alimentation publique.

Un grand nombre de plantes qui ornent nos jardins et d'arbres précieux pour l'ébénisterie, viennent de ce pays lointain. Si tous les produits de la Chine ne peuvent s'acclimater en France, nous avons une vaste et précieuse colonie qui peut leur servir de station intermédiaire en même temps que de nouvelle patrie. Le cotonnier, le henné, l'indigo, le café, donnent déjà dans nos provinces de l'Algérie des résultats fort satisfaisants. Il conviendrait d'y faire de nouveaux essais sur l'arbre à thé ; l'acclimatation de cet arbrisseau serait très-importante pour toute l'Europe et une bonne fortune pour la France en particulier.

La Chine nous a déjà beaucoup donné, mais je n'hésite pas à penser qu'elle nous donnera beaucoup encore lorsque l'armée franco-anglaise aura ouvert pour toujours les ports et l'intérieur de l'empire aux nations civilisées de l'Occident.

Le vice-amiral Charner, accompagné de son chef d'état-major général, M. Laffon de Ladebat, est arrivé dans nos parages. En attendant l'arrivée de la frégate *l'Impératrice Eugénie*, sur laquelle il doit mettre son pavillon, il s'est installé à bord de la frégate mixte *la Renommée*, en ce moment à Who-sung.

Shang-haï, 14 mai.

L'arrivée prochaine des ambassadeurs de France et d'Angleterre, dont les instructions doivent décider de la paix ou de la guerre, a fait naître dans tous les esprits une grande agitation. Les proclamations par lesquelles les généraux alliés font connaître aux habitants de Shang-haï les résolutions de leur gouvernement, au sujet des éventualités de la guerre, ont produit le meilleur effet. Vous savez, sans doute, que les flottes anglaise et française se contenteront de croiser sur les côtes sans signifier aucun blocus.

L'empereur, d'accord avec Sa Majesté Britannique, et sur le rapport de S. Exc. le ministre des affaires étrangères, a décidé, le 28 mars dernier, et en prévision des hostilités qui pourront être entreprises contre la Chine :

1° Que les immunités consacrées par la déclaration du congrès de Paris en faveur du pavillon et des marchandises neutres seront respectées, pendant la durée de ces hostilités, à l'égard des sujets de toutes les puissances qui demeureront neutres, même de celles qui n'ont pas encore accédé à cette déclaration ;

2° Que les sujets français ou anglais auront la faculté de continuer leurs relations commerciales avec les Chinois même sur le territoire chinois, et que, réciproquement, les Chinois pourront continuer leurs relations de commerce avec les sujets français ou anglais, même sur le territoire français ou anglais ;

3° Que les propriétés françaises ou anglaises jouiront à bord des bâtiments chinois qui viendraient à être capturés, des mêmes immunités que les propriétés des sujets neutres ; de même que les propriétés chinoises jouiront à bord des bâtiments français et anglais des mêmes immunités qu'à bord des bâtiments neutres ;

4° Que les traités internationaux et les règles du droit des gens seront appliqués au transport des objets de contrebande de guerre, à la violation des blocus effectifs et à tous les autres cas où des bâtiments ou des chargements, même non ennemis, peuvent être saisissables.

En renonçant à toute idée d'établir le blocus des côtes, les gouvernements alliés ont sagement fait. Cette mesure rigoureuse aurait eu pour résultat immédiat d'interrompre le commerce indigène dans tous les ports où les intérêts européens sont engagés, et de nous priver complétement des ressources que les généraux en chef de l'armée franco-anglaise peuvent y trouver pour améliorer la situation de nos soldats. Nous n'aurions fait de mal qu'à nous-mêmes, car il est probable que l'empereur de la Chine, en prévision d'une éventualité de guerre, a entassé près de sa capitale des munitions et des approvisionnements de toute espèce. Le commerce chinois n'aura donc nullement à souffrir de la présence des bâtiments de guerre. La notification officielle de la décision prise par les gouvernements de France et d'Angleterre a fait renaître la confiance. Les négociants étrangers établis dans le Céleste Empire se sont rassurés. Les transactions commerciales, un instant interrompues, ont repris toute l'activité première ; seulement, le prix des marchandises a subi une certaine baisse par suite de la quantité énorme de produits de toute espèce accumulés dans les magasins et les entrepôts. Sans l'incertitude des affaires politiques qui, malgré tout, pèse sur le marché, il y aurait en ce moment des affaires énormes.

Depuis le 16 avril jusqu'au 12 mai, on a exporté de Shanghaï en Angleterre pour près de deux millions de thés divers, et aux États-Unis pour un million six cent mille francs ; pour le Japon, le Canada, la Russie et l'Australie, les exportations se sont élevées également d'une manière sensible. Seules de tous les produits, les soies restent en état de souffrance.

Les troupes françaises, dont le débarquement à Who-sung se succède tous les jours, depuis le 1er mai, donne aux rives du Yang-tse-kiang une animation extrême. On pense que toute l'armée expéditionnaire sera arrivée le 20 de ce mois, et qu'immédiatement après les opérations militaires commenceront. Il y a tout lieu de croire que, vers le 25, le débarquement à Ché-fou, dans le golfe de Pé-tché-li, sera un fait accompli.

Le mouvement du port est des plus actifs ; outre les bâtiments de guerre français et anglais affectés au service des dépêches, il y a sur les quais une véritable flotte de navires marchands.

Le Beverly et *l'Invincible* transportent à Londres une cargaison de produits divers. Sur quatorze bâtiments envoyés au Japon, afin de ramener ici les chevaux achetés pour le service des armées alliées, sept sont partis pour le compte du gouvernement français. Moyennant un prix de trente-cinq à quarante mille francs pour la destination de Kanagawa, et de vingt à vingt-cinq mille pour celle de Nangasaki, les capitaines des navires se sont engagés à pourvoir à tous les frais de transports et de nourriture, jusqu'à l'arrivée à destination de Who-sung ou de Tché-fou.

L'armée impériale qui assiégeait Nankin, où les insurgés ont concentré toutes leurs forces, vient d'essuyer une nouvelle défaite, dont les rebelles profiteront sans doute. Tien-tè, chef de l'insurrection formidable qui, depuis quelques années, tient en échec les troupes impériales, semble aujourd'hui menacer l'existence même de la dynastie tartare. Ce que je vous disais à cet égard dans ma lettre du 21 mars est complétement confirmé par les nouvelles reçues ces jours-ci à Shanghaï. Tien-tè, non content des progrès de l'insurrection qui, partie de la province la plus méridionale, s'étend aujourd'hui jusqu'aux provinces du nord, fomente par tous les moyens possibles la révolution au sein même de la capitale. Un certain nombre de ses partisans viennent d'être arrêtés à Pékin; les révélations de quelques-uns et la saisie de correspondances ont fait découvrir le plan d'une vaste conspiration, qui n'attendait pour éclater que la nouvelle de la marche de l'armée insurrectionnelle sur la capitale. Vous le voyez, l'insurrection est loin d'être vaincue, comme le prétendaient naguère les journaux officiels de la Chine.

Il est hors de doute que Tien-tè exploitera habilement la présence des forces alliées dans le Pé-tché-li, pour attaquer de son côté l'empereur du Céleste Empire. De graves événements peuvent donc surgir au premier jour.

Depuis quelques jours, le bruit court ici que l'empereur de Chine serait assez disposé à entrer en arrangements d'une manière sérieuse avec les puissances occidentales; ce qui l'a fait naître et propager, c'est la destitution de *Ho*, vice-roi des deux Kiang, l'envoi de *Wann-tsiunn*, vice-président du ministère des finances, chargé d'examiner d'une façon toute particulière la situation politique de la province de Kan-sou, dont Shang-haï est le port principal, et enfin l'augmentation des pouvoirs de Sié, le tao-taï de la ville.

Pour tous ceux qui ont vécu dans le Céleste Empire et qui ont étudié le caractère chinois, tous ces bruits d'accommodements sont de véritables plaisanteries auxquelles ne peut s'arrêter un esprit sérieux. Et si le cabinet de Pékin espère, par ces manœuvres puériles, endormir la vigilance des chefs de l'armée alliée, il se trompe étrangement; son réveil sera pénible.

Le Prégent, qui a quitté la rade de Yeddo le 5 mai, nous apporte de graves nouvelles du Japon.

Le 24 mai dernier, le régent du Japon a été assassiné au moment où il se rendait au palais Tycon, et l'un des assassins lui a coupé la tête qu'il a portée au prince Mito, l'un des compétiteurs au trône et l'adversaire le plus hostile au régent.

Les autorités de Yeddo, dévouées au régent, ont pris les mesures les plus énergiques pour empêcher toute manifestation en faveur du prince Mito, et plus de dix mille soldats ont été appelés de l'intérieur pour étouffer toute manifestation révolutionnaire. D'un autre côté, les partisans du prince Mito, nombreux et pleins d'audace, semblent disposés à accepter la lutte, de telle sorte qu'il est à craindre qu'avant peu Yeddo ne devienne le théâtre de combats sanglants.

Par suite, la position des étrangers est devenue très-critique au Japon, et MM. Duchesne de Bellecourt et Alcork, consuls de France et d'Angleterre, sont obligés d'user de toute leur énergie pour sauvegarder les intérêts et la vie même des Européens en résidence dans les différents ports de ce pays. L'achat des chevaux a donné lieu à bien des difficultés qui sont aplanies, et, d'un jour à l'autre, nous attendons de nouveaux arrivages. Ce sont MM. Saucher frères et la compagnie

Remi-Schmidt, de Shang-haï, qui ont été chargés de ces achats à Kanagawa et à Nangasaki.

Canton, 18 mai.

Depuis mon arrivée à Hong-kong, j'ai fait plusieurs voyages sur les côtes du nord, j'ai visité les îles et les ports. Cette fois, le vent m'a ramené à Macao. J'avais à peine touché terre que j'ai dû m'embarquer pour Canton.

De Macao à Wampoa, on compte environ soixante-cinq milles, et neuf milles de Wampoa à Canton; par un bon vent et avec la marée, on peut franchir cette distance en une petite journée.

Le Tchou-kiang, ou rivière des Perles, qui, à son embouchure, est large comme une petite mer, se resserre tout à coup à la hauteur de la presqu'île de Chuen-pi, et va toujours en se rétrécissant jusqu'à l'étroit passage des forts du Bogue, situé entre les îles Wantong, la pointe de Chuen-pi et celle d'Anung-hoy. C'est sur cette pointe de Chuen-pi qu'on avait projeté, en 1844, d'établir une colonie française, projet aussi vite abandonné que conçu. Le passage du Bogue, qui n'a pas plus d'un kilomètre de largeur, se divise en deux goulets étroits qu'il serait facile de fortifier et de rendre presque imprenables.

C'est au mouillage de Wampoa que les navires européens s'arrêtent ordinairement et que les jonques chinoises viennent charger les marchandises qu'elles transportent, soit à Canton, en remontant la rivière, soit dans les diverses parties de la province de Kouang-tong, par les nombreux canaux qui aboutissent au Tchou-kiang. Quand on approche de Wampoa, la navigation, resserrée entre deux rives élevées, devient d'une extrême difficulté, à cause des nombreux bancs de sable qu'on y rencontre; l'adjonction d'un pilote est alors d'une nécessité absolue. Le service de cette partie de la rivière est fait par des pilotes spéciaux, que l'on prend à bord en passant devant Anung-hoy; leur habileté est telle que, malgré la quantité prodigieuse de bateaux de toute espèce qui sillonnent les eaux du Tchou-kiang, jamais il n'arrive d'abordage ou d'échouage. C'est près de l'île danoise, qui sépare Wampoa de la rive méridionale du Tchou-kiang, que mouillent tous les bâtiments de fort tonnage; les bâtiments aux couleurs de France et d'Angleterre se tiennent à l'entrée du canal; à l'ouest, flottent les couleurs d'Amérique et de Portugal.

On ne peut se figurer le mouvement et l'animation qui règnent à Wampoa; c'est un va-et-vient de milliers d'embarcations; c'est tout un peuple qui, étouffé dans son étroite demeure, s'échappe pour trouver l'air et la vie qui lui manquent. Dès qu'un vapeur s'arrête à Wampoa, des milliers de bras s'élèvent des embarcations chinoises, et le commerce commence son action.

Wampoa peut être considéré comme le véritable port de Canton. C'est à cette station qu'on construit la plupart des bâtiments qui font le commerce du cabotage sur les côtes de la Chine. De toutes parts, on n'aperçoit que des coques de navires à moitié couchés; les mâts, pressés les uns contre les autres, ressemblent à une immense forêt dépouillée de feuillage.

De Wampoa à Canton, sur les deux rives, s'étendent à perte de vue des rizières immenses, entrecoupées çà et là par quelques bouquets de palmiers et de bambous. A mesure qu'on avance, augmente le nombre de jonques et de tankas, chargées de provisions de toute sorte; bientôt une forêt de mâts aux banderoles de toutes couleurs, qui surgit à l'horizon, et le scintillement d'un million de lumières, annoncent l'approche de la grande cité chinoise.

Rien de plus curieux que la ville flottante qui sert d'avant-garde à Canton. Si ce n'était la mobilité du paysage, on croirait voir la décoration fantastique d'un conte des *Mille et une Nuits*. Figurez-vous un pêle-mêle de maisons en bois de bambou, construites sur d'immenses radeaux, de cahutes juchées sur des pieux enfoncés dans la boue, de grandes jonques ou de petits bateaux liés ensemble, s'élevant ou s'abaissant suivant les mouvements de la mer. Dans cette réunion d'habitations diverses, on compte trois cent mille individus qui naissent, vivent et meurent sans connaître d'autre horizon que celui de leur demeure.

Canton, que les Chinois, dans leur langage bizarre, nomment Kouang-tcheou-fou, s'étend entre la rive septentrionale du Tchou-kiang et la rive orientale du Pé-kiang, dans une plaine immense, entourée par la montagne des Nuages blancs, qui s'élève à quatre cents mètres environ au-dessus du niveau de la mer. De ces hauteurs, on domine entièrement la ville, qu'on pourrait facilement bombarder et réduire en cas de rébellion; c'est sur ce point que, le 24 mai 1841, sir Hugh Gough établit son quartier général.

En face de la ville, au milieu de la rivière, sont deux forts occupés par les troupes anglo-françaises: l'un s'appelle la Folie-Hollandaise, l'autre la Folie-Française. Derrière ces forts s'étend la grande île de Honan, remarquable par ses temples, ses pagodes, de nombreux et magnifiques établissements publics, des couvents et d'immenses jardins où viennent se promener les habitants de la ville.

Canton, dont la population réunie dépasse un million d'âmes, est divisée en quatre villes distinctes: la ville flottante, dont je viens de parler; la ville européenne, qui s'étend sur les bords du fleuve; la ville chinoise et la ville tartare. Ces deux dernières, séparées l'une de l'autre par une muraille, sont comprises dans la même enceinte fortifiée, c'est la vieille ville chinoise, espèce d'arche sainte où pendant de longues années les Européens ne pouvaient pénétrer sans danger de mort.

Aujourd'hui, Français, Anglais, Américains, Russes, Portugais, toutes les nations étrangères enfin, y vont, viennent sans le moindre obstacle. Quand nous passons dans les rues de Canton, les Chinois nous regardent parfois d'un air curieux, comme nous les regardons nous-mêmes, mais sans démonstration de colère ou de vengeance. Tous savent que nous ne venons chez eux ni pour les dominer ni pour les rendre esclaves; ils commencent à comprendre que nos relations diplomatiques et commerciales doivent les rendre un jour riches et libres. Je crois qu'ils ne sont pas loin de nous aimer. En effet, le peuple chinois ne peut haïr des étrangers qui viennent lui apporter les bienfaits de la civilisation. Les idées de commerce, de lucre et d'échange qui poussent forcément les peuples les uns vers les autres, ces idées, qui ont pu contribuer à engager les flottes d'Angleterre et de France dans une guerre lointaine, sont dominées par la grande question d'émancipation des peuples. Je ne puis croire que tant de sacrifices de la part des gouvernements alliés, tant de sang répandu déjà, tant d'efforts nouvellement tentés, restent sans résultats! Les craintes exprimées par les mandarins, qui au fond nous détestent, les relations franchement amicales qui unissent déjà les Chinois de la côte avec les étrangers, semblent faire pressentir le commencement prochain d'une nouvelle ère.

Canton, 20 mai.

La ville tartare de Canton, entourée de murailles qui ont dix mètres de hauteur sur dix mètres d'épaisseur, est composée de rues étroites et tortueuses, mais propres; de maisons basses, d'une couleur originale et gaie, produite par un mélange de briques, de faïences et de porcelaines. La muraille de séparation intérieure est percée de quatre portes, qui permettent aux habitants tartares et chinois de communiquer entre eux; la muraille d'enceinte a douze portes qui donnent sur les faubourgs.

Dans la ville fortifiée résident le vice-roi, les autorités de la province de Kouang-tong, les fonctionnaires civils et militaires de Canton, les lettrés, les nobles et les riches marchands. Toutes leurs demeures, construites en pierres de taille, sont situées au milieu de vastes cours qu'entourent de toutes parts des murailles épaisses et élevées. Ce sont plutôt des casernes et des prisons que des palais.

Autour de la ville fortifiée s'étend la ville nouvelle, qui occupe sur les bords du Tchou-kiang, comme dans la plaine, un emplacement considérable. Les quartiers les plus remarquables, les plus animés et les plus commerçants sont situés sur les rives du fleuve; c'est là que s'élèvent les factoreries européennes, grands et beaux édifices à deux étages, construits en briques et en pierres de granit. Elles forment treize réunions de corps de bâtiments divisées par des rues perpendiculaires au cours du Tchou-kiang. La ville ouverte, quoique appelée *européenne*, n'est pour ainsi dire habitée que par des Chinois. En effet, sur cinquante mille habitants, on compte à peine dix mille Européens ou étrangers. Sauf quelques édifices bâtis en pierre et brique, la plupart des maisons sont construites en bambou et en rotin; elles n'ont qu'un étage, autour duquel règne une galerie couverte qui rappelle celle des chalets suisses; mais les courbes des toits relevés en pointe ont une originalité qui n'appartient qu'à ce pays.

Tous les corps d'état sont groupés dans la ville européenne, ce qui donne à chaque rue une uniformité presque complète. Seules, Physic-street, China-street et New-China-street affectent une variété qui contraste avec les autres quartiers de la ville; ces deux dernières rues, pavées de dalles larges et propres, couvertes de grandes bandes de calicot, afin d'abriter contre les ardeurs du soleil, ressemblent à deux passages dont toutes les boutiques sont de vrais bazars où sont étalés tous les beaux objets d'art et les curiosités de la Chine. Leur aspect est des plus curieux quand, le soir, on voit allumées les lanternes aux mille couleurs, éclairant au loin les grandes lettres d'or qui ornent chaque devanture. Physic-street est la rue la plus fréquentée, la plus bruyante, la plus animée, la plus originale de Canton; elle offre le tableau le plus saisissant, le plus inattendu pour l'étranger nouvellement débarqué dans le Céleste Empire. Située au centre du mouvement commercial, cette rue longue et étroite est envahie, depuis le lever jusqu'au coucher du soleil, par une foule compacte de marchands ambulants et d'acheteurs. Elle vous représente le peuple chinois dans ses habitudes, ses goûts et ses mœurs. La rue est si étroite que les voitures ne pourraient y circuler. Tous les marchands portent leurs marchandises, leurs denrées, viandes, légumes, fruits, poissons, etc., dans de grandes corbeilles ou des baquets remplis d'eau, qui, suspendus aux épaules par une branche de rotin, ressemblent aux plateaux d'une balance. Chaque marchand va et vient en poussant un cri spécial; c'est à qui criera le plus fort dans l'espérance d'attirer un chaland. Ce concert bizarre de voix humaines est par moment dominé par les coolies qui, portant des palanquins ou des fardeaux, crient en courant : Lay! lay! La foule se range alors vivement pour ne pas être heurtée, renversée, et les coolies continuent leur course en criant toujours: Lay ! lay !

Les boutiques de Physic-street ne sont pas moins curieuses à visiter que celles de China-street ; outre le marchand de bric-à-brac, chez qui l'on trouve réunies toutes les curiosités de l'invention chinoise, il y a les marchands représentant toutes les industries, tous les métiers du monde.

Le faubourg du sud, qui s'étend sur les bords du fleuve Tchou-kiang, n'est pas moins intéressant à voir : c'est un composé de vastes magasins qui s'avancent jusque dans le fleuve, ce qui permet aux jonques et aux bateaux de toute sorte de décharger leurs marchandises à l'intérieur des magasins, comme cela a lieu dans les docks de Londres.

La province de Canton, située entre le 18° et le 25° latitude nord, s'étend du 107° au 128° longitude est. Elle est bornée au nord et à l'ouest par les provinces de Ho-nan et de Kouang-si, au nord-est par celle du Keang-si, à l'est par celle du Fo-kien, et au sud, sud-est, sud-ouest, par la mer. Son étendue est de cinq cent cinquante milles du nord au midi et de sept cent cinquante milles de l'est à l'ouest.

Les deux provinces de Kouang-si et de Kouang-tong, qui renferment trente millions d'habitants forment la vice-royauté de Canton. La Chine est ainsi divisée en neuf vice-royautés subdivisées en deux provinces, sous le commandement spécial d'un vice-roi. Chaque province est placée sous la juridiction d'un mandarin, lieutenant gouverneur, que les chinois nomment *fou-yuen :* de lui relèvent directement le préfet du département, les sous-préfets d'arrondissements et les maires des districts. Le maire du district ou de la commune, *tchi-hein.*

peut correspondre directement avec le préfet, *tchi-fou*, mais il est sous l'autorité immédiate du sous-préfet, *tchi-tcheou*.

Après le lieutenant-gouverneur, un des principaux personnages, c'est le *pou-tching-sse*, mandarin de la deuxième classe du deuxième rang, faisant les fonctions de receveur ou de trésorier général. Dans les dix-huit provinces de l'empire on ne compte que quatorze trésoriers généraux.

Ils sont chargés de concentrer pour le compte du trésor impérial toutes les opérations en recettes et dépenses; ils vérifient les comptes des divers comptables de l'administration des finances et ont la direction des manufactures impériales et des greniers publics; ils sont chargés du recensement de la population et du payement de l'armée en argent et en nature; ils établissent les impôts directs, les droits de douanes maritimes et les taxes payées aux frontières pour l'importation et l'exportation; ce sont eux encore qui fixent les droits sur le thé, le sel, règlent le produit des mines et le transport des grains par eau. Ils ne relèvent que du ministre des finances.

Sous les ordres du pou-tching-sse fonctionnent les trois intendants chargés du service des douanes, des contributions directes et des salines. L'intendant des contributions est chargé de percevoir sur tous les habitants âgés de plus de vingt ans, une taxe personnelle invariable, et une taxe foncière basée sur le dixième des produits approximatifs. Des agents de l'intendance sont chargés de la perception par district, comme les percepteurs en France.

Près des préfets, sous-préfets et maires sont établis des conseils administratifs et judiciaires, chargés d'élaborer les travaux et d'assister ces mandarins dans tous les jugements ou décisions à prendre. Ils remplissent le rôle des conseils de préfecture, des conseils municipaux et de juges de paix de notre pays.

A peu de distance de Canton se trouve la ville de King-te-tching, l'un des quatre marchés intérieurs le plus important du Céleste Empire. Elle est située au nord-est de Ho-kheou, à 29° 16' de latitude nord et à 117° 14' de longitude est dans le département de Iao-tchéou-fou. Cette ville est renommée surtout par ses fabriques de porcelaine et les hautes montagnes qui l'avoisinent, d'où elle tire les terres qui servent à la fabrication de la porcelaine la plus fine et la plus recherchée en Chine. Elle porte le nom de l'empereur Kingtèh qui, vers 960, établit en cette ville, alors un village, la première fabrique impériale: cette fabrique, le Sèvres de la Chine, fournit encore toute la vaisselle et les poteries d'art des palais impériaux; ses produits sont peu répandus dans le commerce, et les rares porcelaines qui en viennent sont d'un prix très-élevé.

Le secret de la fabrication des porcelaines nous a été importé en France vers 1720 par le R. P. d'Entrecolles qui, en 1712, était chef de la mission catholique dans la province de Kiang-si. Depuis cette époque, notre fabrication, d'abord très-imparfaite, a fait d'immenses progrès, et aujourd'hui elle peut rivaliser comme finesse et dureté de pâte avec tous les plus beaux produits du Céleste Empire; quant au dessin, toutes les chinoiseries qui ornent les porcelaines de ce pays ne peuvent soutenir la concurrence de l'art français.

Cependant, il faut le reconnaître, les Chinois, *grâce à la puissance du dieu spécial* qui préside à la fabrication de leurs porcelaines, et dont l'informe idole orne la salle de peinture de toutes leurs fabriques, ont un avantage que nous ne possédons pas. A ce sujet, le père d'Entrecolles raconte ainsi la légende de l'origine de cette divinité : « Chaque profession, » en Chine a son idole particulière; il n'est donc pas étonnant » qu'il y ait un dieu de la porcelaine. On dit qu'autrefois un » empereur voulut absolument qu'on lui fît des porcelaines » sur un modèle qu'il donna. On lui représenta que la chose

» était impossible; mais toutes ces remontrances ne servirent » qu'à exciter de plus en plus son envie. Les empereurs de » Chine sont, pendant leur vie,les divinités les plus redoutées » de la Chine, et ils croient que rien ne doit s'opposer à leurs » désirs. Les officiers chargés par le demi-dieu de surveiller » et d'activer les travaux, usèrent de rigueur à l'égard des » ouvriers. Ces malheureux dépensaient leur argent, se don- » naient bien de la peine, et ne recevaient que des coups. » L'un d'eux,dans un mouvement de désespoir, se lança dans la » fournaise allumée et y fut consumé à l'instant. La porcelaine » qui s'y cuisait en sortit, dit-on, parfaitement belle et au gré » de l'empereur, lequel n'en demanda pas davantage. Depuis » ce temps-là, cet infortuné passa pour un héros et devint » dans la suite l'idole qui préside aux travaux de la porce- » laine. »

Puisque j'ai parlé d'un des principaux marchés intérieurs de la Chine, je me contenterai de citer les autres : après King-te-tching je nommerai la ville de Tchou-sien, située dans la province du Houan,à 34° 10' de latitude et 114° 23' de longitude; en troisième ordre arrive Fouh-chan, située à douze milles environ de Canton, et enfin Han-kheou dans la province de Hou-pé, sous le 30° 34' latitude nord et le 114° 10' longitude est sur la rive sud du Yang-tse-kiang.

Voilà quelques-unes des observations que j'ai recueillies depuis mon arrivée en Chine. Il me reste beaucoup à voir, je tâcherai de mettre le temps à profit.

Hong-kong, 21 mai.

L'effectif complet de l'expédition française est maintenant en Chine, le dernier vaisseau étant arrivé hier dans le port de Hong-kong.

Le général Napier, avec son état-major, a quitté notre ville le 14, sur le vaisseau de guerre *l'Encounter*, chargé d'une mission spéciale. Il va d'abord à Chusan, de là à Shang-haï et revient à Pouto, où des arrangements doivent être pris pour y établir un dépôt d'approvisionnements et un hôpital pour les blessés et les malades. Deux cents Européens, trois cents indigènes, de l'infanterie et une partie de l'artillerie indigène de Madras stationneront dans cette place pour la protéger. Après avoir terminé à Pouto, le général Napier se rendra dans le Pé-tché-li.

Le rendez-vous de la flotte anglaise est la baie de Talien-hwan, à l'est du promontoire Laotre-shan, du royaume de Corée, dans le golfe de Pé-tché-li, vis-à-vis Tché-fou, à l'entrée du détroit de Miao-tao qui conduit dans le golfe. La baie de Talien-hwan est à quatre-vingts milles environ de Tché-fou, au nord de cette ville. Les ports de Tché-fou et de Talien-hwan sont deux excellentes positions maritimes pour observer et garder l'entrée du golfe de Pé-tché-li. Lorsque tout sera prêt, les deux flottes partiront de ces deux points pour débarquer sur la côte de Chine, dans le voisinage des forts du Pei-ho. Tel est du moins ce qui transpire de dispositions tenues naturellement secrètes.

De grands efforts ont été faits dans la dernière quinzaine, et tous les préparatifs de l'armée anglaise s'avancent rapidement vers leur fin. Une flottille de transport anglais a quitté le port le 19 au soir. A bord sont les régiments suivants :

1er Royal, 3e Buffs, 31e et 44e d'artillerie, 60e carabiniers ; les sapeurs de Madras, le 8e et le 9e de l'infanterie Punjaub. Les transports sont remorqués par des navires de guerre à vapeur, et ils se rendront à la voile au rendez-vous indiqué. La cavalerie s'embarquera la dernière et sera transportée par des vaisseaux à vapeur.

On suppose que le commandant en chef et l'amiral anglais quitteront Hong-kong aussitôt après l'arrivée du courrier d'Europe.

La plus grande partie des troupes françaises a fait voile vers le nord pour Tché-fou. Cette position est excellente sous tous les rapports : la mer y est profonde jusqu'au rivage, l'ancrage excellent, le climat bon, l'eau douce, abondante, et la province de Chang-tong, dans laquelle est située cette ville, produit des denrées et provisions de toute espèce. Enfin, on peut s'y procurer pour des prix modestes des chevaux et des mulets qui sont excellents.

Hong-kong, 23 mai.

L'Entreprenante et *la Garonne* sont arrivées en rade de Who-sung, confluent du Yang-tse-kiang et du Houang-ho, le 1er mai, après une traversée longue, mais faite dans d'excellentes conditions hygiéniques. La santé des troupes est parfaite et le moral excellent. Nos soldats ont apporté sur ces rives lointaines la gaieté, le sans-souci qu'ils avaient dans les plaines d'Italie, comme dans les montagnes de la Kabylie ou les tranchées de Sébastopol. Avec de tels hommes, les chefs peuvent être sûrs du succès dans toutes les opérations militaires qui seront exécutées.

Le vice-amiral Charner est à Who-sung, à bord de *la Renommée*, pour recevoir les transports à mesure qu'ils arrivent. On pense que tous les bâtiments, à l'exception de *la Loire*, *la Nièvre*, *la Persévérante* et *l'Andromaque*, qui sont en ce moment dans la rade de Hong-kong, se sont rendus le 20 mai à la fameuse station d'opium sur les bords du Yang-tse-kiang. Ils ne se dirigeront vers le Pé-tché-li que lorsqu'ils seront tous arrivés. Le mouvement des bâtiments anglais vers le nord a commencé ; tous les jours a lieu quelque départ de la rade de Hong-kong, mais, jusqu'à présent on ignore complétement la destination de ces bâtiments.

L'activité de tous les généraux et amiraux est extrême. Le général de Montauban est allé à Chusan pour installer la commission anglo-française chargée du gouvernement de l'île, et surveiller les travaux d'installation des troupes. Il n'est retourné à Shang-haï, où il a établi provisoirement son quartier général, que lorsqu'il a eu la preuve que tous ses ordres avaient été exécutés.

L'activité des Anglais à Hong-kong, où se trouvent le général Grant et l'amiral Hope, n'est pas moins grande, et les préparatifs qu'on y termine pour toutes les éventualités de guerre sont considérables. Jamais les quais ni la rade n'ont présenté une telle animation, mais il est facile de comprendre que la guerre a pris momentanément la place du commerce.

Le 20 mai, dans la soirée, le vapeur *le Shang-haï* est arrivé à Hong-kong portant l'amiral Page ; il a également débarqué les deux chefs d'état-major français, le colonel Schmitz et le commandant Lafond de Ladébat. L'arrivée de ces deux officiers a donné lieu à beaucoup de commentaires ; en réalité, on ignore la cause de leur présence ici.

Le bruit s'est répandu hier dans notre ville que le transport de guerre français *l'Isère*, faisant route vers Who-sung, s'était perdu à quatre-vingts lieues environ de Hong-kong, sur les côtes de Fo-kien, à l'entrée du port d'Amoy. La nouvelle n'est que trop certaine ; c'est le 17 mai que *l'Isère* a fait naufrage. Toutes les troupes à bord, tout l'équipage ont été sauvés ; on n'a d'autre perte à déplorer que celle d'un matériel considérable. Nous attendons d'heure en heure quelques détails sur ce triste événement, mais je ne pourrai vous les adresser que par le prochain courrier.

Le commandant Coupvent des Bois est installé à Canton en qualité de commandant supérieur, à la place du commandant d'Aboville, qui est retourné en Europe pour cause de santé.

Les affaires commerciales ont repris depuis quelque temps. On s'occupe ici beaucoup des achats de thé, dont la récolte est presque terminée, de coton et de riz. Il est arrivé ces jours-ci de Saigon des chargements de riz, sur lesquels une maison anglaise et une maison américaine ont fait des gains considérables qu'il faut attribuer en grande partie à la pénurie qui existe dans les greniers d'approvisionnement de Canton.

On croit généralement que lord Elgin et le baron Gros arrivent avec des idées pacifiques. Je persiste à penser et à dire qu'on ne pourra obtenir la paix du gouvernement de Pékin, avec toutes les garanties désirables pour l'avenir de nos relations politiques et commerciales dans le Céleste Empire, qu'après la prise des forts de Pei-ho, de Tien-tsin et de la capitale. Le grand chef mogol fait exécuter d'immenses travaux de défense sur les deux rives du Pei-ho, que les Chinois disent inabordables. On saura bientôt ce qu'il faut croire de ces immenses préparatifs de combat et de la valeur des soldats chinois.

Amoy, 12 mai.

Les grands courants qui règnent dans les mers de la Chine et produisent alternativement la mousson nord-est et sud-est, y rendent, pour tous les navires, la navigation très-difficile. Pendant la saison de la mousson nord-est, la navigation des côtes est préférable à celle de la haute mer; mais il importe de faire la plus grande attention aux récifs, si nombreux sur la côte tourmentée du Fo-kien.

En partant de Hong-kong, la mer était bonne, tout semblait nous présager une traversée rapide et heureuse; mais, en approchant des côtes de Formose, le vent du nord-est tourna tout à coup au sud-est : ce brusque changement amena une véritable tempête dont nous ne pûmes éviter le grain. En peu d'instants, les rafales devinrent plus épaisses et plus vives; les lames retombaient avec force pour s'élancer plus haut et se briser avec un mugissement formidable. A chaque minute, le gaillard d'avant du bâtiment était couvert d'eau et d'écume. La position devenait difficile et fatigante. Le port d'Amoy, dont nous nous étions rapprochés en louvoyant, nous servit bientôt d'abri.

La baie d'Amoy est, en effet, le meilleur refuge du canal de Formose; c'est aussi l'une des plus belles et des plus vastes que je connaisse. Elle est formée par la grande île de Quemoy et par plusieurs îlots granitiques dont le plus important est nommé Ko-long-seu. C'est sur cet îlot qu'en 1846 les Anglais établirent les batteries qui, plongeant sur toute la rade qu'elles dominaient, menaçaient de bombarder la ville.

La baie d'Amoy, encadrée de toutes parts de montagnes

élevées et arides, présente un aspect sauvage. Comme port, c'est un excellent mouillage ; la profondeur de la mer y est telle, que les plus gros bâtiments peuvent jeter l'ancre en touchant les quais ; d'un autre côté, la baie, fermée par une langue de terre assez élevée, préserve tous les navires du typhon et de la mousson.

La ville d'Amoy, comme toutes les villes de la Chine, est composée de rues étroites, sales, tortueuses, où le jour et l'air ne pénètrent point ; deux cent mille habitants y vivent pressés les uns contre les autres. Depuis que je suis en Chine, c'est la deuxième fois que j'entre à Amoy. A mon premier voyage, je suis resté dans cette ville pendant quelques jours qui m'ont permis d'étudier sa physionomie.

Amoy est la capitale du Fo-kien, province qui ne ressemble à aucune autre partie de la Chine. Au point de vue topographique, presque tout le Fo-kien est couvert de montagnes élevées qui s'étendent jusqu'à la mer. Les habitants portent un costume tout particulier qui contraste avec les vêtements efféminés des Chinois : une tunique fort large retenue par une ceinture de soie ou de coton, des bottes dans lesquelles entre un pantalon à la zouave, et enfin une espèce de turban pour coiffure, les font ressembler aux Turcs.

Les Fokienois, actifs et intelligents, ont l'instinct du commerce et de la navigation. Tous les Chinois qu'on rencontre au Japon et en Cochinchine, sur les côtes de Sumatra, de Java et de Bornéo, aux îles Philippines, à Aden, à Ceylan comme à Singapore sont des Fokienois. Les premiers, ils ont commencé le défrichement des forêts vierges de l'île de Formose ; ce sont eux encore qui fournissent les marins les plus braves, les plus expérimentés de l'empire chinois.

Les bateaux qu'on rencontre dans les parages du Fo-kien ne ressemblent nullement aux lourdes embarcations du

Tchou-kiang; ils sont longs, minces, élancés comme des flèches et parfaitement aménagés pour la course. Chaque bateau est monté par trois ou quatre hommes seulement, mais robustes et déterminés. A côté de ces barques élégantes, qui sillonnent les eaux de la baie d'Amoy, on remarque de grandes joncques qui, depuis le matin jusqu'au soir, transportent d'une rive à l'autre voyageurs et bagages, et font un véritable service d'omnibus.

La principale industrie d'Amoy est la fabrication du papier, qu'on fait avec du coton, les pailles de riz et de froment, les écorces de bambou et de mûrier; on y confectionne aussi les lanternes chinoises et les parasols qu'on expédie dans toutes les provinces de l'empire. C'est encore dans cette ville et ses environs qu'on fabrique la plupart des poteries et des porcelaines communes expédiées en Europe et en Amérique.

A Canton, à Macao, à Hong-kong, à Shang-haï, on parle exclusivement anglais; à Amoy, la langue espagnole est la plus répandue. On comprendra facilement cette prédominance lorsqu'on saura que, depuis fort longtemps, la population, à Amoy, est en relations commerciales avec les Espagnols et les Philippines.

Les habitants d'Amoy diffèrent, sous tous les rapports, des Chinois qu'on voit partout; leur langage lui-même est incompréhensible pour les populations des autres provinces, qui n'en ont pas fait une étude spéciale: c'est un composé de chinois et d'idiomes étrangers où le dialecte espagnol domine. Aussi, quand un lettré veut se moquer d'un Chinois qui parle d'une manière vicieuse, il ne manque jamais de dire: Il parle comme un Fokienois.

Quoi qu'il en soit, les Fokienois sont très-fiers, braves et indépendants, ils vivent un peu à l'écart des Chinois et des autres provinces, et la cour suprême de Pékin, qui connaît leur tempérammeut révolutionnaire,. les traite avec ménagement.

Amoy, 26 mai.

Vous avez sans doute appris la perte de *l'Isère*. Ce transport avait à bord des officiers d'administration, des infirmiers, des munitions de guerre et un matériel considérable pour la cavalerie et l'artillerie.

C'est le 17 mai, dans le port même d'Amoy, à peu de distance des quais, au milieu des navires de toute sorte, que cette belle frégate a fait naufrage. Poussée par la tempête, elle s'est éventrée sur un rocher ; encore aujourd'hui, elle est à cheval sur la roche aiguë qu'elle a rencontrée à dix pieds de profondeur, l'arrière plongeant dans l'eau et le devant relevé. Fort heureusement pour *l'Isère* qu'elle voyageait de concert avec *la Saône* qui a pu lui porter secours immédiatement. Toutes les troupes à bord et tout l'équipage de marine ont été sauvés par les soins empressés des capitaines de navires en rade. Le commandant du port et toutes les autorités d'Amoy ont rivalisé de zèle et d'ardeur dans le sauvetage du matériel et des munitions.

A la nouvelle de ce sinistre, M. Laffon de Ladebat, chef d'état-major de la marine, et M. Schmitz, chef d'état-major général du corps expéditionnaire, sont arrivés en toute hâte le 24 en notre ville qu'ils ont quittée hier. Ces officiers supérieurs venaient de Hong-kong remplir une mission importante près des généraux anglais; ils sont repartis pour Shang-haï rejoindre le général de Montauban et l'amiral Page, après un séjour de quinze heures à Amoy pendant lesquelles ils se sont occupés, sans trêve, du sauvetage du matériel. Par leurs soins, tous les harnais de l'artillerie et les souliers destinés à l'armée expéditionnaire, ont été transportés à bord du *Shang-haï*, vapeur à leur disposition; au fur et à mesure du sauvetage, toutes les pièces de cuir, détériorées par l'eau de mer, ont été graissées avec soin par les artilleurs qui ont déployé la plus grande activité pendant toute cette affaire.

On a tout lieu de penser que la perte de *l'Isère* n'arrêtera pas les généraux français et anglais dans l'accomplissement de leurs opérations militaires.

Le sauvetage continue, et des bâtiments sur lesquels on transporte les marchandises et le matériel sauvés, se disposent à prendre la mer pour Who-sung.

Rien de plus triste que la vue de *l'Isère* dont une partie de la carcasse sort de l'eau. Le pont défoncé, des pièces de bois énormes brisées par les lames de la mer, tous les colis et toute la cargaison du navire flottant çà et là, retenus par les parois encore debout; le commandant du bâtiment, M. Allègre, capitaine de frégate, désespéré de la perte de ce matériel énorme placé sous sa responsabilité, debout sur des débris mouvants et procédant au sauvetage sans prendre un instant de repos, tel est le spectacle navrant que nous avons sous les yeux depuis le 17 mai.

Depuis quelques jours, des brumes épaisses couvrent la mer, des coups de vent terribles soufflent sur les côtes; il faut toute la prudence possible et l'habileté de nos pilotes pour préserver les bâtiments en mer des sinistres, malheureusement trop fréquents, sur les côtes du Fo-kien.

On pense que les troupes françaises débarquées à Who-sung et à Shang-haï, partiront le 8 ou le 10 juin pour le nord.

Elles débarqueront à Tong-tcheou-fou, Tcha-feu ou Tché-fou, situé à l'extrémité du promontoire de Chan-tong, en face du promontoire Potocki sur les côtes de Corée ; mais les opérations militaires ne commenceront pas avant le 15 juillet, époque la plus favorable, pendant la seconde période des chaleurs.

Le sauvetage des harnais d'artillerie renfermés dans quatre-vingt-huit caisses, a rendu possible l'expédition de Chine, qui eût été ajournée si ce matériel indispensable avait été perdu.

CHAPITRE VIII

Arrivée à Who-sung de divers bâtiments français. — Échouage de *la Forte* dans la rivière de Shang-haï. — Arrivée de deux compagnies d'infanterie de marine. — La campagne de Who-sung à vol d'oiseau. — Shang-haï. — Encore les rebelles. — Crainte des habitants. — Proclamation des ministres alliés. — Expédition maritime contre les pirates. — Incendie de *la Reine-des-Clippers*. — Exécutions chinoises. — Nouvelle panique. — Conseil de guerre. — Expédition contre les insurgés chinois. — Exécution de pirates chinois. — Victoires remportées par les rebelles sur les troupes impériales. — Horribles massacres. — Prise de Tchang-tcheou et de Soo-chow par les rebelles. — Mesures prises par les généraux alliés.

Who-sung, 29 mai.

Depuis le 19, nous attendons à Who-sung les navires qui transportent les objets de campement pour nous diriger plus au nord, à cent cinquante lieues d'ici, c'est-à-dire vers la presqu'île de Tché-fou, non loin de l'embouchure du Pei-ho.

Divers bâtiments, *la Renommée*, *la Dryade*, *la Vengeance*, *le Rhône*, *la Forte*, *la Dragonne*, portant des troupes françaises ont déjà mouillé en notre port. *La Meuse* et *la Saône* sont arrivées aujourd'hui même. L'état sanitaire des troupes embarquées est parfait.

La frégate *la Forte*, partie de Hong-kong, le 5 mai, est arrivée le 20 de ce mois à l'embouchure du Yang-tse-kiang, sans pouvoir remonter le fleuve. Le pilote chinois, qui la veille était monté à son bord, pensant que la marée serait assez haute pour franchir les bancs de sable, avait fait mettre à la voile dès six heures du matin. Malheureusement le fait donna tort à ses prévisions, et *la Forte*, après avoir éprouvé deux ou trois secousses assez violentes resta échouée pendant une heure environ. Une voie d'eau se déclara, on fit jouer les pompes et après avoir pu vider douze caisses, on resta maître de la situation. L'arrière du bâtiment ayant seulement touché, on fit mettre les embarcations à la mer et transporter de l'arrière à l'avant plusieurs pièces de canon; presque aussitôt le bâtiment reprit son équilibre et dès le soir il était au mouillage de Who-sung.

Mais les malheurs de *la Forte* n'étaient pas terminés; et il était dit que ce bâtiment devait échouer avant d'arriver au port.

En effet, partie le 22 pour remonter la rivière de Shang-haï et aller au bassin faire réparer l'avarie qui avait occasionné la voie d'eau, *la Forte*, remorquée par le vapeur anglais, *Ta-Jung*, envoyé par l'amiral Protet à cet effet, ne put franchir la barre de la rivière et resta, malgré son remorqueur, enfoncée dans la vase.

L'amiral Protet, prévenu par *le Ta-Jung*, donna aussitôt ordre au lieutenant de vaisseau, M. Galet, commandant *la Dragonne*, de partir pour porter aide et secours au bâtiment échoué, qui pendant la nuit s'était affaissé de 17 degrés d'inclinaison par tribord. Le 23 au matin, *le Forbin* et *le Saigon*, vinrent avec l'amiral qui dirigea en personne le service. Grâce aux deux remorqueurs, *le Forbin* et *le Saigon*, grâce à *la Dragonne*, *la Forte* put enfin être remise à flot et mouiller le soir même dans le bassin de Shang-haï.

La 30e compagnie d'infanterie de marine, commandée par MM. Brunet, capitaine ; Georgeon, lieutenant, et Cheriner, sous-lieutenant ; la 31e compagnie, commandée par le capitaine de Trentinian, le lieutenant Batté, le sous-lieutenant Bordenave, ont débarqué à Shang-haï.

Les deux autres compagnies, la 28e, commandée par le capitaine Bauzain, le lieutenant Doyen, le sous-lieutenant Leblond, et la 29e, commandée par le capitaine Dastugue, le lieutenant Henry, le sous-lieutenant Melchior, se sont embarquées avec tout leur matériel à bord du *Saigon* pour aller à Chusan où elles vont remplacer les deux compagnies du 4e régiment d'infanterie de marine, qui retourneront à Canton.

M. Despallières, lieutenant-colonel d'infanterie de marine, est nommé gouverneur de Chusan, et M. Dabry, capitaine d'infanterie de ligne, commissaire civil.

Nous sommes ici en pleine Chine ; aussi, ce que nous avons sous les yeux ne ressemble à rien de ce que nous avons vu soit à Singapore, à Hong-kong, à Macao ou à Canton.

La ville de Who-sung, qui renferme quarante mille habitants environ, offre le plus triste aspect : des rues étroites, tortueuses, sales et infectes dans lesquelles passe une population rachitique, jaune et dégoûtante, pour laquelle il n'est pas possible d'avoir le moindre intérêt. A côté de tout cela, la campagne offre un contraste frappant : à perte de vue, les champs s'étendent avec leurs milliers de canaux d'irrigation qui les sillonnent dans tous les sens ; pas un pouce de terrain n'est abandonné, et tout est soumis à une culture des plus soignées et assidues. Les récoltes seront bientôt faites ; elles donneront ou promettent de donner du blé, du riz, des fèves, de l'orge en abondance. La vue seule de la campagne donne la valeur approximative de la population énorme de ce pays.

Who-sung était autrefois garnie de toutes parts de fortifications et de batteries qui, vues de la mer, pouvaient paraître redoutables. Toutes les embrasures existent encore, mais deux canons garnissent seulement deux ouvertures; et encore, quels canons!

Je ne sais si de tels engins de guerre sortent d'une fabrication chinoise, mais à coup sûr ils ne sont pas redoutables. Les Chinois ont tellement conscience du peu de valeur de ces canons, qu'ils ont laissé le plus grand nombre couchés dans la boue.

A l'entrée de la rivière de Shang-haï existe aussi un petit fort, mais pas plus à craindre que les batteries dont je viens de vous parler.

Les environs de Who-sung sont encombrés de Chinois qui, chaque jour, dans la crainte d'une attaque prochaine par les rebelles, quittent Shang-haï avec meubles, argent et bagages. Cette panique, que les ministres de France et d'Angleterre ont cherché vainement à calmer, prend chaque jour des proportions plus grandes. Où cela s'arrêtera-t-il?

Shang-haï, 29 mai.

Quelques heures après le départ du dernier courrier d'Europe, nous avons reçu à Shang-haï des nouvelles d'une extrême gravité. Il paraît certain que les rebelles viennent de remporter de nouveaux avantages sur les troupes impériales, qui, battues en différentes rencontres, ont été obligées d'évacuer plusieurs places fortes. Le général Tchang-kouo-liang, qui commandait les impériaux, est menacé d'une destitution.

Les principales villes au pouvoir des rebelles sont Nankin, Soo-chow et Chang-chow; toutes les communications entre ces villes sont interceptées; quelques fuyards, qui ont pu arriver jusqu'à Shang-haï, racontent des scènes affreuses de pillage et de meurtre, et ajoutent que les insurgés viennent droit sur notre ville. Leurs récits, où l'imagination frappée de terreur joue un grand rôle, ont répandu une véritable panique à Shang-haï.

Encore une fois, les Chinois ferment leurs boutiques, les banquiers leurs caisses, les fuyards vont se cacher dans les environs; la route de Who-sung est encombrée. Les plus braves parmi les Chinois demandent à grands cris d'augmenter les fortifications et de les compléter par des travaux de défense extérieure.

Le tao-taï lui-même, ému de tous les récits des fuyards, et voyant sans doute l'ennemi aux portes de la ville, s'est rendu auprès des consuls de France et d'Angleterre pour solliciter leur intervention et le secours des armées alliées, basant sa demande sur les conséquences graves que la chute de Soo-chow fait occasionner au commerce étranger. Les consuls ont déclaré qu'ils répondaient de la défense de Shang-haï, et que les rebelles n'y mettraient jamais les pieds tant qu'y flotteraient les pavillons de France et d'Angleterre.

Voici la traduction de la proclamation publiée en chinois, et signée par M. Bruce et M. de Bourboulon :

« Je soussigné, publie cette proclamation en vue de tranquil-
» liser les esprits. — Shang-haï est un port ouvert au commerce
» de toutes les nations, et les marchands indigènes de cette ville
» ont des rapports très-étendus de négoce avec les étrangers qui
» y sont établis pour leurs affaires. Si donc Shang-haï devenait
» le théâtre de la guerre civile, le commerce en recevrait une
» grave atteinte, et les intérêts de tous ceux qui, étrangers

» ou indigènes, ne demandent qu'à s'adonner en paix à leurs » occupations légitimes, subiraient inévitablement de très-» grandes pertes. — En conséquence, le soussigné s'entendra » avec Son Excellence le commandant en chef de l'expédition » en Chine, afin que nos autorités militaires et navales prennent » les mesures que réclameront les circonstances pour protéger » les habitants de Shang-haï contre le massacre et le pillage, » et empêcher tout mouvement insurrectionnel à l'intérieur, » en garantissant en même temps la ville contre toute attaque » du dehors.

» Shang-haï, 27 mai. »

Le jour même, 27 mai, en quittant les consulats de France, d'Angleterre et d'Amérique, les autorités chinoises se rendirent au quartier général du commandant en chef M. de Montauban, pour lui exprimer leurs vœux, leurs besoins et leurs craintes. M. G. Lemaire, interprète, fut chargé de les tranquilliser.

Quoi qu'il en soit, pour tranquilliser le tao-taï, mais surtout pour calmer les craintes exagérées du peuple, le général de Montauban a fait prendre quelques dispositions bonnes en tous cas : on a doublé les postes, et on en a établi quelques-uns en dehors, qui servent de postes avancés.

Des mesures identiques ont été prises par le colonel Gascoigne et le capitaine de vaisseau O. J. Jones, commandant tous les deux actuellement, à Shang-haï, les forces militaires et navales de Sa Majesté Britannique.

Les Anglais ont reçu ordre immédiat d'occuper le côté ouest de la ville, tandis que les nôtres vont s'établir au sud, aux environs immédiats de notre cathédrale et de notre évêché.

J'aime à croire que les bulletins de guerre des rebelles toujours si exagérés, si contradictoires, seront encore une fois démentis par les journaux du gouvernement chinois, et que nous n'aurons pas à déplorer la prise de Soo-chow, riche et importante cité dont la ruine se ferait sentir vivement parmi tout le commerce de Shang-haï.

Les dernières nouvelles apportées par le courrier arrivé le 27 courant sont datées du 23 mars, des États-Unis d'Amérique, et du 10 avril, d'Angleterre. Ce paquebot nous a apporté pour 550,000 francs de marchandises diverses.

L'anxiété des négociants chinois, désireux d'éloigner d'un voisinage dangereux toutes les marchandises vendues, a été la cause d'une certaine activité dans le port marchand. En quelques jours, cinq bâtiments ont été chargés de marchandises diverses; ils se rendent tous dans les ports du sud de l'empire.

Pendant cette dernière quinzaine, aucun bâtiment n'a été frété pour l'Angleterre, *l'Union* seule est partie aujourd'hui pour New-York avec un chargement de thés.

A la bourse, les nouvelles apportées par les fuyards ont exercé une fâcheuse impression; sur la place, l'argent devient rare, et l'escompte augmente en proportion. Ainsi, les billets à vue sur Hong-kong se négocient à 26 0/0; l'escompte des billets à quinze jours de date s'élève à 27 0/0. Vous le voyez, l'escompte atteint des proportions regrettables, et pèse assez fortement pour empêcher, si cet état de choses se prolonge, les grandes transactions commerciales.

En attendant l'attaque des forts du Pei-ho, notre brave marine ne reste pas inactive. Ayant appris qu'une flottille de forbans, après avoir mis à contribution les mandarins et les habitants de toute la côte maritime du Tché-kiang, venaient de se réfugier dans un passage étroit formé par les trois petites îles de *Kétrou* au nord, *Linn* au sud et *Latea* à l'ouest, les commandants supérieurs de Chusan donnèrent aussitôt des ordres pour leur donner la chasse.

Le 22 de ce mois, trois canonnières, l'une française *l'Alarme*, deux autres anglaises, *le Bustard* et *le Woodroch* et plusieurs embarcations de *l'Impérieuse*, ayant à bord une compagnie du 31e d'infanterie de marine et une compagnie du 99e régiment anglais, prirent la mer.

Au moment où *le Bustard* entrait par le passage du sud, les deux autres canonnières, *l'Alarme* et *le Woodroch*, apparaissaient des deux côtés du passage Latea tirant à mitraille sur toutes les jonques rassemblées en cette passe. Cernés de trois côtés et ne voyant de salut que dans la fuite, les pirates chinois abandonnèrent leurs jonques et se sauvèrent par l'île de Kétrou dans l'île de Chusan, où ils ne manqueront pas d'être pris un jour où l'autre.

Cette prise, sans être complète, ne manque pas d'être importante. Dans cette affaire du 22 mai, quinze pirates ont été tués ou blessés grièvement, et quarante ont été faits prisonniers; parmi ces derniers se trouve une jeune et jolie malaise, femme du chef des pirates *Fo-ki-tow* qui est, dit-on, un Américain. De plus, six jonques ont été mitraillées et brulées, et vingt-six autres amenées à Ting-haë.

M. de Vernouillet, second secrétaire de la légation de France, accompagné de l'interprète M. de Méritens, vient de partir pour Ting-haë, à bord du *Saigon*, pour suivre cette affaire de pirates.

L'Entreprenante, *la Garonne*, *la Dryade*, *le Calvados*, et *le Rhône*, commandés par le contre-amiral Protet, dont le pavillon est sur *la Garonne*, quittent Who-sung, le 31 au matin, faisant route pour Tché-fou. Ces navires transportent environ quatre mille hommes, sous le commandement en chef du général Jamin qui, pendant que M. de Montauban reste à Shang-haï doit remplacer le général commandant en chef l'expédition.

L'infanterie est sous les ordres du général Collineau, et l'artillerie sous le commandement du lieutenant-colonel Grandchamps.

Outre les cinq navires cités plus haut, on compte en rade de Who-sung *l'Avalanche*, *la Dragonne*, *le Toeywan*, canonnières, *la Gironde*, *le Hong-kong*, *le Jura*, *la Meurthe*, *la Renommée*, *le Rhin*, *la Saône* et *la Vengeance*, frégates, corvettes ou transports à vapeur.

A Shang-haï, nous avons *le Prégent* et *la Forte* qui sont en réparation, *le Forbin* qui est à la disposition de M. de Montauban et *le Duchayla* à bord duquel doit s'embarquer Son Excellence le baron Gros.

Macao, 5 juin.

Un malheur des plus grands vient de nous frapper ; notre navire *la Reine-des-Clippers* a pris feu le 3 juin, par suite de l'explosion d'une barrique d'eau-de-vie. Ce sinistre est dû à la maladresse d'un cambusier, qui était descendu dans la cale avec une lampe.

Le feu a pris à midi, le 3 juin, à une tonne d'eau-de-vie de distribution. Avant qu'on ait pu l'éteindre, la tonne éclatait, et le liquide enflammé coulait de tous côtés, atteignait la batterie basse, et de là gagnait la soute au charbon. Pour comble de malheur, le navire portait en ce moment dix-huit cents tonnes de charbon.

Dès que l'incendie s'est manifesté, on a jeté de l'eau dans la cambuse afin d'étouffer le feu ; mais comme l'eau ne produisait aucun effet, on boucha toutes les ouvertures et on continua à arroser les voiles que l'on avait posées sur tous les panneaux. Le feu a couvé pendant trois jours, et c'est aujourd'hui qu'il s'est déclaré sur le pont. C'était un triste spectacle; le capitaine du bord avait fait débarquer son équipage moins un matelot, mort d'une chute du haut d'un mât. Quant à lui, il est resté jusqu'au moment où les flammes ont complétement envahi le navire.

Le malheureux cambusier a été sauvé; mais il a eu les bras et les jambes atrocement brûlés.

Heureusement que nous n'étions pas loin de la côte, et que nous avions un pilote chinois à bord. On lui fit comprendre qu'il fallait se jeter à la côte et faire échouer le bâtiment en évitant de le briser contre les rochers. Cet homme opéra avec adresse : il échoua le bâtiment sur une côte sablonneuse près de Macao.

Les passagers ont reçu ordre de débarquer dès qu'on a vu que tout espoir était perdu. Nous sommes à terre, attendant qu'un vapeur vienne nous prendre pour nous conduire à Canton ou à Hong-kong. Nous n'avons pas pu sauver un seul de nos effets, et tout notre vêtement se compose d'une blouse, d'un pantalon de toile et d'une paire de souliers : c'est tout ce que nous possédons.

Toute la cargaison de *la Reine-des-Clippers*, composée d'armes, d'habillements d'hiver, de tentes de campement, de médicaments, d'instruments de chirurgie et de charbon de terre, est perdue. C'est fâcheux assurément, mais ce n'est pas irréparable.

Shang-haï, 7 juin.

Je vous ai parlé des atrocités commises dans toute la province par les troupes des insurgés. Shang-haï a subi le contrecoup de la loi martiale mise à exécution dans toute sa rigueur partout où se manifeste une résistance, où plane même un soupçon. Ainsi le droit de condamner à mort ayant été conféré par le général tartare au tao-taï de Shang-haï, un certain nombre de rebelles, pris dans les environs de la ville, les armes à la main, ont été décapités ; leurs têtes, attachées par leurs longues queues, ont été suspendues au parapet des fortifications, pour frapper de terreur l'armée rebelle en cas d'attaque et tous ceux qui auraient l'intention de pactiser avec la révolution. La semaine dernière, quarante-deux Chinois, soupçonnés d'affiliation avec les rebelles, ont été exécutés, et leurs têtes exposées sur le pont de Sou-tcheou. Toutes ces têtes jaunâtres, avec les yeux ouverts et blancs, toutes ces chaires pendantes et sanglantes, offraient un spectacle horrible.

Hier, 6 juin, les arrestations ont continué; dans les divers quartiers de la ville, deux cent dix Chinois ont été arrêtés et emprisonnés ; aujourd'hui ils seront jugés, et demain décapités.

C'est à la porte du Nord, et souvent dans l'intérieur des prisons, qu'ont lieu les exécutions. Ici comme dans toutes les parties de la Chine, on se sert, pour décapiter, d'un billot devant lequel le condamné est obligé de s'agenouiller, et d'un couperet en mauvais acier, long d'un pied environ, avec un dos large et pesant. Que le bras du bourreau se fatigue à frapper, que le coupe-tête s'émousse et s'ébrèche, rien n'entrave l'exécution. Sans entrer dans les détails horribles de pareils supplices qui arrachent les gémissements des plus braves suppliciés, je vous laisse à penser combien ils sont barbares.

Shang-haï, 12 juin.

C'est le 2 juin qu'a commencé la grande panique qui a fait sauver de Shang-hai et de ses faubourgs la plus grande partie des habitants. Avant cette époque, ils s'étaient contentés de déménager leurs objets précieux et de venir s'établir, sous notre protection, sur les terrains concédés à la France, à l'Angleterre et à l'Amérique. Mais la nouvelle de l'arrivée des troupes insurgées sur Shang-haï s'étant propagée, les Chinois trembleurs ne se sont plus trouvés en sûreté parmi nous, et se sont précipités vers la rivière, où ils ont envahi toutes les jonques, toutes les lorchas, toutes les embarcations enfin, bonnes ou mauvaises. Ça été une bonne fortune pour les propriétaires de ces bateaux, dont quelques-uns, à moitié pourris, se sont loués plus de 300 fr. par jour.

C'est sur ces entrefaites que le tao-tai de Shang-haï, après avoir affiché plusieurs proclamations restées sans effet, crut devoir faire une nouvelle démarche près du général de Montauban et du commandant anglais, les suppliant d'envoyer des troupes contre les rebelles, leur offrant même douze cents mille francs s'ils parvenaient à les repousser au loin. Toutes les autorités chinoises avaient cru devoir accompagner le tao-tai pour donner plus de poids à sa pressante demande.

Le 4 juin, le général de Montauban réunit en conseil de guerre le colonel de Bentzmann, le lieutenant-colonel Schmitz, le capitaine de vaisseau Jones et un grand nombre d'officiers français et anglais présents à Shang-haï.

C'est après ce conseil de guerre, qui dura plusieurs heures, que l'ordre fut donné aux troupes alliées de se porter sur deux points.

Les Anglais, sous le commandement du lieutenant-colonel de Vassoigne, se portèrent au pont de Sou-tcheou ; un autre détachement anglais reçut ordre d'occuper le champ de course où l'on jugea utile d'élever en toute hâte quelques fortifications en terre.

Trois cents hommes de notre infanterie de marine, sous le commandement du lieutenant-colonel Fabre, eurent mission de s'avancer sur la route de Zi-kawé, vers un gros bourg appelé Tsï-pao, situé à douze kilomètres de Shang-haï. La colonne française était complétée par un détachement du 101e régiment d'infanterie, sous le commandement d'un lieutenant, M. Pesquidou, avec deux obusiers de montagne, sous les ordres d'un enseigne de *la Forte*, M. Le Brethon, par deux chirurgiens, quelques infirmiers et soldats d'administration, enfin par cinquante coolies chinois chargés de palanquins et de bateaux.

En outre, deux canonnières furent envoyées dans la rivière de Wam-pou, presque en face de Song-kiang-fou, pendant que des embarcations armées en guerre pénétraient dans la rivière de Who-sung.

Le 5 au matin, à peine le détachement français avait-il dépassé l'établissement des pères jésuites à Zi-kawé, que des mandarins arrivèrent en toute hâte au-devant de la colonne, supplier le lieutenant-colonel Favre de ne pas avancer, disant que la plupart des habitants les avaient menacés de mort si les étrangers entraient à Tsi-pao.

La situation était embarrassante : la colonne française avait ordre de s'avancer sur Tsi-pao sur la prière du tao-taï de Shang-haï dont les pouvoirs s'étendent au delà de cette petite ville, et les autorités du Tsi-pao, à genoux, venaient supplier de ne pas y entrer. Mu par un esprit de conciliation, le colonel Fabre prit sur lui de ne pas aller au delà, avant de recevoir de nouveaux ordres, et la colonne vint camper à Zi-kawé, où les pères jésuites firent à leurs compatriotes l'accueil le plus empressé et le plus cordial.

Un des pères du séminaire de Zi-kawé, qui depuis quinze ans habite les environs de Shang-haï, et qui par conséquent connaît le pays et les mœurs des habitants aussi bien que qui que ce soit, se rendit immédiatement près du général de Montauban, et, après une longue conférence, partit pour Tsi-pao, pour rassurer les habitants sur l'arrivée des troupes européennes, dont la présence n'avait d'autre but que de les protéger contre les rebelles, et s'entendre avec les autorités de la ville pour loger et nourrir la colonne.

Au retour du père jésuite, le 7 juin, la colonne s'embarqua sur les barques qui en quelques heures la transportèrent à Tsi-pao, petite ville de huit à dix mille habitants. On parcourut la ville sans rencontrer âme qui vive, tous les Chinois s'étant renfermés ; un grand nombre, parmi lesquels les autorités avaient pris la fuite.

Le 8 et le 9 furent employés à remonter le canal sur une étendue de huit kilomètres, et à parcourir plusieurs gros bourgs situés à peu de distance.

Enfin, le 10, la colonne revint à Zi-kawé où elle est encore campée aujourd'hui. Un poste avancé, composé d'Anglais, campe sur la même ligne, à quatre kilomètres de distance.

Pendant que la colonne mobile explorait les environs de Tsi-pao, allant au-devant des rebelles qu'elle ne rencontrait nulle part, le fou-taï ou vice-roi du Kian-nang entrait le 8 à

Shang-haï, accompagné de deux mandarins commissaires, et le tao-taï se présentait de nouveau chez le général de Montauban pour demander des troupes chargées de défendre la ville même de Shang-haï.

Il a été résolu que les Anglais occuperaient les portes du nord et de l'ouest, et que les portes du sud et de l'est, ainsi que le faubourg au sud-est seraient défendus par les Français. Une compagnie d'infanterie de marine nouvellement débarquée de *la Vengeance*, vient de renforcer le poste de la pagode où l'on n'avait laissé que cinquante hommes.

Dans le Wam-pou, à quatre kilomètres environ de Zi-kawé, mouille *le Nemrod*, canonnière anglaise, chargée de défendre le village de Long-ho. En arrière de ce village on a établi une batterie en terre qui doit couler toutes les barques des rebelles qui tenteraient de venir par la rivière. Enfin toutes les précautions sont prises pour recevoir convenablement les Taï-ping et répondre à leurs menaces.

En venant à Long-ho, j'ai visité une pagode construite en pierres et en bois sur le modèle de celle de Nankin, et un petit poste chinois placé près de la rivière. A notre arrivée, les soldats chinois, au nombre d'une vingtaine, étaient occupés à jouer aux échecs et aux dominos. A en juger par leur accoutrement et leurs armes, ces impériaux sont de tristes soldats. Les armes qui ont le plus attiré notre attention, sont de vastes boucliers en bois, décorés de figures fantastiques, et des fusils d'une telle longueur et d'un tel poids qu'il faut trois hommes pour s'en servir.

On prétend que le vice-roi du Kian-nang s'est présenté chez les divers ministres en résidence à Shang-haï, et que le général de Montauban et M. de Bourboulon ont refusé de le recevoir ; c'est le premier secrétaire de notre légation, le comte de Kleczkouski qui avait été chargé de lui faire visite.

Des navires sont arrivés du Japon nous amenant de nouveaux chevaux ; *le Berwick-Walls*, l'un de ces navires, doit être remorqué jusqu'à Tché-fou par le *Forbin*. Le départ de nos généraux et officiers supérieurs paraît devoir être très-prochain ; je crois qu'ils n'attendent plus que l'arrivée de LL. Exc. le baron Gros et lord Elgin, qui ont enfin débarqué à Hong-kong, après une traversée aussi longue que pénible.

Quatre des pirates chinois pris dans la dernière expédition de l'archipel de Chusan viennent d'être exécutés par ordre des autorités chinoises de Ting-hae. Cette exécution a produit un excellent effet sur toute la population du littoral, dont les pirates sont l'effroi.

Shang-haï, 13 juin.

Un instant on avait cru qu'après la réception des bulletins de victoires remportées par les rebelles sur les troupes impériales, on recevrait des bulletins contradictoires, annonçant en termes pompeux la défaite des ennemis du grand empereur, Fils du Ciel. Cette fois, les journaux du gouvernement ont gardé le silence, et le 4 de ce mois, le toa-taï de Shang-haï a reçu la nouvelle officielle de la prise de Soo-chow par les rebelles et de l'évacuation complète des environs de Nankin par les troupes impériales.

Il paraît que Soo-chow, avant même de tomber au pouvoir des troupes insurgées, avait été pillée et dévastée par des bandes de soldats impériaux, qui se sont répandus dans les divers quartiers de la ville, où ils ont commis tous les crimes imaginables. Lorsqu'ils n'ont eu plus rien à prendre, ils ont ouvert les portes aux rebelles et se sont rangés sous leur bannière.

Un grand nombre de places fortifiées, parmi lesquelles on cite Sching-kiang-fou, Tchang-tcheou, Taï-kou, Kouan-té, Nhing-kué-fou, Su-tcheou-fou, ont été prises par les bandes. Aussi, depuis Nankin jusqu'à la mer, sauf Shang-haï et Hang-chow, il n'y a plus une cité fortifiée de quelque importance qui ne soit au pouvoir de la révolution chinoise.

Hang-chow résiste encore; mais on craint la chute prochaine de cette ville. Le gouverneur général de la province, Ho-quei-tsing, et toutes les autorités chinoises, échappées de Nankin et d'autres villes, y sont venus chercher un refuge. La prise de Hang-chow serait d'une grande importance pour les rebelles; elle leur ouvrirait le chemin de la mer et leur permettrait d'établir leurs opérations militaires sur une base solide.

La marche victorieuse des rebelles, qui portent partout la mort et le pillage, a eu des conséquences désastreuses pour le commerce ; la panique répandue à l'intérieur, et qui fait fuir tout le monde des campagnes, a gagné aussi la ville de Shang-haï, où règne en ce moment une vive inquiétude.

Malgré les assurances réitérées des ministres étrangers et la présence des armées alliées qui gardent la ville et défendent les côtes, un grand nombre d'habitants ont quitté Shang-haï, emportant tous leurs objets précieux ; le sauve-qui-peut ne peut être arrêté. La moindre réflexion devrait cependant faire comprendre aux habitants qu'il y a moins à craindre à Shang-haï que partout ailleurs; mais toutes les représentations sont vaines, la peur n'écoute rien. Il serait bien à souhaiter que le calme revînt dans cette population frappée d'épouvante. En attendant, le commerce est entièrement paralysé, et aucune valeur n'est acceptée en échange des objets d'importation. Le change du papier sur place se fait à 6/8 1/2;

l'escompte du papier sur Hong-kong à trois jours de vue se maintient à 27 et 27 1/2 0/0. Les soies nouvelles commencent à arriver, mais on fait peu d'affaires, non-seulement par suite des événements qui pèsent sur la situation, mais encore à cause de la rareté de la marchandise: chacun attend l'abondance qui amènera une diminution de prix.

Le steamer qui doit nous amener les ambassadeurs de France et d'Angleterre n'est pas encore arrivé; on l'attend de jour en jour avec une vive impatience, car il nous apporte la correspondance d'Europe. Presque toutes les troupes à bord des bâtiments ancrés à Who-sung sont parties dans la direction du nord.

Nous apprenons à l'instant que Sou-tcheou-fou vient d'être repris par les impériaux, commandés par le général Liang-tchang-koueï. Cette victoire inattendue serait due à un mouvement tournant exécuté par le général Tsang-konov-Fann qui, voyant les Taï-ping s'avancer vers le sud, fit une attaque sur Nankin; les insurgés abandonnèrent Sou-tcheou-fou pour courir à la défense de leur capitale, et le général Kiang put ainsi occuper Sou-tcheou-fou sans coup férir.

Au moment où j'allais fermer ma lettre, j'apprends l'arrivée presque simultanée du général sir Hope Grant, de l'amiral Hope, du général Ignatief, envoyé extraordinaire et ministre plénipotentiaire de l'empereur de Russie en Chine, et de l'amiral Litchakoff, commandant en chef de l'escadre russe dans ces mers. Les deux premiers arrivent de Hong-kong, les deux derniers de Pékin.

Shang-haï, 25 juin.

Depuis la prise de Nankin, les insurgés chinois courent de succès en succès. Ce sont d'horribles succès qui amènent le pillage des villes et des villages, le massacre des habitants soupçonnés d'opposition ou de résistance, l'incendie et le viol, toutes les horreurs de la guerre enfin. Depuis le nord jusqu'au sud du Kiang-sou, de nombreuses villes fortifiées, parmi lesquelles on cite : *Tching-kiang-fou*, *Taï-kou*, *Kouang-ti*, *Nhing-khué-fou* et *Hu-tcheou-fou*, dont la population réunie dépasse plus de quatre millions d'habitants, ont été complétement ravagées.

On prétend que le nombre des personnes massacrées dépasse plus de cent mille. Quoi qu'il en soit, sur plusieurs points, les insurgés ont fait subir à leurs victimes d'épouvantables tortures. Ainsi à Taï-kou, après avoir tué un certain nombre d'habitants, ils ont usé de raffinements horribles qui dépassent toute idée sauvage. Aux uns, ils coupaient les membres ou les arrachaient; aux autres ils se contentaient de leur crever les yeux.

Depuis les massacres qui, en 1644, précédèrent l'avénement de l'empereur Tchoun-tchi, on n'avait rien vu de semblable. Aussi la terreur la plus complète est répandue dans tout le pays, et à Shang-haï même, malgré la présence des troupes alliées, la panique est à son comble.

Hang-tcheou, dont on avait annoncé la prise, résiste encore. Cette ville, située à deux cent vingt kilomètres sud-est de Nankin sur le Tsien-tang-kiang, dépend du Tché-kiang. D'épaisses murailles, ayant vingt kilomètres de tour, renferment une population de sept cent mille habitants; un magnifique château fort, construit en 1738 par l'empéreur Kien-long. domine la ville; il est défendu par de profonds fossés remplis d'eau et d'épaisses murailles crénelées derrière lerquelles sont abrités plus de dix mille soldats impériaux.

Après la prise de Tchang-tcheou, le tao-tai de Shang-haï vint supplier les généraux en chef de l'armée alliée de se porter en avant pour prévenir la chute de la ville européenne. Sur la proposition du général de Montauban, on décida que des travaux de fortification passagère seraient élevés à Tsi-pao et à Tao-kong-fou. Ces deux points forment la véritable ligne de défense de la ville de Shang-haï. Le premier est occupé par les troupes françaises; le second, par les troupes anglaises.

Cette ligne de défense était à peine terminée que les insurgés se sont avancés à quinze kilomètres environ de Shang-hai, mais ils se sont promptement retirés à la vue du détachement de troupes françaises qui s'avançait sous le commandement du lieutenant-colonel Fabre.

Ho-kwei-tsing, gouverneur des deux Kiang et commandant des troupes chinoises dans ces deux provinces, était devant Fushan, le 3 juin, lorsqu'il apprit la prise de Soo-chow tombée la veille entre les mains des rebelles. Afin d'empêcher la prise de Po-ing et de Kau-yu qui livreraient aux Taï-ping un district très-fertile, et de conserver une communication avec la capitale, Ho a envoyé une flottille de jonques armées en guerre pour observer et chasser les ennemis.

Il a, dit-on, écrit à l'empereur de Chine pour lui démontrer la nécessité de conclure, à tout prix, la paix avec les Français et les Anglais, en lui faisant comprendre qu'une fois les barbares étrangers apaisés, on pourrait obtenir leur concours pour rétablir l'ordre dans l'empire et exterminer les rebelles.

San-ko-lin-sin, général en chef de l'armée chinoise, vient d'envoyer trois mille Mongols et Tartares des *huit bannières*, pour reprendre Soo-chow sur les rebelles. Ces troupes des huit bannières sont les mieux disciplinées et les plus braves de l'empire.

Nous avons en ce moment dans le port de Who-sung *l'Allomprah*, *la Dragonne*, *le Duchayla*, *le Hong-kong*, *le Kien-chan*, *la Loire*, *la Marne*, *la Meurthe*, *la Mitraille*, *le Prégent*, *la Renommée*, *la Saône*, *la Vengeance* et *la Forte*.

On sait que *la Forte* possède la chaloupe qui porta de l'île de Sainte-Hélène à bord de *la Belle-poule* les restes de l'empereur Napoléon Ier, que cette frégate a transportés en France.

La Russie est représentée par *le Djighit;* les États-unis ont leurs couleurs sur *le Hartford* et *le Saginaw*.

Depuis le commencement du mois, un grand nombre de jonques venant de l'intérieur sont arrivées à Shang-haï. Par suite des ordres signifiés par les généraux de l'armée alliée, toutes celles qui arrivent doivent être soumises à une visite minutieuse et sévère. Sur le canal qui conduit de Zi-kawé à Shang-haï on vient d'en arrêter un certain nombre qui étaient chargées d'argent, d'armes et de munitions de guerre; on a respecté l'argent, mais on a saisi le reste. De plus, on vient d'intimer à ces barques l'ordre de quitter Sang-haï aujourd'hui même.

On embarque tous les jours des chevaux pour Tché-fou. Le départ définitif du général en chef et du chef d'état-major général semble fixé pour le 2 juillet; avec eux partiront les troupes encore à Shang-haï ou à Who-sung qui doivent faire partie de l'expédition.

La colonne française campée à Zi-kawé vient de recevoir l'ordre de se metre en route demain 26, pour faire une reconnaissance du côté de Tzen-za.

CHAPITRE IX

Arrivée des ambassadeurs français et anglais. — Proclamation des ministres alliés. — Expédition contre les rebelles. — Réunion de diplomates. — Voyage du général Ignatieff de Pékin à Shang-haï. — Préparatifs des Chinois à l'embouchure du Pei-ho. — Tableau comparatif des exportations de Shang-haï. — Préparatifs du général de Montauban. — La langue chinoise. — Le chef de l'insurrection. — Composition et importance de son armée.

Who-sung, 28 juin.

Le baron Gros ambassadeur de France vient d'arriver à Who-sung, où il n'a pris que le temps de débarquer pour se réembarquer aussitôt pour Shang-haï. Son Excellence va conférer avec l'ambassadeur anglais, les ministres résidents et les généraux alliés. Le général de Montauban est toujours à Shang-haï avec douze cents hommes d'infanterie de marine et huit cents chevaux nouvellement arrivés du Japon ; d'habiles cavaliers sont journellement occupés du dressage de ces chevaux qui vont être embarqués au premier jour pour Tché-fou. Le départ du général en chef pour le nord de la Chine semble être fixé au 2 juillet. Il est probable que les ambassadeurs de France et d'Angleterre partiront par le même vapeur.

Nous avons au mouillage sur *la Renommée*, l'amiral Charner qui doit transporter son pavillon sur *l'Impératrice Eugénie*, dès l'arrivée de cette frégate. A terre, nous avons un petit détachement de cent cinquante hommes et deux obusiers de campagne qui suffiront pour protéger les Européens et Chinois contre toute attaque des troupes rebelles. Ce détachement de troupes françaises bivouaque dans une pagode située au centre du village.

A Shang-hai, à côté des bâtiments de guerre français *le Duchayla*, *la Forte* et *le Forbin*, trois vapeurs à la disposition spéciale du général de Montauban, flottent trois pavillons étrangers : celui du commodore américain Perry, celui du capitaine de vaisseau Likatchof, aide de camp du grand-duc Constantin, et enfin celui du gouvernement portugais.

En ce moment des convois considérables de jonques chargées de grains descendent le Yang-tse-kiang et s'arrêtent au mouillage de Who-sung, chassés par la révolution intérieure.

Shang-haï, 30 juin.

Après la prise de Sou-tcheou-fou et de Hang-tcheou-fou, les troupes rebelles se sont avancées vers Shang-haï, comme on s'y attendait; déjà même elles étaient maîtresses de Kiahtin, petite ville située à environ dix lieues, et s'apprêtaient à la livrer au pillage, quand parurent les troupes de l'armée alliée anglo-française. La brusque apparition de nos braves soldats a inspiré, à ce qu'il paraît, une véritable panique dans les rangs des troupes rebelles, qui se sont empressées d'abandonner Kiahtin, en laissant sur la place des armes et du butin.

Cette petite démonstration, en éloignant les insurgés, a rendu un peu de confiance aux Chinois de Shang-haï et des environs; quelques-uns cependant, frappés de terreur, se sont embarqués sur plusieurs de nos bâtiments faisant route pour Hong-kong.

Pour prévenir toute attaque contre la ville, le général de Montauban a établi des postes avancés à Tsi-pan et à Tsaa-kiong-fou; les derniers sont occupés par les troupes anglaises.

Le poste militaire de Zi-kawé, sous les ordres du lieutenant colonel Fabre, a reçu ordre de se porter vers le gros bourg de Tsem-zu, situé sur la rivière de Who-sung, qui vient se jeter dans la rivière de Shang-haï, en séparant le quartier anglais de la concession américaine.

Le 26, le lieutenant-colonel Fabre prenait position à Tsem-zu dans une grande pagode voisine de celle que les Anglais viennent d'occuper simultanément.

La colonne anglaise, forte de trois cents hommes (dont cent Anglais et deux cents cipayes) et vingt obusiers, se trouve sous le commandement du lieutenant-colonel Marsh.

Quand les troupes alliées arrivèrent à Tsem-zu, les Taï-ping étaient à *Kia-binn*, grande ville de cent mille habitants, éloignée d'environ vingt-quatre kilomètres de Shang-haï. Notre présence les a éloignés, et, par suite, la ville de *Nié-zeang*, située près de *Kin-tinne*, a échappé au pillage.

Le bourg de Tsem-zu, semblable à toutes les villes chinoises, est un composé de ruelles sales et infectes; et je ne comprends pas comment le typhus n'y fait pas tous les ans de terribles ravages. A l'arrivée des troupes alliées, la plus grande partie des habitants s'était sauvée; aussi, le plus grand nombre des maisons étaient fermées, et la ville semblait abandonnée.

La proclamation des ministres de France et d'Angleterre affichée, en chinois, dans tous les quartiers de la ville, a produit un excellent effet.

On ne peut préjuger la tournure que vont prendre les événements militaires ni prévoir les incidents de nature à influer sur les déterminations des deux ambassadeurs extraordinaires. Quoi qu'il arrive. LL. EExc. doivent exiger :

1° Les excuses formelles que réclame l'outrage fait aux pavillons alliés dans le Pei-ho ;

2° L'échange des ratifications des traités de Tien-tsin et la mise à exécution de ces traités ;

3° Le payement à chacun des deux gouvernements d'une indemnité de 60 millions.

Ces prétentions sont suffisamment justifiées par la conduite du gouvernement chinois. Aujourd'hui, plus que jamais, il est indispensable que l'échange des ratifications ait lieu à Pékin, ainsi qu'il avait été convenu, et, dans ce but, que nos ambassadeurs se rendent dans la capitale avec les honneurs dus à leur haute position.

Il est essentiel qu'ils s'assurent que le nouveau traité ne souffrira ni difficulté ni retard. Enfin, on peut considérer comme indispensable la permanence de la mission diplomatique anglo-française dans la capitale de la Chine.

Remarquez que le chiffre de soixante millions de francs auquel le gouvernement de l'Empereur et celui de S. M. britannique ont fixé l'indemnité qui devra être payée à chacun d'eux, n'est qu'une compensation insuffisante des charges considérables que vont faire peser sur nos budgets les frais de notre expédition militaire. Ces conditions modérées témoignent suffisamment des intentions conciliatrices qui animent les deux gouvernements alliés.

Pour la seconde fois, depuis quelques années, LL. EExc. le baron Gros et lord Elgin reviennent en Chine pour régler les difficultés pendantes entre les gouvernements de France, d'Angleterre et de Chine. En faisant appel pour la seconde fois au dévouement de ces ambassadeurs, les deux gouvernements alliés ont voulu leur prouver qu'ils attachaient un grand prix à confier la mission diplomatique actuelle aux éminents personnages qui avaient déjà tant fait pour consolider les relations amicales avec le Céleste Empire. Leurs rapports antérieurs avec les fonctionnaires, commissaires chinois; leur connaissance toute spéciale du traité dont il s'agit aujourd'hui d'assurer la complète exécution, devront être d'un grand poids dans la solution des difficultés présentes; et, mieux que personne, ils seront à même de faire accepter par le gouvernement chinois des conseils de prudence et de modération. Un tel choix a été aussi bien accueilli en Chine qu'en Europe. Ici, la reconnaissance du passé est le garant de l'expression des sentiments présents.

Un instant, les deux gouvernements alliés avaient espéré que le gouvernement chinois, comprenant les torts qu'il avait assumés sur lui, prendrait vis-à-vis de MM. de Bourboulon et Bruce, l'initiative de quelque communication pacifique, de quelque ouverture honorable. Malheureusement, la cour de Pékin n'a nullement regretté ce qui s'est passé dans le Pei-ho et n'a rien fait pour en effacer la trace. Bien plus, l'empereur Kien-Fung a officiellement approuvé l'attaque dirigée contre les Européens à Takou, et ordonné de nouveaux préparatifs de défense, ce qui n'implique pas le désir de rechercher un accommodement pacifique.

En présence de telles manifestations, M. Bruce et M. de Bourboulon, ministres d'Angleterre et de France en Chine, durent se concerter pour adresser en commun un ultimatum au gouvernement chinois qui a cru devoir le rejeter complétement.

Lord Elgin et le baron Gros ont nécessairement en mains tous les pouvoirs politiques et le soin exclusif de conduire les négociations.

De leur côté, MM. les commandants en chef des forces alliées, par leur compétence toute spéciale, sont seuls à même de juger de la nature des opérations à entreprendre ainsi que des moyens d'exécution à employer.

La question de personnalité, de responsabilité est bien définie, et, ne le serait-elle pas dans les instructions officielles, que la sagesse, l'intelligence et l'esprit de conciliation qui animent nos représentants politiques et militaires de France et d'Angleterre, doivent écarter toute confusion, toute discussion possible.

Le baron Gros et lord Elgin sont arrivés à Shang-haï le 28 juin, après une traversée des plus périlleuses. Ils repartent de suite pour le nord, et le général en chef de Montauban ne tardera pas à les suivre : son départ est fixé au 2 juillet. Il se rend directement à Tché-fou, où sont déjà arrivées presque toutes nos troupes.

La présence des ambassadeurs de France et d'Angleterre à Shang-haï a donné, pendant quelques jours, un certain mouvement à notre ville. Il semble que toute la diplomatie européenne s'y soit donné rendez-vous. Jugez-en plutôt par les noms suivants :

Le général Ignatief, ambassadeur de Russie en Chine, qui, avant la guerre, a quitté Pékin pour prendre sa résidence à Shang-haï.

Le ministre américain Ward, le même qui, l'an dernier, s'est rendu dans la capitale du Céleste Empire.

Le ministre de Portugal.

Le ministre d'Angleterre, M. Bruce.

Le ministre de France, M. de Bourboulon.

L'ambassadeur anglais, lord Elgin.

Et l'ambassadeur de France, le baron Gros.

Les généraux en chef de l'armée anglaise sont partis pour le nord, à la destination de Talien-Ouang et de Wei-haï-wei, où toutes leurs troupes doivent être concentrées. Les opérations contre le Pei-ho commenceront vraisemblablement vers le 25 juillet ; tout est prêt pour l'attaque par terre comme sur mer ; tous les chevaux nécessaires à l'expédition sont arrivés. Avant peu, vous recevrez des nouvelles importantes, et assurément nous enregistrerons dans nos annales une victoire de plus.

La Russie semble suivre avec un certain intérêt les événements en Chine ; au milieu des bâtiments de toutes nations qui mouillent dans les eaux de Shang-haï, flottent les couleurs de Russie sur trois bâtiments de guerre qui sont sous le commandement spécial du capitaine de vaisseau Likatchof, aide de camp du grand-duc Constantin.

Le général Ignatief, ambassadeur russe en Chine, a quitté Pékin le 16 mai pour se rendre à Shang-haï. Il s'est embarqué à Beïtan, petit port situé dans le golfe de Pé-tché-li, sur un des bâtiments russes qui ont hiverné au Japon, et qui se sont rendus dans le golfe chinois vers la fin d'avril.

Le voyage du général russe a été, depuis Pékin jusqu'à Beïtan, une longue suite d'ovations continues auxquelles ont pris part non-seulement les autorités, mais encore les habitants de toutes les localités que Son Excellence a traversées. Partout, on est venu à la rencontre de l'ambassadeur sur le passage duquel on avait préparé des arcs de triomphe et des feux d'artifice ; partout, on avait préparé des relais et des repas ; les uns offraient des fleurs et des éventails ; d'autres débitaient de pompeux discours.

On peut dire que jamais de tels honneurs n'ont été rendus à aucun des ambassadeurs étrangers en Chine ; on ne ferait pas mieux pour l'empereur du Céleste Empire lui-même.

Des ordres avaient, il est vrai, été adressés par la cour de Pékin à tous les mandarins et tao-taï des districts ; mais ces ordres pouvaient être plus ou moins bien exécutés; et, au dire du général russe, ils ont dépassé tout ce qu'on pouvait espérer. Sa marche triomphale n'a été interrompue que par son arrivée à Beïtan et son départ immédiat pour Shang-haï. Son Excellence avait hâte sans doute de respirer en liberté.

La mission russe continue à séjourner à Pékin, et entretient des relations suivies avec le ministre en résidence provisoire à Shang-haï.

Au départ du général Ignatief, on faisait d'immenses préparatifs de guerre à Pékin, où le sentiment de la population chinoise est des plus hostiles à l'armée franco-anglaise.

A en juger par les travaux de tous genres que les Chinois ont élevés sur le Pei-ho depuis les forts de Takou jusqu'à Tien-tsin, on peut être certain qu'ils opposeront aux forces réunies de France et d'Angleterre une résistance vigoureuse.

Un certain nombre de bâtiments chinois sont échelonnés sur les côtes du golfe pour empêcher tout débarquement sur la rive droite ou sur la rive gauche du Pei-ho, et pour rendre plus efficace, par cette force mobile, la défense des forts. Je ne sais pas quels sont ces bâtiments; mais je ne serais nullement étonné que ce qui s'est passé à Kinburn, pendant la campagne de Crimée, n'ait donné au gouvernement chinois l'idée de revêtir de carapaces de fer sa flottille de défense, pour la mettre à même de braver impunément nos boulets.

Par fanfaronnade sans doute, ils ont placé en évidence, sur une des six batteries basses qui défendent l'entrée du Pei-ho, un canon pris sur la chaloupe anglaise coulée dans le fleuve, lors de l'attaque infructueuse de l'amiral Hope. Il importe à l'honneur de nos armes de ne pas laisser le canon en la possession des Chinois, et je puis vous assurer que nous aiderons vigoureusement nos braves alliés à rentrer dans leur propriété.

Le gouvernement chinois vient de prendre les mesures les plus sévères à l'égard de tous les Chinois qui débarquent dans le golfe de Pé-tché-li aux environs du Pei-ho. Un conseil de guerre, en permanence, a pour mission d'interroger tous les gens suspects, et de prononcer immédiatement sur leur sort. Déjà, deux Chinois du sud, soupçonnés d'espionnage, ont été mis à mort. Un certain nombre ont été arrêtés et mis en prison jusqu'au jugement, qui ne se fera pas attendre. La rigueur est surtout extrême dans la zone militaire qui avoisine les bords de la rivière ; là, personne ne peut pénétrer sans porter une tablette, espèce de carte de sûreté, sur laquelle est inscrit son nom de famille avec plusieurs noms formant caution véritable.

Pendant la nuit, les batteries tirent le canon pour prévenir toute descente nocturne; des jonques gardes-côtes croisent sans cesse ; et, sur les côtes, à une assez grande distance, des Chinois mis en réquisition, sont chargés, comme de modernes vestales, d'entretenir de grands feux jusqu'au jour.

Shang-haï, 1er juillet.

Le général de Montauban et le chef d'état-major général du corps expéditionnaire partent demain pour Tché-fou ; mais avant de quitter la ville ils ont pris les mesures nécessaires pour la mettre à l'abri d'une attaque des rebelles, qui se sont emparés de toutes les villes importantes de la province. L'officier français qui vient d'être nommé commandant militaire de Shang-haï est doué d'une rare énergie.

Immédiatement après l'arrivée de lord Elgin et du baron Gros, il y a eu entre ces ambassadeurs et les généraux en chef de l'armée alliée, un conseil auquel ont pris part les ministres résidents de France et d'Angleterre ; mais le plus grand secret ayant été tenu, rien n'a transpiré des résolutions prises.

Le général Ignatief, ministre russe, arrivant de Pékin, affirme que l'opinion publique dans cette capitale était très-fortement prononcée pour la guerre, et que l'on poussait les préparatifs de défense sur les bords du Pei-ho avec la plus grande activité.

Toutes nos troupes seront dans le golfe du Pé-ché-li dans les premiers jours de juillet, et l'on croit que les hostilités commenceront du 15 au 25.

En attendant, le mouvement insurrectionnel, qui s'est étendu dans toute la province, a jeté la perturbation dans les relations commerciales. On se perd en conjectures sur ce mouvement. Les uns n'y voient qu'une question de brigandage et de pillage ; les autres prétendent que cette révolte contre les autorités chinoises tend au renversement de la dynastie actuelle et à une nouvelle organisation politique. Ce qu'il y a d'étrange, ce sont les dispositions des chefs insurgés, qui déclarent vouloir devenir chrétiens et rechercher l'amitié des étrangers ; ils offrent en outre de nous ouvrir les portes des villes qu'ils occupent, et de signer toute convention commerciale qui nous plaira. Ces protestations sont-elles sincères et faut-il y ajouter foi ? Quoi qu'il en soit, jamais la question chinoise n'a été plus complexe, mais les événements militaires pourront amener tout d'un coup une grande simplification.

Le commerce actuel de Shang-haï, comme je vous l'ai annoncé déjà, est paralysé; l'argent a disparu complétement, et les quelques affaires qui se traitent se font par échange.

Les graves événements politiques qui bouleversent les provinces de l'empire chinois ont fait rétrograder jusqu'à Shang-haï des milliers de jonques remplies de grains. Tous les jours, des chargements considérables venaient encombrer la rivière. Cet état de choses ne pouvait durer : sur les représentations des ministres étrangers, les autorités chinoises ont levé la défense d'exporter les grains dans les provinces du sud de l'empire. A partir du 27 juin 1860, les produits en chargement, cotés d'après les taux de la douane, suivant les poids et mesures, ne payeront que la moitié du tarif. Les marchandises cotées d'après les droits *ad valorem* ne payeront également que la moitié du prix basé sur la production du pays. La déduction aura un effet rétroactif à partir du 18 du même mois. Ces dispositions seront maintenues jusqu'au 21 juillet ; à cette époque, on rendra une ordonnance, soit pour prolonger la modification de tarif pendant un mois ou deux, soit pour l'abroger et rétablir l'ancien tarif. Toute temporaire qu'elle soit, la mesure paraît devoir être très-favorable au commerce en général et aux commerçants européens en particulier.

Je viens de faire pour les deux principales marchandises exportées de Shang-haï, les soies et les thés, un relevé de chiffres depuis le 1er juillet 1851 jusqu'au 30 juin 1860. Je vous adresse ce tableau comparatif ; il ne manque pas d'intérêt.

POUR LES ÉTATS-UNIS D'AMÉRIQUE

Du 1er juillet	au 30 juin.	THÉS	BALLES DE SOIE
1859	1860	91,186,930 fr.	1,408
1858	1859	97,440,200	2,500
1857	1858	89,613,085	1,665
1856	1857	84,183,355	1,632
1855	1656	104,261,345	1,188
1854	1855	114,652,650	667
1853	1854	83,608,295	1,070
1852	1853	126,018,830	555
1851	1852	86,482,000	298

POUR L'ANGLETERRE

Du 1er juillet	au 30 juin.	THÉS	BALLES DE SOIE
1859	1860	160,895,930 fr.	60,695
1858	1859	84,901,570	75,670
1857	1858	148,269,755	58,091
1856	1857	99,895,165	76,228
1855	1856	164,575,500	48,880
1854	1855	247,525,655	50,400
1853	1854	144,280,940	53,801
1852	1853	193,320,000	28,760
1851	1852	157,500,000	18,994

POUR LE CONTINENT D'EUROPE

Du 1er juillet	au 30 juin.	THÉS	BALLES DE SOIE
—	—	—	—
1859	1860	4,051,370 fr.	5,276
1858	1859	1,058,305	8,000
1857	1858	5,033,880	7,000
1856	1857	7,494,740	14,000

POUR L'AUSTRALIE

Du 1er juillet	au 30 juin.	THÉS	BALLES DE SOIE
—	—	—	—
1859	1860	3,585,710 fr.	»
1858	1859	2,687,145	»
1857	1858	3,395,710	»
1856	1857	2,358,600	»
1855	1856	18,707,560	»
1854	1855	20,750,000	»
1853	1854	18,835,000	»
1852	1853	23.000,000	»
1851	1852	23,500,000	»

POUR LE CANADA

Du 1er juillet	au 30 juin.	THÉS	BALLES DE SOIE
—	—	—	—
1859	1866	1,630,740 fr.	»
1858	1859	2,553,000	»
1857	1858	3,140,810	»
1856	1857	1,375,630	»

Le général en chef, l'état-major général, l'artillerie, les chevaux, partent demain, 2 juillet, pour se rendre à Tché-fou. Avant de partir, M. de Montauban a nommé M. Fabre, commandant supérieur de Shang-haï, et a donné ordre aux postes avancés de Tsi-pao et de Tsem-ru de se replier sur la ville.

Vous vous souvenez sans doute que le général commandant en chef le corps expéditionnaire français ainsi que tous les chefs de service sont arrivés à Shang-haï le 11 mars. A leur arrivée, il n'y avait rien et on avait besoin de tout. En moins de quatre mois on a établi un hôpital qui peut contenir cinq cents malades ; on a fait confectionner des lits en bambous et des tentes de campement pour toute l'armée; on a fait construire des voitures pour le train de l'artillerie ; on est allé à Manille et au Japon acheter 1,200 chevaux sauvages qu'il a fallu dresser et rendre propres au service militaire; on a organisé tous les services indispensables à une armée de huit mille hommes, éloignée de six mille lieues de la mère patrie. Tout cela a été fait avec un ordre parfait, une intelligence rare et une activité admirable. Quoi qu'il arrive, M. de Montauban et son chef d'état-major général auront bien mérité de l'armée.

Je ne terminerai pas sans donner une part d'éloge aux officiers de marine et au commissariat qui, comme en toutes circonstances, ont déployé le zèle le plus soutenu et l'abnégation la plus modeste, et qui, dans cette campagne si longue, n'auront, comme en Crimée, comme en Italie, à jouer qu'un rôle pénible et secondaire. C'est bien la moindre des choses qu'on rende justice à qui de droit.

Shang-haï, 2 juillet.

Les habitants des diverses provinces de l'empire chinois, quoique parlant la même langue, ne se comprennent pas, ou se comprennent difficilement. La première difficulté consiste dans le nombre énorme de mots dont est composé le dictionnaire chinois; la seconde, dans la pluralité des dialectes usités dans les diverses provinces. Ces dialectes sont tellement différents pour la prononciation que les Chinois eux-mêmes, de provinces voisines, pour se comprendre entre eux, sont obligés de traduire leur pensée en l'écrivant sur des tablettes qu'ils portent presque toujours avec eux, ou en la désignant avec un doigt dans la main comme de véritables sourds-muets.

La langue des lettrés ou des mandarins, parlée très-purement par le peuple de Pékin, est la seule qui soit comprise dans toutes les parties de l'empire chinois, comme en Cochinchine, dans le Tonkin, dans le royaume de Siam, en Corée et en Mongolie, par les habitants qui appartiennent à la classe élevée de la société; mais cette classe, il faut le reconnaître, est très-restreinte comparativement à la population énorme de Céleste Empire, d'où l'on peut conclure que la langue chinoise n'est connue que d'un très-petit nombre d'individus; et encore, pour la bien connaître, les savants eux-mêmes sont-ils obligés d'y consacrer toute leur vie.

La langue mantchoue, autrefois parlée à la cour de Pékin, n'est plus aujourd'hui qu'une langue morte qui tend chaque jour à disparaître.

Le dictionnaire chinois renferme près de cent mille caractères dont chacun représente une idée; pour exprimer ces cent mille pensées, la langue parlée n'a guère à sa disposition que quatre cents monosyllabes, qui, modifiés à l'infini par diverses inflexions de voix, permettent d'énoncer un grand nombre de mots.

Si la langue parlée chinoise diffère essentiellement des langues européennes, il faut reconnaître que la langue ne rappelle en rien l'écriture conventionnelle de nos régions d'Europe. Nullement composée de mots qui expriment des idées, l'écriture chinoise est la représentation des idées elles-mêmes; c'est un composé de figures symboliques, espèces de chiffres arabes, auxquelles on a ajouté quelques signes conventionnels pour les réunir entre elles.

La grammaire chinoise divise les caractères de l'écriture chinoise en six classes, comprenant deux mille cinq cents figures différentes à l'aide desquelles on peut comprendre le langage usuel:

Le 1re classe comprend 608 figures représentant des idées simples;

La 2e classe comprend 740 figures composées exprimant des idées composées;

La 3e classe comprend 107 figures exprimant les rapports de position et les noms de nombre;

La 4e classe comprend 598 figures déjà connues, mais écrites à rebours, pour exprimer des idées contraires;

La 5e classe comprend 372 figures composées d'idées simples et composées exprimant les idées abstraites;

La 6e classe comprend 75 figures exprimant des idées de sons divers.

Ces deux mille cinq cents figures hiéroglyphiques, choisies parmi les cent mille mots du dictionnaire chinois, suffisent pour tout expliquer et tout comprendre dans le langage usuel. Afin d'en rendre l'étude plus facile encore, on a choisi parmi les six classes de la grammaire, une certaine quantité de figures les plus usitées au nombre de deux cent quatorze; elles servent à faciliter la mise en place des figures secondaires qui viennent se grouper autour de l'idée première, pour la compléter et la rendre plus saisissable.

Certes, ce système d'écriture peut paraître bizarre. Le grand nombre de figures dont il est composé exclut toute idée de simplification ; mais il faut reconnaître qu'il ne s'écarte pas des lois de la logique, puisqu'il a pour principe de représenter l'idée exprimée par la figure même de l'idée. Il suffit de quelques mois d'études sérieuses pour apprendre la clef de la langue chinoise et se faire comprendre dans toutes les provinces de l'empire, où cependant les habitants ont un dialecte différent.

La langue parlée chinoise est monosyllabique comme toutes les langues orientales, chaque syllabe exprimant une idée. Malgré le nombre considérable de syllabes dont elle se compose, chaque mot, qui se prononce très-distinctement avec une inflexion de voix différente, a une autre signification. Mais pour éviter de confondre des pensées diverses dont les caractères très-différents se prononcent par la même syllabe, les Chinois sont obligés, dans la conversation, de joindre presque toujours deux synonymes pour exprimer une seule et même chose.

Je m'arrête à ces observations générales, car pour donner une idée exacte du mécanisme de la langue et de l'écriture chinoise, il faudrait entrer dans des détails que ne comporte pas une telle correspondance. J'ai voulu seulement donner une idée générale mais exacte de la différence qui existe entre nos deux systèmes de langage.

Shang-haï, 6 juillet.

L'autorité impériale du grand empereur de Chine est de plus en plus méconnue dans la vallée du Yang-tse-kiang, et les insurgés, allant de ville en ville, s'avancent à grands pas sur Shang-haï, dont ils ne sont plus qu'à six lieues. Tous les jours sont affichées, dans tous les quartiers de notre ville, des proclamations annonçant que les Taï-ping veulent s'emparer de la ville indigène de Shang-haï, en respectant les concessions européennes.

Il paraît que le chef suprême de l'insurrection est toujours ce fameux Cantonnais Hung-seu-tseuen, né en 1812 dans un village du district de Hiva, et qui, dès l'âge de dix-huit ans, devint un des lieutenants les plus intelligents et braves de Tien-té, le chef de l'insurrection ; quelques années plus tard, il égorgea lui-même Tien-té, tous les autres chefs supérieurs et réunit en sa personne toute l'autorité du commandement. En 1847, on le trouve dans le Kiang-si, à la tête d'une secte nombreuse connue sous le nom d'*adorateurs du vrai et seul Dieu*, et qui, roulant comme une avalanche, ferme les temples, renverse les idoles, et massacre tous ceux qui s'opposent à sa marche envahissante. De 1850 à 1853, cette armée a conquis les deux provinces de Kiang-si et de Kiang-su, s'est emparé de Nankin et de nombreuses villes importantes. Aujourd'hui, elle semble menacer la capitale et toutes les villes maritimes. Ses forces se composent, dit-on, de trois cent mille soldats, divisés en cinq corps d'armée, sous le commandement en chef de Hung-seu-tseuen, ainsi que le démontre la proclamation suivante affichée dans toutes les villes :

« Le prince céleste a reçu la divine mission d'exterminer les Mantchous, hommes, femmes et enfants, de renverser les idoles et de posséder l'empire dont il est le vrai et légitime souverain. — Cette terre et tout ce qu'elle renferme, ses montagnes et ses rivières, ses vastes terrains et ses trésors publics, vous et tous ceux que vous avez, votre famille, mâles et femelles, depuis vous-même jusqu'à votre dernier fils, et votre propriété depuis la fortune patrimoniale jusqu'au bracelet au bras de votre plus jeune enfant, nous commandons tout et tout nous appartient. Ceux qui nous résistent sont rebelles et démons idolâtres, et nous les tuons tous. Ceux qui reconnaissent l'autorité de notre prince céleste et se rangent sous sa bannière ont droit aux récompenses, aux places et aux honneurs dans les armées et à la cour de la dynastie du ciel. »

Hung-seu-tseuen, tout en considérant Nankin comme le siége de son empire, ne cherche à organiser aucun rouage de gouvernement, aucune administration, et semble ne pas se soucier de développer le commerce et l'industrie dans ses États nouvellement conquis.

Un fanatisme sans bornes, ayant pour base une théorie semi-chrétienne pleine de monstruosités, semble être l'unique mobile de leur entreprise. Partout où ils passent, ils chantent les louanges du Père, du Fils et du Saint-Esprit, font des prières, et, avec ces allures religieuses, ils massacrent sans pitié tous les habitants des villes et des campagnes qui tombent en leur pouvoir.

Chose étrange! leur fureur se manifeste surtout contre tous les temples en général, sans en excepter les églises catholiques, le Christ, la Vierge et les statues des saints, étant par eux regardés comme des idoles.

Les Taï-pings ne sont donc encore aujourd'hui qu'un élément de destruction qui passe comme une trombe, tuant, brûlant, détruisant, se grossissant même de nouvelles recrues, mais ne laissant nulle part la moindre trace d'organisation, le moindre bienfait.

Avec des monstres de cette espèce, il n'est pas possible aux gouvernements européens de faire une alliance quelconque, ni simplement entrer en pourparlers amiables.

CHAPITRE X

Départ des troupes de Shang-haï. — Arrivée à Tché-fou. — Position pittoresque et militaire. — Mort du commandant Gary. — Les radeaux chinois. — Les canaux. — Province de Chan-tung. — Cultures diverses. — Mûriers. — La Corée. — Campement des Anglais à Ta-lien-wan. — Mort du capitaine Gordon. — Efforts de nos missionnaires. — Marché de Tché-fou. — Cérémonie funèbre à Yen-taï. — Salle des ancêtres. — Golfe du Pé-tché-li. — Prise de jonques chinoises. — — Arrivée du *Duperré* à Who-sung. — Perte du canot-major. — Mort de M. de Montferrand. — Arrivée du général Grant au quartier français. — Visite du général de Montauban au général anglais. — Les sicks. — Exploration du Saigon à l'embouchure du Pei-ho. — Expédition nocturne. — Décision importante. — Préparatifs de départ. — Dîner chinois. — Embarquement des troupes. — Nominations diverses.

Camp de Tché-fou, 18 juin, 37° 34' latitude nord,
119° 10' longitude sud.

Nous sommes enfin dans la province de Chan-tung, à cent soixante lieues au nord de Shang-haï, campés au pied d'un mamelon couronné d'un petit fortin carré dont la prise de possession ne nous a pas coûté une cartouche. A notre approche, les quelques Chinois formant toute la garnison du fort Tché-fou, se sont précipités à genoux, tremblants, demandant la vie sauve.

Le 31 mai, l'escadre française mouillée à Who-sung se composait de *la Garonne, la Dryade, l'Entreprenante, le Rhône, le Calvados, la Gironde, l'Avalanche, le King-Cham,* petit vapeur nolisé pour le service du corps expéditionnaire, et *le Forbin,* à bord duquel se trouvait le contre-amiral Protet, commandant en sous-ordre. Le général en chef, Cousin de Montauban accompagné de son chef d'état-major, le colonel Schmitz, arriva bientôt de Shang-haï, où est établi le quartier général. Aussitôt, toutes les troupes reçurent ordre de se ranger en bataille sur le pont des divers bâtiments, et l'inspection se fit aux cris répétés de: Vive l'Empereur !

Le 1er juin, l'escadre appareilla par un temps magnifique et, après cinq jours d'une heureuse navigation, atteignit le mouillage de Tché-fou, situé à l'extrémité du promontoire de Chan-tung.

Une reconnaissance fut aussitôt faite par l'amiral Protet, les généraux Jamin et Collineau et les chefs de corps, et le débarquement des troupes décidé. Comme à Chusan le débarquement s'est opéré sans coup férir, avec cette différence que les habitants de la province du Chan-tung se sont enfuis à notre approche; quelques-uns sont revenus, il est vrai, mais très-inquiets et disposés à prendre la fuite au premier coup de fusil. Nous tâcherons de les rassurer de notre mieux.

C'est le 8 juin, à minuit que commença le débarquement; c'est le 8 juin à minuit que le drapeau français fut planté sur la plage chinoise. Toutes les chaloupes, tous les chalands furent mis en réquisition pour transporter environ mille hommes à chaque voyage. A cinq heures du matin, tout était terminé. La colline, au sommet de laquelle s'élève le fort de Tché-fou a été choisi comme campement. Au nord, sont campés l'infanterie de marine et le deuxième bataillon de chasseurs; au midi, l'artillerie et le génie; à l'ouest, le 101e de ligne: et à l'est le 102e de ligne.

Au fond de la baie de Tché-fou qui est fermé par un groupe

d'îlots s'avance en forme de promontoire, une langue de terre à l'extrémité de laquelle se dresse un pic d'une hauteur de deux cents pieds environ. C'est aux flancs de ce pic que le général en chef a décidé d'établir le corps expéditionnaire français.

La colline sur laquelle nous sommes campés est bornée de toutes parts par de hautes falaises ; c'est un lieu élevé, salubre; seulement, l'eau et le bois manquant, il nous faudra aller au loin pour nous procurer ces deux éléments indispensables. Le génie s'est mis à l'œuvre immédiatement, en aplanissant les chemins et creusant des puits.

Ce qui a fait choisir ce mamelon pour l'établissement du camp français, c'est la facilité avec laquelle on pourra défendre cette position après le départ du corps expéditionnaire pour le Pei-ho, car alors les magasins seuls et les hôpitaux resteront dans ce pays avec trois ou quatre cents hommes.

A très-peu de distance du camp, nous apercevons la petite ville chinoise de *Yen-taï* dont les habitants s'étaient enfuis à notre arrivée. Aujourd'hui, grâce aux pourparlers qui ont eu lieu entre nos généraux et le tao-taï de la ville, tout est rentré dans l'ordre; grâce à la discipline sévère à laquelle sont soumises nos troupes, la peur des Chinois a disparu pour faire place à une certaine confiance. Un marché, abondamment pourvu de moutons et de porcs, de fruits et de légumes, a été installé aux portes de la ville sous la garde d'un poste nombreux.

Dans un des rares bâtiments en pierres construits sur le rivage on vient d'établir le quartier général. Grâce aux lits de camp dont on a eu soin de se précautionner. MM. les officiers supérieurs seront là aussi bien qu'on peut être en campagne. Cette maison où est installé le quartier général ressemble à presque toutes les habitations chinoises, qui ne présentent à l'extérieur que quatre grands murs blancs percés de rares ouvertures. Toutes les chambres, séparées entre elles, prennent jour sur une cour intérieure, véritable préau de prison, par des fenêtres longues, étroites, élevées du sol et entièrement grillagées.

Depuis quelques jours la chaleur des journées est accablante et la fraîcheur des nuits est extrême. Malgré ses brusques changements de température, l'état sanitaire du corps expéditionnaire est excellent.

La Garonne et *le Calvados* sont repartis pour Shang-haï où ils vont chercher les chevaux achetés au Japon et à Manille.

Le Rhin et *la Nièvre* ont rejoint au mouillage de Tché-fou le gros de l'escadre ; ce dernier bâtiment a débarqué plus de trois cents coolies chinois, embrigadés pour le service du transport des bagages; sept cents autres sont attendus prochainement. Le campement de ces Chinois a été désigné au sud, à peu de distance du génie et de l'artillerie.

Nous attendons prochainement le général en chef ; en son absence, c'est le général Jamin qui a le commandement du corps expéditionnaire.

Le 15 au soir le corps expéditionnaire a rendu les honneurs funèbres au commandant Gary, chef d'état-major de l'artillerie, mort à quarante-deux ans des suites d'une insolation. C'est une perte sensible à tous les points de vue, et tous ceux qui ont vécu avec M. Gary regretteront autant l'homme sympathique qui s'était fait aimer et estimer que l'officier distingué qui pendant les campagnes d'Afrique, de Crimée et d'Italie avait si brillamment débuté dans la carrière militaire. En présence de tous les officiers de l'armée et de la marine, M. le colonel Bentzman, commandant l'artillerie du corps expéditionnaire a prononcé sur les bords de la tombe une touchante allocution dans laquelle il a résumé les titres du défunt aux regrets de tous.

M. Gary est le premier officier supérieur décédé en Chine depuis l'arrivée du corps expéditionnaire.

Je vous répéterai ce que je vous disais dans une de mes correspondances, ce qu'il y a de plus curieux en Chine, ce sont les Chinois ; c'est le trop plein de la population, qui déborde des villes et des villages, et qui, ne trouvant pas sa place sur le sol envahi par les constructions, coupé par des milliers de canaux et cours d'eau, s'en va flottant sur les côtes de l'empire ou errant dans l'intérieur des terres, porté sur d'immenses radeaux. Depuis la partie la plus méridionale de la Chine jusqu'à la partie la plus avancée vers le nord, c'est le même spectacle affligeant d'une population nomade errant sans trêve, sans repos comme sans place, c'est une espèce de ceinture vivante qui étreint de toutes parts ce grand corps qu'on nomme le Céleste Empire. Le jour de mon arrivée sur le promontoire de Chan-tung, j'ai compté dans les environs de Tché-fou jusqu'à soixante radeaux tenus l'un à l'autre par des liens en écorce de bambou, et couverts d'une population sale, misérable et en haillons, vivant d'aumônes et se nourrissant surtout de poissons. La confection de ces radeaux est des plus primitives, le fond du bateau est formé par un assemblage de planches, de troncs d'arbres et de grosses branches, cimentés par de la mousse et une espèce de terre glaise : des branches de saule entrelacées simulent les bords, sur lesquels pendent çà et là un filet ou une guenille séchant au soleil. Au milieu de ce bateau plat s'élèvent quelques planches de bambou recouvertes d'une boue jaunâtre, c'est la maison commune où la colonie errante naît, vit et meurt. Rien de plus navrant qu'un tel spectacle.

Les nombreux canaux qui divisent aujourd'hui la Chine en un vaste échiquier , ont apporté de singulières modifications dans le système d'apanage territorial, en morcelant les grandes propriétés foncières formant primitivement le domaine de l'État, des princes ou des grands fonctionnaires de l'empire.

Aujourd'hui, la propriété foncière, constituée sur des bases que les nations les plus civilisées n'ont pu que prendre pour exemple, est le partage de toutes les classes de la société. Un désir immodéré de richesses a déterminé un grand nombre de mandarins à aliéner leurs propriétés foncières ; les uns les ont vendues pour recevoir immédiatement une certaine somme d'argent ; d'autres ont stipulé, pour la cession complète de leurs biens, une rente viagère qui augmente encore le total de leurs revenus. En consultant les relevés des droits de timbre payés au Trésor pour mutations, j'ai acquis la certitude que la propriété foncière tend chaque année à se diviser de plus en plus ; par suite, les droits de mutations sont devenus une source de revenus importants pour le Trésor, et de bénéfices énormes pour les receveurs généraux.

Le gouvernement impérial fait ses efforts pour favoriser l'agriculture et étendre ses domaines. Le défrichement d'un terrain inculte situé sur une montagne domaniale, la mise en culture d'une alluvion soustraite à l'action de la mer ou d'un fleuve quelconque, constituent un droit incontestable de propriété au travailleur qui a, préalablement, adressé au sous-préfet de son district une demande de concession que le mandarin approuve par un acte authentique. A défaut d'acte authentique, la possession fait foi après un certain laps de temps.

La Chine est un pays de culture perfectionnée qui pourrait servir de modèle à beaucoup de contrées européennes, ne serait-ce que pour le système de drainage et d'irrigation qu'on y emploie. L'explication de ces belles et abondantes récoltes qui excitent notre admiration est là tout entière. C'est en combinant l'action de l'humidité avec la chaleur que les Chinois obtiennent chaque année des produits magnifiques. Toutes les rives de chaque cours d'eau sont garnies de roues hydrauliques qui sont mues, les unes par des femmes et des enfants, les autres par des buffles qui, en Chine, remplacent les bœufs et les chevaux. Ces grandes roues hydrauliques, mises en mouvement dès que le jour paraît, servent, par le moyen de conduits souterrains ou d'aqueducs, à remplir les réservoirs placés de distance en distance sur des terrains en pente ; là, des roues garnies de seaux en rotin ou en bambou, et semblables aux machines à draguer, plongent dans l'eau et, en tournant, jettent le contenu de ces seaux dans des réservoirs supérieurs, jusqu'au sommet des collines les plus élevées, d'où l'on dirige l'eau de toutes parts comme on veut.

L'activité des cultivateurs chinois est extrême ; dès l'aube, on les voit, avec leurs domestiques, leur femme et leurs enfants, occupés aux divers travaux des champs ; et ce n'est qu'à la tombée de la nuit, qu'ils regagnent leurs habitations.

Les principales cultures de la province de Chan-toung sont le thé, le riz, le blé, l'olivier, le mûrier et le chanvre qui croît en très-grande quantité au bord des rivières et des champs de riz.

Aussi riche en cultures variées que Shang-haï, Tché-fou possède, à peu de distance du camp français, des montagnes couvertes de bois jusqu'au pied desquelles s'étend une immense plaine de verdure coupée çà et là par des irrigations ou des plantations de mûriers.

Le mûrier donne trois récoltes de feuilles par an ; la première, pendant les mois d'avril et de mai, produit la soie de qualité supérieure ; la seconde, pendant les mois de juin et juillet ; la troisième, pendant août et septembre. Cette dernière récolte ne produit qu'une soie inférieure. En hiver, on utilise toutes les feuilles tombées et sèches pour la nourriture des chèvres et des buffles.

J'ai vu des mûriers qui atteignent des hauteurs et un développement énormes. A côté de cet arbre si utile pour les soies du pays, on admire le banyan, dont les rameaux touffus répandent au loin leur ombrage. C'est une espèce d'arbre national qu'on trouve dans toute la Chine, depuis Canton et Amoy jusqu'à Shang-haï et Pékin, couvrant ici la cabane du pauvre, plus loin le palais du riche, partout ombrageant la pagode ou le yamoun ; aussi, le banyan est-il appelé l'arbre à pagode. Quand il est isolé dans la campagne ou sur le penchant d'une colline, on est certain de voir, appuyée sur son tronc, quelque grosse pierre servant d'autel sur lequel figurent des images grossières de Bouddha et des bâtonnets fumants en l'honneur dudit dieu.

Les Chinois ne pouvaient assurément mieux choisir ; car le banyan est un des plus beaux arbres qu'il soit possible de voir. Je suis seulement étonné qu'on n'ait pas cherché à utiliser son bois dans les constructions maritimes; la grande quantité de résine qu'il contient, pourrait être dans quelques provinces la source de produits importants.

Tous les banyans que nous avons pu trouver dans les environs de Tché-fou ont subi le sort de la guerre. Nos soldats ne se doutent pas qu'en le faisant servir au feu de leur marmite, ils ont commis un véritable sacrilége aux yeux des Chinois fanatiques.

Outre les approvisionnements de toute espèce que nous avons trouvé à Tché-fou, et qui chaque jour sont apportés en grande abondance par les habitants au camp français, l'intendance a su se procurer un certain nombre de mulets de haute taille qui sont destinés au transport des batteries de montagne. Dès le premier jour on a pu en acheter, au prix de 250 fr., une cinquantaine. C'est une précieuse acquisition sur laquelle on ne comptait guère.

C'est dans la province de Chan-toung, où nous sommes campés en ce moment, qu'est né le fameux Koung-fou-tseu

(Confucius), fondateur de la religion chinoise. On fait remonter sa mort à 480 ans avant la naissance de Jésus-Christ. De nombreux descendants de cette famille habitent encore la province illustrée par le grand philosophe; tous y jouissent de priviléges considérables que tous les empereurs de Chine se sont fait un devoir religieux de reconnaître et de perpétuer.

La capitale de Chan-toung est Tsi-nan-fou, ville importante, dont la population dépasse douze cent mille habitants; elle est située à peu de distance du grand canal impérial qui relie Nankin et Pékin.

En face du promontoire de Chan-toung, à l'extrémité duquel est situé Tché-fou, Che-fou, Tche-fou ou Teng-cheou-fou, sous le 37° latitude nord, se trouve le promontoire de Potocki, sur les côtes de Corée; c'est là que l'armée anglaise, sous les ordres du général Grant, a débarqué. Ces deux pointes de la Chine et de la Corée sont presque reliées par une chaîne granitiques d'îlots incultes.

Les côtes de la Corée, ou Koraï, située au sud de la Mandchourie, sont baignées d'une part par les eaux de la mer Jaune, et d'autre part par celles de la mer du Japon. Ce royaume, aujourd'hui tributaire de l'empire chinois, me paraît fortement menacé par le colosse du Nord, qui, non content de la possession de l'Amour, s'est emparé du Sounggari et de l'Oussouri, affluents qui s'étendent jusqu'à Fourdan et Tchang-kié. Pour la Russie, la possession de l'Amour est des plus importantes; en effet, ce grand fleuve prend sa source à quelques lieues de Pitroupovo, grand entrepôt du commerce russe avec la Chine, traverse une partie de la Mandchourie et va se jeter dans le détroit de Tartarie, en face de la grande île Tarrakaï.

Le royaume de Corée est, dit-on, très-riche en mines d'or et d'argent, de plomb et de vif-argent. Quoi qu'il en soit, les habitants se distinguent essentiellement des Chinois, qu'ils détestent ; leur costume, leur langage, leurs mœurs, leurs habitudes, tout diffère des Chinois. Une seule muraille les sépare, mais cette muraille est un monde.

La 1re division anglaise, commandée par le major général sir John Michel, est campée à Victoria-Bay ; elle est composée des 1er, 2e, 31e et 60e régiment d'infanterie et de deux régiments de sickhs, cavalerie légère indigène.

La 2e division, sous les ordres du major général sir Robert Napier, et composée de deux régiments de sickhs et des 3e, 44e, 67e et 99e régiments d'infanterie, est à Hand's-Bay.

L'artillerie et la cavalerie, sous les ordres du brigadier général Crofton, se trouve à Odin-Bay.

Le quartier général est à Talienwan, dans une situation des plus pittoresques. Cette baie de Talienwan, longue de treize milles et large de neuf milles, est capable de contenir toutes les marines du monde ; abritée par de hautes montagnes d'ardoises et de quartz, qui l'entourent de toutes parts, c'est de plus un excellent mouillage pour les grands et petits navires. A l'entrée, se trouvent deux îlots que les indigènes nomment *Sanchan-tou* (trois têtes rocheuses), à cause de leur conformation bizarre.

Les montagnes de Talienwan sont dominées par le pic *Saohé-chan* qu'on aperçoit de fort loin.

Les versants de toutes les collines qui aboutissent aux extrémités de la baie sont couverts de champs de blé et de millet.

Les habitants, qui s'étaient sauvés à l'approche de l'armée anglaise dans la crainte de châtiments et de massacres, enhardis par les dispositions pacifiques de nos alliés, commencent à revenir. Il est probable que l'armée anglaise ne sera plus privée de provisions fraîches qui, pendant quelques jours, lui avaient fait défaut. Malgré cette privation, l'état sanitaire du corps expéditionnaire est parfait. Depuis quinze jours, la température ne s'est pas élevée au-dessus de 27, 28 et 30 degrés centigrades.

Je ne terminerai pas sans vous parler d'un accident qui a couté la vie à l'honorable capitaine Gordon. Ce capitaine, en compagnie du major Lumsden, revenait au quartier général, quand, avant d'arriver à la baie de Talienwan, le canot qu'ils montaient fut renversé par un coup de vent ; tous deux tombèrent à la mer, et le major Lumsden put seul se sauver à la nage et gagner le rivage.

La Corée fut, vers la fin du seizième siècle, dévastée par une armée japonaise. Dans le dix-septième, ce furent les Chinois qui s'avancèrent jusque dans Séoul, la capitale du royaume, et ils frappèrent tous les habitants d'une contribution de guerre qui, depuis a toujours été payée annuellement.

Depuis près d'un siècle, les chrétiens établis en Corée ont subi bien des persécutions ; celle de 1801 dispersa les membres courageux des missions étrangères sans les décourager. Le premier évêque apostolique, Mgr Bruguière, mourut sans pouvoir atteindre Séoul, la capitale. Son successeur, Mgr Imbert, puis deux missionnaires, MM. Maubant et Chastan, arrivèrent jusqu'à Séoul après mille difficultés. Le bruit des nombreuses conversions faites par ces trois courageux apôtres parvint jusqu'au roi de Koraï, qui, pour arrêter la propagande religieuse dont il redoutait les effets, les fit mettre à mort le 21 septembre 1839.

Depuis 1842, Mgr Ferréol, MM. André Kim, Daveluy, Forcade, Leturdu, Adnet et autres, ont continué avec autant de persévérance que de bonheur l'œuvre commencée par le courageux Bruguière.

Les sentiments de la cour de Pékin au sujet des missionnaires ont, du reste, subi certaine modification. Je n'en veux pour preuve que cette circulaire confidentielle adressée, il y a quelques années déjà, par le vice-roi de Fo-kien, Ky-ing, aux mandarins chinois chargés des négociations entamées entre le gouvernement chinois et le gouvernement français, représenté par M. de Lagrené.

Voici le texte traduit de cette circulaire confidentielle adressée par le vice-roi de Fo-kien aux officiers de cette province :

« Nous avons recu la dépêche de Son Excellence le vice-roi de Canton, Ky-ing, dans laquelle le vice roi nous fait connaître que l'ambassadeur français, M. de Lagrené, revenu à Canton, accuse le gouvernement chinois d'avoir violé la convention qui vient d'être conclue avec la France. L'ambassadeur a été informé que les mandarins du Hou-pé et du Kiang-si continuaient à maltraiter les chrétiens malgré les édits de l'empereur : c'est pour cela que le vice-roi Ky-ing s'est rendu à Bocca-Tigris pour traiter de nouveau cette affaire de la religion chrétienne. — Il faut, dit-il, laisser les chrétiens libres d'adorer Dieu, d'honorer la croix, les images, d'élever des chapelles, de prêcher leur doctrine, de réciter des prières ; mais on ne permet pas aux missionnaires européens de pénétrer dans l'intérieur de l'empire. Telles sont les conditions du nouveau traité. — J'ai ouï dire que la France était le plus puissant royaume de l'Europe ; l'année passée, en effet, l'ambassadeur se montra ici avec une flotte bien capable de résister à la flotte anglaise. Prenez donc garde de maltraiter les chrétiens... Les Français ne font pas très-grand cas de leur commerce ; mais ils voudraient répandre la religion chrétienne dans le monde entier pour en acquérir la gloire. Vous devez recommander à vos officiers inférieurs, aux soldats, aux satellites, de ne commettre aucun acte imprudent vis-à-vis des chrétiens, de peur d'irriter les Français et d'attirer de grands malheurs sur l'empire... Insensiblement nous en reviendrons à surveiller la perfidie des chrétiens. Vous devrez tenir cette lettre secrète, et si vous quittez le poste que vous occupez en ce moment, vous la remettrez en main propre à votre successeur, en lui recommandant de ne la communiquer à personne, et en lui faisant comprendre la nécessité d'exiger de ses subalternes les plus grands ménagements envers les chrétiens. Sans ces précautions, on attirerait d'incalculables malheurs sur nos provinces maritimes. »

M. l'amiral Cécile, M. Lefebvre de Bécourt, consul, puis M. Forth-Rouen, ministre de France, enfin M. le baron Gros, reçurent successivement mission d'aller recueillir et défendre l'héritage de M. de Lagrené.

D'une part, par le dévouement héroïque des missionnaires apostoliques qui, depuis plusieurs siècles, ont cherché à éclairer et convertir les populations au mépris de leur vie; d'autre part, par l'intelligence et la modération unies à la fermeté dont tour à tour ont fait preuve tous les représentants de la France, nous sommes arrivés à nous créer dans l'esprit des populations du Céleste Empire une position excellente dont nous devrons infailliblement un jour recueillir les fruits.

Camp de Tché-fou, 1er juillet 1860.

Les proclamations du général Jamin, l'un des premiers débarqués dans la province de Chan-toung et du tao-taï de Yen-taï, petite ville qui avoisine notre camp de Tché-fou, n'ont pas peu contribué à rassurer la population chinoise qui, à la nouvelle de notre débarquement, s'était enfuie de toutes parts.

Mais ce qui a surtout modifié en notre faveur le sentiment public de ces populations, c'est notre manière d'être à leur égard. En effet, nous n'agissons pas en conquérant, pillant, rançonnant; mais comme de véritables alliés, payant toutes choses qui nous sont nécessaires ou superflues.

Un grand marché, abondamment pourvu de viandes, de fruits et de légumes, fournit tous les jours à nos besoins. J'ai souvent parcouru ce marché où Chinois et Français luttent de ruse et d'intelligence, les uns pour vendre le plus cher, les autres pour acheter au meilleur compte possible, et ne suis jamais revenu sans avoir de nombreux motifs de rire. Il se passe, en cet endroit, des scènes burlesques où la mimique joue un grand rôle ; et je vous réponds que nos soldats ne sont pas en reste avec leur amis les Chinois, qui font quelquefois les niais pour mieux les abuser. C'est de toutes parts un baragouinage auquel il est impossible de rien comprendre; c'est de tous côtés un concert de cris étranges. Il faut dire que les Chinois se donnent toutes les peines pour gagner les faveurs de leurs nouvelles pratiques, et c'est à qui criera le plus fort dans l'espoir de mieux vendre sa marchandise, et d'empiler les plus longs chapelets de sapèques qu'ils reçoivent en échange. La police la plus sévère est exercée sur le marché de Tché-fou. Quatre sergents des divers corps sont désignés chaque jour pour veiller au maintien de l'ordre. De plus, le commandant de place est chargé de recevoir toutes les réclamations du tao-taï ou des notables de la ville.

Tous les jours nous recevons au camp quelques curieux de la ville voisine et des environs, qui, enhardis par nos dispositions pacifiques, viennent regarder avec attention notre aménagement intérieur.

La petite ville de Yen-taï, occupée par dix mille habitants environ, n'a rien de remarquable. Nous nous y promenons souvent plutôt pour voir les Chinois et étudier leurs mœurs que pour visiter leurs demeures, qui ressemblent à tout ce que nous avons vu depuis Canton jusqu'à Shangh-haï.

Pendant une de nos dernières promenades, nous avons rencontré le convoi funèbre d'un Chinois, Yu-ylé, qu'on portait au champ de repos, situé sur la montagne à peu de distance de la ville. Pour un Européen, toutes les cérémonies de ce pays sont des plus curieuses, et celles qui sont accomplies à une mort quelconque sont dignes de remarque.

Dès qu'un Chinois est mort, son parent le plus proche lui ferme les yeux, le nez et les oreilles hermétiquement, et lui met dans la bouche une pièce de monnaie ; puis il se rend à une source sacrée où, en échange de papier doré ou argenté, on lui donne une certaine quantité d'eau qui sert à laver le corps du défunt. Pendant trois jours et trois nuits, des bonzes, accourus sur l'appel de la famille, récitent des prières qu'ils n'interrompent que pour frapper leurs cymbales et leur tam-tam en poussant des cris funèbres. Plus ils font de bruit, plus ils espèrent chasser les mauvais génies qui toujours viennent pour s'emparer de l'âme du défunt. Ce n'est que trois jours après le décès, que le mort, revêtu de ses habits de fête, est mis dans un cercueil et conduit dans le lieu de sépulture.

En avant du cortége s'avancent deux groupes de quatre hommes vêtus de blanc, qui, comme dans les Indes, est l'indice du grand deuil.

Le premier groupe porte les tablettes mortuaires, ainsi qu'une épitaphe en gros caractères ; le second porte le corps sur un brancard. Un bonze précède le corps, un autre le suit ; tous deux jettent des morceaux de papier argenté et frappent des cymbales. Au moment où le cercueil est déposé, au bruit des cymbales qui redouble, vient se mêler la détonation des pétards et des boîtes d'artifices.

Après la cérémonie funèbre, tous les parents et amis du

défunt se réunissent à la même table pour rendre hommage à la mémoire de l'ami qui n'est plus. Pendant quelques heures, Chinois et Chinoises mangent et boivent avec tout l'appétit dont ils sont susceptibles, et à la tristesse du premier service succède bientôt la gaieté qui se manifeste généralement à la fin des repas. Les bonzes ont fait leur office, les bâtonnets ont fumé sur les autels, la famille a accompli toutes les exigences du rite, les regrets ont été exprimés selon le cœur et l'usage, le mauvais génie a été éloigné... les mânes doivent être tranquilles ! Alors, pourquoi ne pas témoigner le contentement du devoir accompli ? C'est ainsi que pensent tous les habitants du Céleste Empire.

A propos d'un mariage chinois, je vous ai dit quelques mots sur la chambre des ancêtres où la cérémonie religieuse a lieu. Cette salle des ancêtres joue un grand rôle dans la vie des Chinois ; c'est dans cette salle, sur l'autel où figurent les tablettes généalogiques, que les grands parents présentent leurs enfants dès leur naissance pour invoquer les mânes des ancêtres et se les rendre favorables ; c'est devant cet autel que les jeunes époux brisent la coupe de vin dans laquelle ils viennent de tremper leurs lèvres ; c'est devant cet autel enfin que les corps sont déposés avant d'être portés au champ funéraire.

Si les pagodes ne sont fréquentées que par les gens riches qui, poussés par l'ostentation, vont de temps en temps porter des offrandes sur les autels et faire entendre sous les voûtes du temple les sons discordants d'un concert spirituel, je dois dire que la chambre des ancêtres est l'objet d'un culte général dans toutes les classes de la société ; les gens riches y entretiennent constamment des baguettes parfumées en guise de bougies, et les tablettes, ici véritablement les dieux lares du peuple chinois, sont confiées aux artistes les plus distingués, qui gravent avec tout le soin possible les noms du défunt, la date de sa naissance, de son mariage et de sa mort, les diverses fonctions qu'il a remplies, etc., etc.

Pendant de longues années, certaines familles conservaient dans leurs demeures les cercueils des défunts, qui restaient exposés soit devant leur maison, soit dans la salle des ancêtres; mais depuis peu, cet usage a été proscrit par les lois, qui prescrivent de porter, après trois jours de date, les cadavres dans les endroits désignés pour la sépulture. Mais dans toutes les provinces de la Chine, le terrain est tellement disputé par les vivants que de nombreuses infractions à la loi ont lieu presque journellement. C'est ainsi que les familles pauvres, pour éviter des frais de sépulture, jettent les cadavres de leurs enfants dans des puits perdus, véritables charniers humains. Cette habitude barbare a donné lieu à cette croyance répandue en Europe, que les Chinois tuaient impitoyablement leurs enfants. Je ne prétends pas dire que le crime d'infanticide n'existe pas en Chine, je dis seulement que, si ce crime était répandu dans les mœurs chinoises, un des plus grands fléaux qui accablent le Céleste Empire n'existerait pas; je veux parler du trop plein de cette population que le sol ne peut nourrir. Autour des villes, s'étendent des villages dont la population de quelques-uns dépassent un million; les rues sont sombres et étroites, l'air n'y peut circuler; et dans ces cahutes, que le froid envahit en hiver, que le soleil grille pendant plusieurs mois de l'année, vivent des familles nombreuses, entassées les unes sur les autres, décimées par la fièvre et les maladies. Qu'un édit impérial autorise l'émigration et l'on verra aussitôt des millions d'individus, qui ne peuvent que végéter misérablement en Chine, s'expatrier au loin et demander aux puissances étrangères ce que leur mère patrie ne peut leur donner.

Déjà, dans toutes les colonies de l'Océanie, des mers des Indes et de la Chine, se sont établis un certain nombre de

Chinois qui ont pu tromper la vigilance des autorités maritimes.

Golfe de Pé-tché-li, 10 juillet.

Deux jours après notre départ de Shang-haï nous passions près des côtes où, en 1847, deux bâtiments de la marine française, *la Gloire* et *la Victorieuse*, se sont perdus. A cette époque, l'amiral Lapierre commandait la frégate *la Gloire*, et le capitaine Rigault de Genouilly, aujourd'hui amiral, la corvette *la Victorieuse*. Les noms de MM. Poidlouc et Lapelin, lieutenants de vaisseau, se rattachent trop honorablement au sauvetage des équipages naufragés de nos deux navires pour que je n'éprouve pas un véritable plaisir à les rappeler ici.

Bientôt nous doublions le cap de Chan-toung, à qui lord Macartney donna son nom en 1793, et, par une brise favorable, nous entrions dans le golfe de Pé-tché-li. Le golfe de Pé-tché-li communique avec la mer Jaune; il a 380 kilomètres de longueur sur 200 de largeur ; à sa droite s'étend un autre golfe, celui de Leao-tong dont la longueur est de 250 kilomètres. L'ouverture du Pé-tché-li, entre Ping-tchou, l'île Chang-chan, sur la côte de Chine, et la pointe de Lao-tien-chan, sur la côte de Corée est de 80 kilomètres. La mer Jaune, les golfes de Pé-tché-li et de Leao-tong sont d'une navigation très-difficile, principalement depuis la fin de septembre jusqu'au mois de mars.

Notre navigation dans le golfe a été favorisée de toutes les manières : après avoir croisé pendant quelque jours sur les côtes de Chine, à peu de distance des forts de Takou, nous avons remorqué jusqu'à Tché-fou plus de soixante grandes joncques qui, chargées de blé et de riz, se dirigeaient sur Tien-tsin. Cette prise a un double importance :

Le chargement de ces jonques servira à l'alimentation du corps expéditionnaire franco-anglais, et toutes ces jonques, espèces de bateaux plats, ayant un faible tirant d'eau, aideront puissamment au débarquement des troupes de terre.

Pendant notre croisière devant l'embouchure du Pei-ho, nous avons pu observer les nombreux préparatifs de défense que les Chinois y ont accumulés depuis plusieurs mois.

La barre de l'embouchure du Pei-ho a environ un mille de large ; elle est couverte par dix ou douze pieds d'eau à la marée haute, et par deux seulement lors de la marée basse, ce qui rend très-difficile la navigation des légères embarcations. De chaque côté des forts de Takou sont des batteries rasantes chargées de canons plus ou moins dissimulés par de nombreux sacs à terre. Des jonques de guerre, aux voiles bariolées, croisent sur les côtes pour empêcher toute tentative de débarquement ; mais quand le moment sera venu, elle ne pourront nous opposer grande résistance. Le plus sérieux obstacle nous sera opposé par la nature même du rivage qui, excessivement bas, se perd dans un véritable océan de boue liquide.

L'aspect de cette partie des côtes chinoises est des plus tristes ; des salines à perte de vue, et çà et là quelques monticules de sables sur lesquels planent quelques goëlands et pigeons; mais nulle apparence de végétation. Ces monticules de sable servent de postes avancés aux soldats chinois chargés de signaler tout ce qui se passe sur la côte, au moyen de hautes perches de bambou à l'extrémité des quelles on hisse des signaux qui, de butte en butte, sont répétés jusqu'au quartier général du commandant militaire.

Toutes ou presque toutes les jonques prises par nous dans le golfe de Pé-tché-li viennent des provinces maritimes. Les provinces qui sont baignées par les eaux du grand fleuve Yang-tsé-kiang sont assurément les plus fertiles du Céleste Empire; ce sont celles aussi qui sont chargées de l'approvisionnement des provinces du nord comme de la capitale.

Dans ces mêmes provinces, une partie des impôts est payée en nature; par suite, tous les ans, un nombre considérable de jonques chinoises, chargées de riz et de blé, se dirigent vers Pékin. On estime à plus de **12,000** le nombre annuel de ces bateaux, nombre qui se divise ainsi :

Province de	Chan-toung	2,100	jonques.
»	Hou-nang	1,200	»
»	Hou-pé	1,200	»
»	Kiang-sou	3,000	»
»	Kiang-si	1,600	»
»	N'gan-hoeï	1,500	»
»	Tché-kiang	2,200	»
		12,800	jonques.

Ce chiffre paraîtra énorme; mais souvenez-vous que les provinces du nord seules possèdent des routes; dans les provinces méridionales, tous les transports se font par bateaux; les cours d'eau sont les seules voies de communication qui existent.

Tout l'intérêt politique, longtemps concentré sur les bords de la rivière des Perles, dans la province de Kwang-toung, dont Canton est la capitale, est aujourd'hui porté vers le nord; depuis quelques années, Shang-haï a pris une importance considérable; mais bientôt, tout le fait supposer, une partie de son importance deviendra le partage de Tien-tsin qui, aujourd'hui dépôt central de l'approvisionnement de la capitale, deviendra en outre l'entrepôt général des marchandises importées par les puissances étrangères.

Les provinces de Chan-toung, de Kan-sou, de Chen-si, de Chan-si, et enfin de Thy-lu, toutes pauvres et stériles, devront se ressentir de la vie nouvelle apportée dans le nord de l'empire ; et je n'hésite pas à dire que l'ouverture du marché intérieur de Tien-tsin sera pour les Européens, un marché important, pour un grand nombre de Chinois, une source de fortune, et, pour tous les habitants de la province, un avenir de bien-être.

Camp de Tché-fou, 11 juillet.

Nous sommes arrivés, le 24 juin, en vue de Hong-kong où nous espérions débarquer et quitter *le Duperré* définitivement; mais à peine en rade, nous apprîmes que l'armée avait quitté la ville depuis un mois. Nous descendîmes à terre en toute hâte pendant que notre navire renouvelait ses provisions de toute espèce, et deux jours après nous reprenions la mer pour cingler sur Shang-haï.

Les ordres laissés par le général de Montauban étaient que *le Duperré* mouillerait à trente lieues de Shang-haï et enverrait un officier, monté sur une chaloupe, auprès de l'amiral Charner prendre ses ordres pour opérer le débarquement des troupes.

Poussés par la mousson sud-ouest, nous franchissions en

quatre jours les quatre cents milles qui nous restaient à faire avant d'arriver à Shang-haï.

Le 30 juin, à onze heures du soir, *le Duperré* jetait l'ancre sur les côtes de la Chine, et le canot major, monté par M. Campenon, un officier de marine, et vingt hommes bien armés, prenait la mer. Après vingt quatre heures d'une navigation difficile et pénible, sur une mer inconnue, le canot rencontra le vapeur sur lequel était monté le baron Gros, notre ambassadeur en Chine.

Le canot fut remorqué par le vapeur pour terminer plus facilement la route qui restait à faire jusqu'à Who-sung. Peu après, la mer devint très-forte, et malgré les efforts de trois hommes, restés dans cette frêle embarcation pour la diriger, le brusque mouvement d'une vague énorme brisa le câble qui retenait le canot et fit chavirer ce dernier : hommes, armes et matériel tombèrent à la mer, mais fort heureusement les hommes furent sauvés.

Deux jours après, le départ de M. Campenon, un vapeur ramenait à bord du *Duperré* l'officier de marine et les vingt matelots qui avaient pris la mer avec le canot major.

Le lendemain, à onze heures, je débarquais à Who-sung pour me rendre auprès du chef d'état-major général, et *le Duperré* levait l'ancre pour se rendre à Tché-fou, point de débarquement général de toutes les troupes du corps expéditionnaire français.

A mon arrivée à Shang-haï, je retrouvai le commandant Campenon qui me conduisit à l'église catholique où était le général en chef de Montauban, entouré de tout son état-major. J'ai trouvé tous nos chefs de corps en bonne santé mais extrêmement fatigués des préparatifs de tous genres nécessités par une campagne aussi longue que difficile.

Le lendemain, 2 juillet, à sept heures du matin, M. de Montauban, à bord du *Forbin,* quittait Shang-haï pour se rendre à Tché-fou. Notre général en chef était accompagné par son fils, capitaine de cavalerie, M. Deschiens, chef d'escadron d'état-major, et M. de Clauzade, sous-lieutenant d'infanterie de marine, son officier d'ordonnance.

Ce n'est que le 5 juillet que je quittai moi-même Shanghaï pour me rendre sur le vapeur *l'Entreprenante*, à bord duquel vint prendre place le colonel Schmitz, qui avait tenu à rester le dernier pour faire exécuter les ordres du général en chef et veiller par lui-même à certains préparatifs importants. Les capitaines d'état-major MM. Chanoine, Guerrier, de Cools, et tous les officiers employés à la division accompagnaient M. Schmitz. Nous sommes arrivés à Tché-fou bien avant *le Duperré*, parti cependant huit jours avant nous de Who-sung.

A peine débarqué, notre chef d'état-major général, M. Schmitz, s'est réembarqué sur un vapeur pour se rendre avec l'amiral Protet dans le golfe du Pé-tché-li, mais sa mission, nous le croyons du moins, ne le retiendra pas plus de cinq à six jours.

A l'arrivée des troupes françaises à Tché-fou, les habitants de Yen-taï s'étaient enfuis dans la crainte de la mort. Un certain nombre de voleurs chinois avaient profité de l'abandon de ces maisons pour mettre tout au pillage ; quelques-uns ont eu l'audace de venir jusque dans notre camp nous offrir le fruit de leurs déprédations. Le général Collineau les a fait arrêter ; on en a exécuté quelques-uns et le reste a été mis à la cangue. Ces exemples de sévérité ont produit le meilleur effet sur la population honnête et inoffensive de Yen-taï, qui n'a pas tardé alors à revenir.

Le 3 juillet, le tao-taï de la ville, entouré des mandarins inférieurs de Yen-taï et des environs, est venu, précédé de la police, portant la houppe rouge à leur coiffure, rendre visite au général Jamin, commandant en chef par intérim, qui avait convoqué, à cet effet, le général Collineau, le contre-amiral Protet, le commandant Delaplane et les chefs des divers services. Un courrier précédait cette procession, portant sur des tablettes les noms des illustres visiteurs tracés à l'encre rouge. Il était suivi d'un aide de camp à cheval, du porte-parasol, du porte-pique, du palanquin, du porte-feu et d'un certain nombre d'officiers à globules de diverses couleurs. Dans cette visite, le tao-taï a remercié en termes chaleureux le général Jamin d'avoir pris toutes les dispositions pour faire respecter la vie et la propriété des habitants, et l'a prié de recevoir l'expression de la vive reconnaissance des habitants.

Le deuxième bataillon de chasseurs a été, le 23 juin dernier, douloureusement impressionné par la nouvelle d'un bien triste événement, la mort de M. de Montferrand, lieutenant. Cet officier, qui promettait un bel avenir, a succombé à la suite d'une attaque d'épilepsie à laquelle il était sujet depuis longtemps. Le lendemain, les généraux, l'amiral, les officiers de la marine et des divers corps de l'armée de terre se réunissaient pour rendre les derniers devoirs au défunt. Après les prières prononcées par MM. les aumôniers Trégaro et de Séré, M. Guillot de la Poterie, chef du deuxième bataillon de chasseurs, a prononcé avec une vive émotion d'éloquentes et touchantes paroles sur cette tombe si prématurément ouverte.

Aujourd'hui, 11 juillet, est arrivé au camp de Tché-fou le général Grant, commandant en chef l'armée anglaise de Chine, venu de Talienwan pour conférer avec le général en chef de Montauban sur les mesures définitives à prendre et les intérêts communs aux forces alliées. Après avoir dîné avec tout son état-major chez le général de Montauban, le général Grant s'est dirigé vers le camp, qu'il désirait visiter. Les régiments avaient pris immédiatement les armes pour rendre au général anglais les honneurs militaires dus à sa haute position, et les musiques saluaient l'état-major anglais, à son passage, en jouant l'air national *God save the queen*. Le général Grant a paru prendre un véritable plaisir à voir manœuvrer notre artillerie, attelée de chevaux japonais et dont toutes les manœuvres ont été faites avec une précision parfaite. Il a quitté le camp français en faisant promettre au général de Montauban de venir le visiter à son quartier général. Une salve de onze coups de canon a annoncé le départ du général Hope Grant.

Le bâtiment à vapeur *le Weser*, acheté en Angleterre et destiné à transporter une partie du matériel de la marine vient d'arriver à Tché-fou.

Il avait à son bord trois chaloupes canonnières démontées, avec tout leur matériel de guerre et leur équipage commandé par trois lieutenants de vaisseau.

Ces chaloupes sont en tôle de 6 à 7 milimètres d'épaisseur, et se démontent en quinze tranches dont le poids varie entre quatre et six tonnaux. Séparées par une bande de caoutchouc de cinq millimètres d'épaisseur, ces tranches sont réunies au moyen de boulons et d'écrous qu'on visse de manière à empêcher l'eau de pénétrer; c'est un système de calfaltage aussi simple qu'excellent. La longueur des chaloupes canonnières est de 26 mètres, leur largeur de 4 mètres 50 centimètres, leur tirant d'eau de 1 mètre 65 centimètres. Chaque machine est de la force de vingt chevaux, à hélice et sans condensation. Vingt-trois hommes commandés par un lieutenant de vaisseau composent l'équipage de chacune des chaloupes. Pour tout armement, elles ont un canon rayé du calibre de trente, à trois rayures, qui peut lancer à six mille mètres un boulet cylindro-ogival. Les expériences qui ont été faites à Toulon avant le départ du *Weser* ont donné des résultats très-remarquables.

On s'occupe activement du remontage de ces chaloupes

qui, dans quelques jours, seront en état d'essayer leur puissance à l'embouchure du Pei-ho.

Tché-fou, 15 juillet.

Je vous ai parlé de la visite faite, le **11** juillet, à notre général en chef, par sir Hope Grant, général en chef de l'armée anglaise, venu de Talienhwant pour conférer sur les dernières mesures à prendre avant de commencer les hostilités.

Le 13, le général de Montauban, pour répondre à la courtoisie du général Hope Grant, s'embarquait sur *le Forbin*, accompagné du vice-amiral Charner. Le même jour, vers onze heures, ils débarquaient à Odin-Bay, au bruit de l'artillerie saluant la bienvenue des officiers généraux français, au-devant desquels s'étaient rendus lord Elgin, sir Hope Grant, M. Crofton, brigadier général de l'artillerie et de la cavalerie, sir John Michel, major général de la 1re division, M. Napier, major général de la 2e division, suivis d'un nombreux état-major.

Par les ordres du général anglais, toute la division de cavalerie et d'artillerie était rangée en bataille sur la plage. C'étaient d'abord les dragons de la garde du roi, formant la droite, puis deux escadrons de sickhs (cavalerie indienne), commandés par les capitaines Probyn et Fane, et formant le centre; enfin, à l'extrême gauche, une batterie d'artillerie (canons et carabines rayés, — Armstrong's-guns). Toutes ces troupes, parfaitement alignées sur le rivage, présentaient un aspect imposant; un soleil splendide inondait le paysage de ses rayons et faisait briller au loin les broderies d'or et d'argent; les costumes un peu sévères de l'artillerie faisaient contraste avec l'habit rouge des dragons du roi, la tunique et le turban gros bleu de la compagnie Probyn, le turban rouge et la tunique bleu ciel de la compagnie Fane, et en faisaient ressortir les vives couleurs.

Les généraux français et anglais, suivis d'un brillant et nombreux état-major, tous montés sur de magnifiques chevaux arabes, traversèrent la double haie des troupes et allèrent prendre position sur une petite éminence, située à peu de distance, afin de mieux voir le défilé des troupes, qui commença aussitôt.

Nous avons beaucoup admiré la remarquable tenue des dragons du roi, qui semblaient parader au camp d'Aldershott, et la bonne composition de l'artillerie ; mais ce qui a surtout attiré toute notre attention, c'est la cavalerie légère des sickhs, qui, par la beauté de ses chevaux, l'originalité de ses costumes, la précision de ses manœuvres et la souplesse de ses mouvements, nous a rappelé notre cavalerie légère d'Afrique.

Par leur manière d'être et leur armement, les sicks ont beaucoup d'analogie avec les spahis d'Algérie et les cosaques de Russie ; ils sont armés d'un sabre, d'une paire de pistolets et d'une grande lance accrochée comme celle de nos lanciers de France. La plupart sont grands et minces, forts et robustes, agiles et braves ; ils sont d'une sobriété extrême, et d'une conduite exemplaire. Dans l'armée des Indes, on se sert d'eux principalement dans le service des avant-postes, et à la fin des combats pour achever la déroute de l'ennemi. J'ai pris un véritable plaisir à voir ces mille à douze cents Indiens montés d'une manière remarquable, et j'ai la persuasion que ces dignes alliés nous seront d'un grand secours dans l'expédition difficile que nous allons entreprendre.

Pour nous donner une idée de l'habileté de ces cavaliers, le général Hope Grant, à peine le défilé des troupes terminé, fit commencer les joutes et exercices d'adresse.

Les sicks se firent surtout applaudir dans l'exercice de la cheville : on enfonce une cheville de bois solidement en terre, en n'en laissant paraître que deux centimètres environ au-dessus du sol ; le cavalier lance son cheval à fond de train et doit enlever la cheville à la pointe de sa lance. Il faut pour cet exercice un bon cheval et un habile cavalier, doué d'un poignet vigoureux et d'une grande sûreté de coup d'œil ; la dextérité du jouteur se voit à la facilité avec laquelle il enlève la cheville avec sa lance, après avoir décrit trois ou quatre cercles au-dessus de sa tête.

Les commandants Probyn et Fane s'élancèrent les premiers, mais sans succès, emportés par la fougue de leurs chevaux, qu'ils pouvaient à peine maîtriser. Ils furent suivis aussitôt par un sick, qui s'élança de toute la vitesse de son cheval, qu'il excitait par des cris sauvages, et qui, après avoir décrit plusieurs moulinets avec sa lance, enleva la cheville avec une grâce et une adresse remarquables, aux applaudissements de tous. Bientôt officiers, sous-officiers et soldats se mirent de la partie ; ce fut une course furibonde pendant laquelle chacun rivalisa d'adresse : les vainqueurs de la joute passaient devant nous en tenant haut la lance, au fer de laquelle était attachée la cheville.

Après cet exercice, et sans doute pour nous montrer leur habileté au sabre, les commandants Probyn et Fane firent enfoncer légèrement en terre une baguette sur laquelle on planta un petit morceau de concombre ; alors ces officiers, mettant leurs chevaux au galop, enlevèrent l'un après l'autre des tranches sans même faire vaciller la baguette. J'ai remarqué que ces officiers, de même que les cavaliers qu'ils commandent, ne portent pour leurs sabres que des fourreaux de bois ; leurs armes sont de véritables rasoirs d'une trempe excellente, qui, maniés par de pareils hommes, doivent être terribles et meurtriers.

L'annonce du tir des Armstrong's-guns (carabines et canons rayés) fit courir tout le monde sur la plage. Le général de Montauban et les officiers de son état-major examinèrent avec attention diverses armes de précision que leur présenta le capitaine Brabazon, de l'artillerie royale, officier distingué et instruit. On prit pour but un petit arbre, dont on s'éloigna de 900 mètres, et le tir commença. Dès le premier coup, l'effet fut remarquable: une coquille à percussion éclata 2 mètres plus loin que l'arbre avec une explosion épouvantable, et coupa une centaine de branches de diverses grosseurs; une seconde coquille éclata à 2 mètres 30 ou 2 mètres 60 au-dessus de l'arbre; plusieurs coups furent suivis d'un succès complet, et l'arbre, but désigné, fut haché en morceaux. La puissance de ce système de projectiles à percussion est des plus grandes, et ses effets sont terribles. Je suis porté à croire que de tels projectiles lancés dans les bataillons chinois y produiront une véritable épouvante.

Après ces exercices divers, nous nous rendîmes au quartier général, où un grand repas nous attendait, et le soir même nous nous embarquions sur *le Forbin*, qui nous ramenait à Tché-fou.

Camp de Tché-fou, 20 juillet.

J'ai, au sujet de la reconnaissance faite les 13 et 14 juillet sur les rives qui avoisinent l'embouchure du Pei-ho, quelques renseignements intéressants que je m'empresse de vous communiquer.

Dans un conseil de guerre, les généraux et amiraux alliés, après avoir étudié les cartes de la côte de Pé-tché-li et reçu de nombreuses informations, avaient tout d'abord décidé qu'on opérerait le débarquement des troupes sur la rive droite du Pei-ho : mais, séance tenante, on formulait préalablement la résolution d'envoyer en reconnaissance plusieurs officiers compétents qui examineraient vers quel endroit de la plage et dans quelles conditions le débarquement pourrait avoir lieu. M. Bourgois, capitaine de vaisseau du *Duperré;* M. Schmitz, chef d'état-major général du corps expéditionnaire; M. le lieutenant-colonel Dupin; M. le capitaine de frégate Duquilio; M. le capitaine Fœrster et M. l'enseigne de vaisseau Vermot furent désignés pour faire cette reconnaissance. Les deux navires *le Saigon* et *l'Allonprah* reçurent l'ordre d'appareiller dans la nuit du 11 au 12 juillet pour arriver avant l'aube dans le voisinage de Chi-ko et explorer la côte depuis ce point jusqu'à un second situé à huit milles environ au sud des forts Takou.

Une brume très-épaisse, survenue tout à coup, força les deux navires à n'appareiller que le 12, et la même cause les contraignit à mouiller le jour même près des îles Mia-tao dans un endroit écarté, situé à trente-quatre milles au sud de l'île de Sha-lui-tien qui devait servir de point de départ pour l'exploration projetée.

Dans la matinée du 13, les navires se dirigaient vers Sha-lui-tien qu'on devait explorer avant de se diriger vers les rivages de la province de Pé-tché-li. Après de grandes difficultés de navigation on finit par aborder à la petite île dont la terre ferme s'élève à peine au-dessus du niveau de la mer, et, à huit heures du soir, on reprit la mer se dirigeant du côté ouest du golfe. Mais bientôt le vent sud-ouest souffla grand frais, la mer devint houleuse, et *l'Allonprah*, dont la marche avait sensiblement diminué par suite de la tourmente, fut obligé de s'écarter de la ligne indiquée. Dans ces conditions, une expédition faite avec de légères embarcations devenait impossible ; autant il était important de l'opérer vivement, autant aussi il était essentiel de la faire d'une manière complète. On dut donc, à regret, la remettre à un moment plus propice.

Après avoir louvoyé toute la nuit, les deux navires français vinrent mouiller à vingt milles environ des côtes ouest du golfe par 36° 40' de latitude et 118° 15' de longitude. Toute la journé du 14 se passa à préparer l'expédition nocturne, projetée depuis quelques jours. Vers les sept heures du soir on leva les ancres, et à dix heures et demie, on mouilla à sept milles de l'endroit où les officiers chargés de la reconnaissance devaient débarquer.

Aussitôt, les membres de l'expédition montèrent dans des embarcations légères, n'ayant qu'un faible tirant d'eau, et *l'Allonprah*, les prenant à la remorque, se dirigea vers le nord-ouest. Par précaution, ce navire n'avançait qu'avec la sonde, lentement ; enfin, à une heure du matin, il s'arrêta n'ayant plus que deux brasses trois quarts d'eau. A ce moment, la mer était calme, le ciel, dégagé de tous nuages, se mirait dans les vagues avec ses milliers d'étoiles. Les éléments ne pouvaient mieux favoriser l'expédition nocturne. Les embarcations légères poussèrent en avant.

La baleinière du *Saigon* était montée par le lieutenant-colonel d'état-major Schmitz, et le capitaine de vaisseau Bourgois ; dans un canot se trouvaient le lieutenant-colonel Dupuis et le capitaine de frégate Duquilio ; dans une seconde baleinière, le capitaine d'état-major Fœrster et l'enseigne Vermot. Derrière ces trois embarcations, marchant de front à distance de la voix, se tenait un quatrième canot de réserve, monté par un officier du *Saigon*, et chargé de veiller à la sûreté de la retraite, sans jamais courir le risque d'échouer.

Après une lieue de navigation, pendant laquelle les profondeurs diminuaient sensiblement avec le retrait de la mer, les trois premières embarcations échouèrent sur un sol dur comme de la pierre à une profondeur de deux pieds. Il n'y avait plus moyen d'avancer avec les canots. Les deux chefs de l'expédition nocturne sautèrent dans l'eau suivis des autres officiers et d'une réserve de douze hommes, réunis en arrière, pour arriver au but désigné. Après vingt minutes de marche dans l'eau sur un terrain très-ferme et résistant, le sol, couvert d'une immense nappe d'eau, à perte de vue, devint, sans aucune pente sensible, glaiseux, boueux et glissant; à chaque pas, la vase augmentait et bientôt, dans un espace de mille mètres, elle atteignit une profondeur de deux pieds. La marche devenait de plus en plus fatigante; on hésitait à avancer, dans la crainte de s'écarter de la route; on revenait même dans la direction des canots pour aller sur le sud-ouest, quand tout d'un coup on entendit les cris perçants de plusieurs Chinois qui, surpris par la brusque apparition de la petite colonne, se sauvaient dans la direction opposée aux embarcations. On crut un moment toucher la terre, mais la grande ombre qui se projetait dans ce lac de boue n'était qu'une masse de filets étendus en forme de barrage: les Chinois en fuite n'étaient que d'inoffensifs pêcheurs.

Le commandant Bourgeois et le lieutenant-colonel Dupin, à la tête de plusieurs matelots, se mirent à leur poursuite, pendant que lieutenant-colonel Schmitz, restant à la limite des filets, ralliait la réserve.

En ce moment le jour commençait à poindre ; il fut facile de reconnaître que cette partie de la côte était entièrement bordée de pêcheries, s'étendant sur un vaste périmètre, et de petits groupes de cahutes habitées sans doute par les pêcheurs chinois. Dans la direction suivie par MM. Bourgois et Dupin, s'élevait un grand plateau baigné par l'eau de toutes parts. Ces officiers parvinrent à grand' peine jusqu'au pied de ce plateau élevé de vingt mètres au-dessus du niveau de l'eau, et reconnurent qu'il était occupé par un village.

Les abords de ce plateau étaient protégés par une vase molle et épaisse de deux à trois pieds. On poursuivit l'exploration jusqu'à la limite extrême des marées ordinaires, où l'on trouva des vases durcies par le soleil, mais d'une surface très-glissante, qui rendait très-difficile la marche de la colonne. On arriva enfin à portée de fusil d'une éminence surmontée d'un pavillon chinois, percé d'embrasures comme un fort, et qui, au dire des quelques pêcheurs qu'on avait arrêtés, renferme la plus grande partie de la population des pêcheurs qui travaillent sur la côte du sud-ouest. Le pavillon de ce village ayant été agité, plusieurs coups de canon retentirent dans la direction du Pei-ho. Le jour s'était levé; le commandant Bourgois jugea prudent de ne pas poursuivre plus loin une reconnaissance qui l'avait amené à plus de quatre mille mètres des embarcations échouées, et donna l'ordre du retour, se dirigeant de façon à couper la retraite à un certain nombre de pêcheurs chinois qui, surpris par les canots de garde, cherchaient à gagner terre après avoir échoué leur barque.

A sept heures et demie, toute la petite colonne réunie remontait dans les embarcations, et, une demi-heure après, elle était à bord de *l'Allonprah*, mouillé à deux mille mètres environ du villlage, par une profondeur égale à son tirant d'eau. Du haut de la mâture de ce navire, il était facile de suivre le développement de la côte, depuis les forts du Pei-ho jusqu'à une distance de quinze milles, dans le sud-sud-ouest de ces forts. Les officiers montés dans la mature observèrent, en outre, sur la ligne des terres basses qui bordent la côte en cet endroit, cinq villages semblables à celui reconnu ; la partie du rivage s'étendant de la mer à ces villages était à demi-noyée et couverte de filets ; de plus, on calcula que l'étendue en largeur de cette mer de vase qui défend l'approche des côtes, pouvait avoir au moins trois mille mètres.

Les pêcheurs chinois arrêtés, dans la crainte sans doute d'être maltraités s'ils ne parlaient, avaient dit qu'il existait sur la côte un point où le débarquement pourrait avoir lieu sans difficulté. A cet endroit était élevé l'un des villages reconnus et situé à six milles environ des forts Takou. La haute mer favorisant l'exploration de ce village, on résolut d'en profiter pour continuer et achever la mission. Les deux navires appareillèrent aussitôt, et, peu après, *l'Allonprah* mouillait à quatre mille mètres du point indiqué pendant que *le Saigon* se tenait au large, prêt à tous événements.

Les chefs de l'expédition descendirent dans les petites embarcations du navire avec les officiers placés sous leurs ordres et accompagnés d'un certain nombre de matelots armés de carabines, poussèrent droit au village. En approchant, il fut facile de remarquer une grande agitation sur la chaussée qui relie les cinq villages entre eux, agitation provoquée sans aucun doute par l'approche de la petite troupe française ; puis des cavaliers courant à toute bride et agitant des signaux ; enfin, un corps de cavalerie tartare établi en observation sur une esplanade au-dessous du village. Ce village paraissait considérable, mais nullement fortifié ; seulement on y paraissait faire quelques travaux de défense.

A près de neuf cents mètres du village, et à quelques mètres de la limite de la marée, les canots ne tardèrent pas à échouer. Le manque d'eau, la nature du terrain mou et vaseux, semblable à celui observé plus au sud-ouest, la présence d'un corps de cavalerie ennemie, ne permettait pas de pousser plus loin cette exploration. Nos officiers revinrent vers *l'Allonprah*, après avoir échangé quelques coups de feu avec l'ennemi.

Le 17, à trois heures du soir, ils débarquaient à Tché-fou pour rendre compte de cette mission.

Cette exploration, dirigée par M. le lieutenant colonel Schmitz et le commandant Bourgois, avait une extrême importance : il s'agissait de savoir si le débarquement des troupes pouvait avoir lieu sur tel ou tel point, de faire ou ne pas faire. Or, comme résultat, on avait acquis la certitude qu'un débarquement d'artillerie, du train, des ambulances et des chevaux était impossible sur la rive droite du Pei-ho, et qu'en admettant possible l'arrivée des troupes sur la plage chinoise, le service d'approvisionnement par la marine ne l'était radicalement pas.

C'est à la suite de cette reconnaissance que le général de Montauban, de concert avec le général Hope Grant, décida que les deux corps d'armée se réuniraient au Pé-tang, point que les Anglais voulaient attaquer séparément pendant le débarquement de nos troupes sur la rive opposée du Pei-ho.

Le Pé-tang offre encore beaucoup de difficultés pour le débarquement. Ainsi, tous les soldats seront obligés de faire près de huit kilomètres dans l'eau, mais sur un terrain plus ferme et sur une étendue qui donnera toute sécurité, malgré les dix ou douze mille Tartares massés sur ce point.

Toute l'armée part avec l'espérance d'un plein succès. Nous espérons bien, le 15 août, planter notre drapeau sur les forteresses chinoises pour célébrer la fête de notre Empereur.

Camp de Tché-fou, 24 juillet.

Nous touchons enfin au terme de notre expédition, l'ordre de quitter Tché-fou a été annoncé officiellement par le général en chef de Montauban ; le départ est fixé au 26. Depuis quelques jours, toutes les divisions du camp présentent l'animation la plus grande, la joie est peinte sur tous les visages. Il n'y a, je ne crains pas d'être démenti, que le petit nombre d'hommes désignés pour l'occupation provisoire du camp de Tché-fou qui soient tristes. Cela est une question de chance, tout le monde n'a pas le gros lot, et, contrairement aux lois inexorables de la loterie, en cette affaire, c'est le très-petit nombre qui n'est pas content.

Parmi eux, je vous citerai M. de la Plane, chef de bataillon au 101e, nommé commandant supérieur du camp de Tché-fou et de la ville chinoise ; M. Deschamps, capitaine d'infanterie de marine, désigné pour remplir les fonctions de commandant de place ; Cornette de Saint-Cyr, sous-lieutenant, commandant un détachement d'infanterie de marine ; Malherbe, sous-lieutenant au 102e, commandant un détachement d'infanterie de marine ; Garnier, capitaine d'artillerie ; O'Neil, lieutenant de vaisseau (débarqué de *la Garonne*) ; Bienaymé, ingénieur de marine ; Lougne, commissaire de marine ; Espeu, aide-commissaire ; Moura, enseigne de vaisseau (débarqué du *Jura*) ; Hains, aumônier.

On laisse en outre sept médecins, un adjoint à l'intendance, M. Bonnamy, deux pharmaciens, dix officiers d'administration et deux cent vingt hommes chargés de la défense du camp.

Le départ de l'escadre française a lieu le 26 juillet à quatre heures du matin dans l'ordre suivant :

Entreprenante et *Némésis*, ayant à bord le 101e de ligne.

Dryade et *Garonne*, ayant à bord le 102e de ligne;

Rhône, ayant à bord les chasseurs à pied.

Persévérante, *Vengeance* et *Duchayla*, transportent l'infanterie de marine; *Jura*, *Calvados*, *Rhin*, *Nièvre*, *Loire*, *Saône*, *Gironde* et *Marne*, transportent les chevaux, l'artillerie et le matériel.

Le vice-amiral, en attendant *l'Impératrice-Eugénie*, conserve son pavillon sur *la Renommée;* le général de Montauban porte son drapeau sur *le Forbin;* tout l'état-major général prend place sur *le Saigon;* les officiers de l'intendance et les employés d'administration s'embarquent sur *le Shang-haï* et *le Weser*.

L'Andromaque, armée en guerre, reste à la disposition du commandant de la place. *Le Duperré*, transformé en hôpital, reste provisoirement mouillé à la baie de Tché-fou.

L'embarquement, commencé le 20 juillet, sera terminé demain soir vers trois ou quatre heures, et le 26 toute la flotte française appareillera pour l'île de Scha-lui-tien, à peu de distance des rives du Pei-ho, où l'escadre anglaise elle-même doit se trouver.

Jusqu'à présent l'embarquement s'est fait avec une merveilleuse rapidité, et il convient de rendre justice au zèle et à la vigueur des coolies chinois, qui nous ont puissamment aidé en toute cette affaire; six cents d'entre eux prendront place à bord des divers bâtiments de la flotte pour opérer le débarquement du matériel sur la plage chinoise à l'endroit indiqué. Heure par heure, tous les jours sont comptés: le 20 et le 21 ont été consacrés à l'embarquement du matériel; le 23, tous les chevaux ont été conduits à bord de plusieurs bâtiments, mais le plus grand nombre a été casé à bord de la

Garonne; aujourd'hui 24, c'est le tour des troupes ; demain viendra le tour de l'état-major, des services administratifs et du général en chef du corps expéditionnaire. M. le général de Montauban veut s'embarquer le dernier pour surveiller par lui-même tous les préparatifs et l'embarquement des troupes. Depuis le commencement de la campagne, notre général en chef a été admirable d'énergie et de prévoyance, et je puis ajouter qu'il a été parfaitement secondé par tous les officiers de son état-major général.

L'ambassadeur russe à la cour de Pékin, le général Ignatieff, est arrivé à Tché-fou le 22 de ce mois. Il nous a parlé longuement de tous les travaux de défense que les Chinois ont accumulés sur les rives du Pei-ho, depuis les forts de Takou jusqu'à Tien-tsin, et des troupes nombreuses qui les défendent. Il nous a même exprimé sa crainte de nous voir échouer dans notre opération. Je vous donne très-franchement la pensée du général, mais j'ajouterai que nos braves soldats se réservent de la rectifier ; vous aurez la preuve de ce que j'avance par le premier courrier.

Dans quelques heures, toutes les troupes campées à Tché-fou seront embarquées à bord des bâtiments de l'escadre française, qui n'attend qu'un ordre du vice-amiral Charner pour cingler vers les rives du Pei-ho, où le débarquement du corps expéditionnaire franco-anglais doit avoir lieu. Je profite d'un instant de loisir pour vous adresser quelques lignes datées de la province de Chan-toung.

Je ne sais comment nous serons accueillis par les habitants de la province impériale de Tchy-li ; mais avant de quitter notre campement provisoire de Tché-fou, je me plais à reconnaître l'empressement des habitants de Yen-taï à nous venir en aide, leur politesse extrême, et leur amabilité à notre égard. Depuis mon arrivée au camp, j'ai eu de nombreuses occasions de vivre avec les Chinois, pour qui nous sommes un curieux objet d'étude; un grand nombre sont venus nous visiter, et plusieurs d'entre eux, pressés par mes instances, ont accepté de dîner sous la tente. J'avais eu le soin de faire préparer plusieurs plats à la mode du pays, et de faire servir du thé dans de grands bols. Tous nous ont prouvé que notre cuisine était de leur goût. L'un d'eux, en apprenant notre départ, m'envoya aussitôt une invitation à dîner, véritable dessin hiéroglyphique illustré sur grand carton rose ; puis, quelques heures après, il vint en personne me remercier d'avoir accepté. Je profitai de sa venue pour lui offrir plusieurs tasses de thé, qu'il absorba en fumant deux pipes bourrées de caporal, tabac que les Chinois trouvent excellent.

Le lendemain, à heure fixe, mon ami D... et moi étions exacts au rendez-vous indiqué. Vous avez sans doute entendu parler souvent de la façon dont vivent les Chinois; j'ai lu moi-même beaucoup de relations sur la Chine avant de venir en ce pays, mais je dois vous dire que depuis mon arrivée, j'ai assisté à plusieurs repas chinois, et que jamais je n'ai vu figurer les plats extraordinaires dont parlent plusieurs voyageurs, tels que nids d'hirondelles, soupe de vers de terre, vers à soie et chenilles, ragoûts de chien, de souris et de rats. Je ne prétends pas qu'on n'en mange pas, mais je n'en ai jamais vu servir ; au surplus, ces viandes ne sont peut-être pas plus mauvaises que celles qui forment la base de notre nourriture ; le rat notamment est très-goûté en Espagne et en Amérique; le frère d'un de nos avocats célèbres en France mangeait chaque jour des araignées, et je lui ai entendu dire que ces affreuses et répugnantes bêtes avaient le goût de la noisette. Les Kabyles et les Arabes de nos possessions d'Algérie ne mangent-ils pas du pain de sauterelles ?

L'habitude et l'imagination, il faut le reconnaître, jouent un grand rôle dans nos goûts et nos répulsions. Je reviens à notre dîner chinois.

Notre hôte avait tenu à nous recevoir dignement, et son dîner était somptueux ; jugez-en par ce rapide aperçu :

Le premier service était composé de pains chauds et de pâtisseries de toute espèce, de fruits frais et confits, de confitures et de sucreries montées en pagode d'une façon artistique. On nous servit ensuite des os à la moelle et des œufs de poule, de canard, de faisan, de pigeon, arrangés de diverses manières, mais presque tous pochés dans du bouillon ou de la graisse. Comme troisième service, vinrent ensuite les morceaux plus substantiels, tels que tranches de bœuf fumé, pièces de porc, de mouton et de chevreuil, faisans, poulets et canards rôtis, le tout servi dans des plats énormes de métal ou de porcelaine à ramages. Le dîner se termina par divers poissons, dont un esturgeon nageant dans une bouillie de riz, et une soupe aux légumes.

Le dîner était somptueux, comme je vous l'ai dit, mais détestable comme goût; le souvenir m'en poursuit encore. Les viandes, très-bien rôties, avaient une apparence très-appétissante, mais l'odeur d'huile de ricin ou de graisse fondue qu'elles exhalaient les rendaient impossibles pour des estomacs comme les nôtres. J'eus beau faire, jamais je ne pus avaler ces œufs de faisan ou de poule surnageant dans l'huile, et dont les Chinois m'ont paru très-gourmands.

J'étais placé près d'un certain mandarin à l'abdomen développé et aux joues tombantes sur un triple menton. Comme témoignage des sentiments de déférence qu'il professait pour ma personne, il prit sur son assiette plusieurs morceaux qu'il plaça très-adroitement sur la mienne à l'aide de petits bâtonnets en usage dans toute la Chine. Je ne suis pas dégoûté, mais j'avoue que, malgré tout mon désir de répondre à la politesse de mon vôisin tout aimable, je ne pus achever mon dîner. Pour activer une digestion difficile, je me livrai à de nombreuses libations de thé non sucré et de samchou, boisson tiède et alcoolique produite par la distillation du riz.

Dans un certain nombre de maisons, le riz, servant de pain, reste sur la table pendant toute la durée du repas. Chaque convive a devant lui une assiette, une tasse pour boire le thé et de petits bâtons qui lui servent à fouiller dans le plat commun et à manger. Sur quelques tables, on se sert de cuillers et de fourchettes, mais plutôt pour servir et découper que pour manger.

Notre hôte, ne voulant pas mettre notre adresse à l'épreuve, avait eu la prévenance de nous faire servir couteaux, cuillers et fourchettes à la mode européenne.

Après quatre heures passées à table, nous nous quittâmes les meilleurs amis du monde, avec force poignées de main.

La reconnaissance faite sur la plage chinoise dé Pei-ho par notre chef d'état-major général, M. Schmitz, accompagné de plusieurs officiers d'état-major, a révélé certaines difficultés dans le débarquement projeté.

D'un autre côté, les renseignements fournis par le général Ignatief, qui, il y a un mois environ, a traversé la partie méridionale du Pei-ho, ont démontré de sérieux obstacles à vaincre sur la rive droite de ce fleuve.

Le général tartare, qui est chargé de la défense du territoire chinois, ne s'est pas contenté de fortifier les rives du Pei-ho depuis les forts du Takou jusqu'à Tien-tsin, il a étendu la ligne de défense jusqu'au Khaï-khé, fleuve éloigné de douze kilomètres environ du Pei-ho.

Depuis l'embouchure du Khaï-khé jusqu'à la réunion de son affluent à Kitkhéa-un-khé, sur la rive droite duquel se trouve la petite ville fortifiée de Beï-tan-djin, existe une longue ligne de fortifications en terre, reliées entre elles et soutenues par des tours pyramidales, également en terre, d'une hauteur qui varie de trois à quinze mètres. Ces tours, véritables pyramides quadrangulaires, rappellent par leur bizarre construction les pagodes du pays, avec cette différence que les plates-formes, plus larges, sont disposées à recevoir des canons depuis le premier étage jusqu'au sommet. Les embrasures des canons sont dissimulées par des nattes en jonc qui sont destinées à protéger les artilleurs; ces nattes sont assez semblables à celles dont se servaient les Russes pendant le siége de Sébastopol, avec la différence que les nattes russes étaient en cordage.

Tout près de la ville de Beï-tan-djin il y a un grand dépôt d'approvisionnements et de munitions de guerre, entouré d'une muraille en terre de six mètres de hauteur, et protégé par quatre tours quadrangulaires qui forment bastions. De nombreuses meurtrières percent les murailles, dont le sommet est disposé en créneaux. Toutes ces fortifications sont couvertes de briques et de branchages superposés. Des fossés remplis d'eau serpentant de tous côtés augmentent encore la défense.

Il est donc de toute probabilité que le débarquement des troupes alliées aura lieu sur la rive gauche du Pei-ho à Pétang, situé à quatorze milles environ des forts Takou.

Les trois chaloupes canonnières en fer que *le Weser* a débarquées ont été remontées pour coopérer à l'attaque des forts ; avec les cinq autres qui sont à la mer, nous aurons donc un ensemble de huit canonnières. Les Anglais en possèdent dix-huit, mais leurs canonnières ne sont armées que d'un seul canon de 80, tandis que les nôtres ont quatre canons de 36. Quoi qu'il en soit, les unes et les autres pourront coopérer d'une manière efficace au bombardement et à la prise des forts.

Mouillage de Tché-fou, 25 juillet.

Puisque nous ne partons que demain matin, j'ai encore le temps de vous écrire quelques lignes, qui vous arriveront en même temps que ma précédente lettre, le courrier ne partant que demain après le départ du corps expéditionnaire pour Scha-lui-tien.

L'embarquement des troupes étant complétement terminé, le général en chef de Montauban est monté à bord du *Forbin* vers trois heures. La flotte française, composée de vingt-deux bâtiments, présente un magnifique spectacle. Sur le pont de chaque navire, c'est une animation étrange, qui fait pressentir d'importants événements. Je ne puis vous dire encore quelle part prendra la marine à nos opérations ; mais, en attendant, soldats et matelots sont les meilleurs amis du monde, disposés à ne se disputer que sur le champ de bataille.

L'état sanitaire de l'armée est parfait : l'odeur de la poudre a opéré des miracles sur le plus grand nombre des malades retenus à l'hôpital, où nous n'avons laissé que quelques hommes dont l'état ne permet pas de prendre la mer. La bonne et intelligente disposition du camp, les précautions hygiéniques recommandées et observées, le marché de Yen-taï, tous les jours abondamment pourvu de viandes fraîches, de bons légumes et d'excellents fruits, ont puissamment contribué à tenir nos hommes en joie et en santé. Quand l'ordre d'embarquement a été officiellement connu, toutes les escouades ont tenu à fêter dignement le départ de l'armée française sur la terre hospitalière de Chan-toung. Chaque soir, le marché de Yen-taï était littéralement dépouillé de toutes ses marchandises, qu'emportaient les nôtres en donnant des poignées de sapèques qu'ils ne prenaient pas là peine de compter.

La piastre d'argent de 5 fr. 37 c. est représentée par 1,100 sapèques, la seule monnaie de ce pays, très-commode du reste, car avec trois ou quatre sapèques, on peut payer un grand nombre d'objets. Pour le même prix, un Chinois vous fournit de l'eau fraîche toute la journée; pour trente sapèques, on a un domestique qui fait tout le service avec une vivacité et une propreté extrêmes. Vous voyez, d'après cela, que la vie matérielle n'est pas chère dans cette partie du Céleste Empire. Mais cette monnaie courante de Chine a un certain poids; or, nos soldats, qui portent sur leur dos tout leur bagage, ne se souciaient guère de se charger d'un millier de sous en cuivre: ils ont donc fait des libéralités qui n'ont pas été perdues. Il fallait voir tous les marchands chinois tendant les mains pour recevoir de nombreux sapèques, qu'ils comptaient très-scrupuleusement pour faire des chapelets de cent et mille pièces. Un grand nombre se servent de roseaux fendus et marqués par division, ce qui leur permet de savoir, sans les compter, le nombre de sapèques qu'ils reçoivent.

Pendant tout le temps de notre séjour au camp de Tché-fou, je n'ai pas entendu parler d'un vol commis par un habitant du pays. Un certain nombre de Chinois couchaient sous nos tentes et avaient toute facilité de nous dérober quelques objets qui paraissaient les intéresser. Pour ma part, je n'ai eu aucune plainte à porter contre eux, et je me plais à reconnaître que je les ai trouvés tous très-polis, bons et serviables. J'ai eu toutes les peines du monde à renvoyer deux Chinois que j'avais à mon service, et qui ne voulaient pas me quitter. Si je reviens jamais à Tché-fou, j'aurai grand plaisir à revoir mes deux domestiques, que je ramènerai en France, ainsi qu'ils me l'ont demandé.

Si le corps expéditionnaire français n'a pas fait un long séjour sur la plage de la province de Chan-toung, je puis dire qu'il y laissera d'excellents souvenirs et de nombreux regrets parmi tous les habitants de Yen-taï.

Je vous adresse les nominations qui ont été faites récemment par le général en chef de Montauban.

DANS L'ARTILLERIE.

M. Renoult a été nommé chef d'escadron.

M. Garnier passe capitaine en premier, en remplacement de M. Renoult.

M. Guérin, lieutenant, nommé capitaine, en remplacement de M. Gary décédé.

M. Fichaux, adjudant sous-officier, nommé sous-lieutenant.

M. Sireau, maréchal des logis en premier, nommé sous-lieutenant.

101e DE LIGNE.

M. Freydemberg, sous-lieutenant, a été nommé lieutenant en remplacement de M. Drieu, décédé.

M. Bassaget, adjudant a été nommé sous-lieutenant en remplacement de M. Freydemberg.

BATAILLON DE CHASSEURS.

M. Fernari, adjudant, a été nommé sous-lieutenant.

J'aurai, sans aucun doute, beaucoup à vous dire dans ma prochaine lettre et me réserve de vous écrire longuement.

CHAPITRE XI

Pé-tang. — Débarquement des troupes. — Prise de la ville et des forts. — Fuite des habitants. — Fuite des coolies engagés dans l'armée alliée. — Premier engagement du corps expéditionnaire avec les troupes tartares. — Enlèvement du camp retranché situé sur la chaussée de Sing-ho. — Prise du village le 12 août. — Topographie du pays. — Prise du camp retranché et du village de Thang-kou, le 14 août. — Anniversaire de la fête de l'empereur Napoléon. — Cérémonie religieuse et fête militaire dans le camp français.

Pé-tang, 8 août.

Je vous ai dit, je crois, que toute la flotte française, ayant à bord le corps expéditionnaire, devait appareiller le 25 juillet. Après trois jours de navigation en escadre, toute la flotte jetait l'ancre à dix milles environ des forts du Pei-ho qu'on apercevait très-distinctement. L'embouchure de la rivière du Pei-ho, étant parfaitement fortifiée, et l'approche des côtes étant presque impraticable par une barre de sable qui s'étend à près de sept milles en mer, les amiraux avaient décidé que le débarquement des troupes auraient lieu à 40 kilomètres au nord de la rive gauche, à l'embouchure du Pé-tang, où les chaloupes ainsi que les jonques capturées dans le golfe, pourraient plus facilement approcher des côtes.

L'escadre anglaise avait quitté le mouillage de Taien-houan le 25 juillet, et devait nous rejoindre en mer.

Le 31 juillet, les deux escadres, composées de plus de deux cents navires, étaient réunies au lieu du rendez-vous. L'agglomération de tous ces bâtiments de guerre, des transports, des vapeurs et canonnières, sillonnant le mouillage en tous les sens, présentait le plus imposant aspect que j'aie jamais vu.

Le jour même, à trois heures du soir, l'amiral Charner et l'amiral Hope donnaient l'ordre de faire débarquer le bataillon de chasseurs et les riflemen anglais avec six jours de vivres. Mais ce jour-là, la mer étant trop houleuse, l'ordre fut modifié et *l'affaire* remise au lendemain.

C'est le 1er août qu'a eu lieu le débarquement des premières troupes. Deux colonnes de mille hommes devaient aborder en même temps sur deux points différents, mais peu distants : la première était composée de 750 hommes du 2e chasseurs et de 250 hommes du 101e régiment de ligne ; la deuxième était composée entièrement des riflemen.

Ces deux colonnes devaient être remorquées et protégées par des canonnières. Le départ de ces deux colonnes eut lieu à onze heures, et, vers midi, on arriva en vue des forts de Pé-tang, qui défendent l'embouchure de la rivière. La marée étant basse, les chaloupes ne pouvaient avancer. Deux partis restaient à prendre : attendre la marée montante qui devait nous rapprocher du rivage, ou bien se mettre à l'eau et atteindre ainsi le rivage.

Les généraux français et anglais devinèrent l'impatience générale et donnèrent l'exemple en entrant les premiers dans l'eau. Ce fut un spectacle étrange que celui de ces deux colonnes mobiles, se jetant à l'eau avec armes et bagages pour arriver plus vite sur la terre ennemie. Or, la distance était de plus de six kilomètres, et quelquefois nous avions de l'eau jusqu'à la poitrine. Enfin, après une heure et demie de marche pénible, la colonne française, en tête de laquelle marchaient toujours le général de Montauban, le général Jamin et le colonel Schmitz, arriva sur la terre ferme aux cris de : Vive la France! Vive l'Empereur! Vive les Anglais!

De leur côté, les Anglais, ayant à leur tête le général Grant, arrivèrent en ordre admirable en criant : Vivent les Français.

Dans cette expédition aquatique un grand nombre laissèrent leurs souliers dans la vase; quelques-uns, prévoyant sans doute un tel résultat avaient eu la précaution de se déchausser et de se pendre au cou leurs chaussures ainsi que leurs cartouches, préalablement enveloppées de leurs mouchoirs.

Le débarquement ne fut troublé ni par les forts, qui restèrent silencieux, ni par les troupes chinoises qui, à notre arrivée, prirent la fuite. On remit au lendemain pour attaquer la ville, mais on dut songer à prendre position en attendant pour passer la nuit. Pendant que la colonne française prenait position sur une chaussée entourée de marécage de tous côtés, le brave Dupin, colonel d'état-major, à la tête de quelques soldats du 2e chasseurs, s'emparait d'une tête de pont, excellente position d'extrême avant-garde, et, laissant à cet endroit une partie de sa petite troupe, s'élançait dans la ville avec quatre chasseurs et huit riflemen. Quelques habitants vinrent demander la vie sauve en se mettant à genoux; ils ajoutèrent que l'armée chinoise avait disparu abandonnant les forts. Le colonel Dupin, auquel étaient venus se joindre le général Jamin, le capitaine d'état-major Laveuve, les capitaines Blouet, Lafougue et Étienne du 2e chasseurs, le colonel Folley, commissaire anglais attaché à l'état-major général français, et quatre officiers anglais, sans perdre de temps, se dirigea vers l'un des forts, au sommet duquel il planta les pavillons de France et d'Angleterre.

Le lendemain la colonne anglo-française faisait son entrée dans la ville de Pé-tang, et la marine s'occupait activement du débarquement des troupes, du matériel, des munitions et des chevaux. Depuis hier, le débarquement est terminé, et dès aujourd'hui nous pourrions commencer nos opérations. Cette heureuse entrée en campagne ne nous a coûté aucun effort, si ce n'est quelques blessés atteints dans diverses escarmouches par des cavaliers tartares.

Le 3 au matin, la 2e brigade, composée du 102e de ligne, de l'infanterie de marine et d'une batterie de campagné sous le commandement du général Collineau, a eu la chance d'avoir un petit engagement qui a duré deux heures, et qui a été terminé par la fuite des Chinois.

La ville de Pé-tang, il y a quelques jours à peine, habitée par plus de vingt mille habitants, est aujourd'hui presque déserte. Un grand nombre de Chinois se sont enfuis abandonnant leurs femmes et leurs enfants ; quelques-uns les ont fait périr en les précipitant dans des jarres pleines d'eau ou en les égorgeant, puis se sont ouvert le ventre. Plusieurs femmes, pour éviter à leur mari l'initiative de semblables sacrifices s'étaient suicidées : l'une d'elles avait eu le courage de se couper la gorge avec un morceau de porcelaine.

A notre arrivée dans Pé-tang, un certain nombre de coolies chinois, embarqués de Shang-haï pour le service des transports, se sont répandus dans la ville pour saccager et piller, puis ils ont pris la fuite vers l'intérieur du pays.

La ville est occupée militairement; l'ordre le plus parfait a succédé à l'agitation du premier jour. Déjà quelques Chinois moins craintifs reviennent, notre prochain départ les ramènera tout à fait.

Je vous ai dit plus haut que l'entrée de la ville, par la rivière, était défendue par trois forts : celui du Nord, situé sur la rive gauche, mérite seul qu'on en parle. C'est un grand parallélogramme régulier dont les murailles sont percées de meurtrières et couronnées de créneaux et d'embrasures pour les fusils de rempart et les canons. Une petite tourelle élevée, terminée par une plate-forme d'où on domine la rade et la ville, se dresse au milieu du fort. Du côté de la mer, cette forteresse est protégée par une vase liquide et profonde que le reflux vient couvrir à heures fixes; du côté de la ville, les murailles sont baignées par les eaux de la rivière, qui viennent se déverser dans de larges fossés. Du reste, pas de bastions, d'ouvrages avancés, de revêtements ni flanquements. On aurait pu, je crois, de défendre Pé-tang au moyen de quelques ouvrages faciles à ajouter. L'armée chinoise aurait pu tenter avec succès de s'opposer au débarquement des alliées et nous faire éprouver des pertes sensibles; mais en abandonnant Pé-tang, ils n'ont eu d'autre idée, je crois, que de masser toutes leurs troupes et leurs engins de guerre pour nous opposer une résistance plus complète.

Les forts de Pé-tang étaient garnis du côté de la mer de canons en bois, pour faire croire de loin à de formidables préparatifs de défense; et du côté de la ville, ce qui était plus sérieux, de trois batteries de bombes disposées quatre par quatre, de telle façon que l'armée alliée, en voulant forcer l'entrée de ces forts, devait, par le moindre contact, faire éclater ces engins destructeurs. Heureusement que les précautions prises par ordre des généraux en chef firent échouer les projets ennemis.

Les cavaliers chinois que la deuxième brigade, commandée par le général Collineau, a eu à combattre dans la journée du 3 août, rappellent un peu les goums arabes, moins l'audace individuelle. Presque tous appartiennent à la race tartare: ils paraissent très-habiles cavaliers et ne manquent pas d'une certaine fermeté. Ils sont, d'après ce que nous avons vu, chargés du service des avant-postes, qu'ils font d'une manière très-attentive. Tous sont armés de lances à l'extrémité desquelles flottent de petits drapeaux dont ils se servent en guise de signaux; et personne ne peut sortir de Pé-tang sans qu'aussitôt ils n'agitent leurs couleurs. En outre de leurs lances, ces cavaliers d'avant-postes sont armés d'arcs, de flèches et de fusils.

Un camp retranché d'une certaine étendue, situé à huit kilomètres de Pé-tang et à douze cents mètres environ du point de jonction de la chaussée qui conduit de cette ville à Tien-tsin d'une part, et de l'autre aux forts du Pei-ho, semble défendre l'approche du fleuve. Il est, dit-on, occupé par trente mille soldats d'infanterie commandés par le général en chef en personne.

L'occupation de ce camp retranché par les alliés est d'autant plus nécessaire que le séjour de Pé-tang offre de sérieuses difficultés pour la fourniture de l'eau potable aux hommes et à la cavalerie. L'état sanitaire du corps expéditionnaire pourrait souffrir d'un séjour trop prolongé dans une ville inondée et malsaine; enfin nous sommes venus dans le nord pour aller à Pé-kin; chaque jour de retard augmente l'impatience des troupes de terre et de la marine.

Pour éviter toute contestation et donner satisfaction aux deux corps de l'armée alliée, les généraux en chef ont décidé que la colonne d'avant-garde ou d'attaque serait, pendant tout le cours de la campagne, fournie par les Français ou Anglais alternativement.

Camp de Sing-ho, 15 août 1860.

J'ai hâte de vous dire en quelques mots les résultats immenses obtenus en quelques jours sur les rives du Pei-ho par le corps expéditionnaire franco-anglais ; je ne puis mieux résumer l'affaire qu'en appliquant ici la dépêche télégraphique, si laconique mais si saisissante de l'empereur, écrivant le soir de la bataille de Magenta ces mots qui ont fait le tour du monde : Grande bataille ! grande victoire !

En effet, nous nous sommes emparés des forts de Takou, défendus par une formidable artillerie ; de deux camps retranchés, défendus par une armée nombreuse que nous avons mise en déroute ; par suite, enfin, nous sommes maîtres de tout le pays jusqu'à Tien-tsin. Cette victoire nous ouvre le chemin de la capitale du Céleste Empire où les généraux, amiraux et ambassadeurs français et anglais se rendent pour dicter les conditions de la paix.

Mais procédons par ordre, et commençons par quitter cet affreux Pé-tang, où l'on enfonce dans la boue jusqu'aux genoux.

Le 12 août, au point du jour, l'armée alliée, précédée d'une colonne d'avant-garde commandée par le général anglais Stavolay, se mit en marche dans la direction du sud en suivant la chaussée qui conduit à Tien-tsin et aux forts Takou. Arrivée au point de bifurcation de la chaussée, l'armée alliée se divisa en deux corps : le 1er, composé de la 1re division d'infanterie anglaise, de tout le corps français et de toute la cavalerie, se porta sur la droite ; le 2e, composé de la 2e division d'infanterie anglaise, tenait la gauche.

A neuf heures du matin, la cavalerie tartare, campée dans un camp assez vaste posté en avant du village de Sing-ho, sortit de ses retranchements et se précipita avec impétuosité sur nos bataillons, avec l'intention marquée de couper l'aile droite de l'armée alliée pour la séparer complétement, et la jeter des deux côtés dans des terrains marécageux. Accueillie par un feu très-vif et précis de l'artillerie alliée, la cavalerie chinoise ne put tenir longtemps et s'enfuit en désordre, laissant sur le terrain quatre cents tués et blessés. Pendant que la cavalerie anglaise, représentée par les dragons de la garde royale et les sicks, poursuivait les cavaliers tartares, les chasseurs français et les carabiniers d'Enfield faisaient des prodiges de précision de tir à plus de quinze cents mètres.

Dans cette affaire, les pertes de l'armée alliée ont été insignifiantes.

La marche des deux corps d'armée avait été longue et pénible, la plaine étant couverte d'eau et de vase, dans laquelle on entrait profondément. Quand nos braves soldats arrivèrent aux retranchements, l'ennemi avait complétement disparu, laissant en notre pouvoir un grand nombre de tentes encore debout. Le village de Sing-ho fut bientôt envahi de toutes parts par l'armée alliée, qui fit main basse sur une grande quantité de poules, de mulets, de cochons; on trouva également des provisions de riz et des approvisionnements de fourrage assez considérables. Mais ce qui valait mieux que tout cela, c'était de l'eau potable dont on trouva des jarres pleines dans toutes les maisons.

Le village de Sing-ho, composé de petites maisons bâties en torchis, est entouré de grands et superbes jardins où l'on cultive tous les fruits et légumes que nous avons en France.

Pendant que l'infanterie anglaise campait dans le camp retranché, le corps français bivouaquait dans la grande plaine humide, à droite et à gauche de la chaussée qui conduit de Pé-tang à Sing-ho; la cavalerie anglaise était massée au nord du village, entre les jardins et un petit camp tartare.

La grande chaussée que nous avions parcourue de Pé-tang à Sing-ho, forme l'un des côtés d'un triangle assez parfait dont Pé-tang, les forts Takou et le village de Sing-ho sont les angles. La vaste plaine, formée par ce triangle, est couverte, à marée basse, d'eau de mer qui en se retirant laisse une couche de vase et de boue, que le soleil le plus ardent a grand'-peine à sécher. Çà et là, dans les parties élevées que l'eau n'atteint pas, s'élèvent de petits tumulus. J'entre dans ces détails pour vous bien faire comprendre la couleur locale du pays, la position topographique et les difficultés de terrain que l'armée alliée a eu à surmonter.

La journée du 13 fut employée à reconnaître les approches de Thang-kou, village fortifié, sur la route de Sing-ho aux forts Takou, ayant un mur crénelé de sept mètres de hauteur sur une étendue de près de deux kilomètres, et défendu par un nombreux corps d'armée, quarante bouches à feu et un grand nombre de jonques de guerre qui sillonnent les eaux du Pei-ho. Cette reconnaissance, opérée par une compagnie de chasseurs et les marins de débarquement, fut accueillie à coups de canon tirés de la rive droite du fleuve.

Le 14 août, à quatre heures du matin, le corps expéditionnaire quittait son campement, et à six heures arrivait à proximité du camp de Thang-kou. L'avant-garde française composée de deux compagnies de chasseurs, une compagnie de marins, une compagnie du génie et une escouade de coolies, porteurs d'une vingtaine d'échelles, ouvrait la marche, en suivant la rive gauche de la rivière, et ayant à sa droite les Anglais et à sa gauche deux bataillons d'infanterie et une batterie d'artillerie.

Immédiatement, l'ennemi, monté sur des jonques adossées à un village groupé sur la rive droite du fleuve, ouvrait son feu dans l'espérance de rendre impossible, par des feux de flanc bien nourris, notre mouvement en avant sur Thang-kou.

Quatre pièces de notre artillerie rayée vinrent appuyer l'artillerie Armstrong des Anglais, et, en moins d'une demi-heure, les batteries des jonques étaient réduites au silence.

Malgré de nombreux accidents de terrain rendant la marche très-difficile, la colonne française avançait au pas de course. La première brigade française, commandée par le général Jamin, se dirigeait vers le centre du camp ; la deuxième brigade française commandée par le général Collineau, en arrière et à droite, devait appuyer l'attaque générale de l'armée alliée.

A sept heures et demi, notre artillerie, portée à mille mètres, ouvrit le feu sur le fort Thang-kou. L'ennemi répondit aussitôt par d'effroyables volées d'artillerie qui, heureusement firent plus de bruit que de mal; les boulets chinois, mal dirigés, passaient par-dessus nos batteries et venaient tomber entre l'état-major, distant de cinq cents mètres, et nos troupes d'infanterie qui, à deux cents mètres plus loin, attendaient l'arme au bras le signal de l'attaque.

A notre droite, les Anglais, adossés à la rivière, maintenaient l'armée chinoise qui cherchait à nous prendre en écharpe pendant que nous opérions sur la rive gauche, et l'accablait de fusées qui mirent le plus grand désordre dans les rangs ennemis.

Le feu de l'artillerie continua de part et d'autre jusqu'à neuf heures. Bientôt, le tir des Chinois devint plus lent, notre artillerie profita du ralentissement de leur feu pour se porter en avant jusqu'à quatre cents et trois cents mètres, et redoubla d'énergie; en peu d'instants, le feu de l'ennemi fut complétement éteint. Alors les tirailleurs, formés par deux compagnies de chasseurs, à la tête desquels s'était placé résolûment notre brave chef d'état-major général, le lieutenant-colonel Schmitz, s'élancent au pas de course malgré un feu de mousqueterie incessant et une grêle de flèches lancées de toutes parts, et franchissent rapidement l'espace qui les sépare du fort. La colonne des tirailleurs est brusquement arrêtée par un large fossé rempli d'eau et de vase; mais cet arrêt ne dure qu'une minute, et tout le monde, sans attendre les échelles qui arrivent portées par les coolies, se précipite pêle-mêle dans l'eau, franchit une berge perpendiculaire élevée, et s'accroche des pieds et des mains à toutes les aspérités de la muraille; c'est à qui arrivera le premier. Quelques instants après, le drapeau tricolore, planté par le lieutenant-colonel Schmitz, arrivé le premier au faîte des remparts, flottait sur la forteresse chinoise. Aux cris de *vive l'empereur !* poussés par notre chef d'état-major général et la brave petite troupe qui l'accompagne, l'armée toute frémissante répondit par le même cri, en s'élançant vers la redoute. Presque au même moment le drapeau anglais flottait à l'angle gauche du camp retranché. La division anglaise précédée du 1er Royal-Anglais et du 60e des tirailleurs, pénétrait dans le fort comme nous en enfoncions les portes. Les Chinois, saisis d'une panique soudaine, fuient de toutes parts, laissant plus de cinq cents morts sur le terrain, et abandonnant un grand nombre de canons, drapeaux et munitions.

Bientôt le pont volant, reliant la terre ferme au fort, fut rétabli, ce qui permit à toute l'armée alliée de prendre position et de poursuivre sa marche vers les forts points sérieusement fortifiés.

Pendant que l'armée alliée prenait position au centre, l'ennemi cherchait à tourner notre position à gauche et à nous mitrailler par de nombreuses décharges d'artillerie ; mais leur feu fut promptement éteint.

Il était alors une heure de l'après-midi : la chaleur était accablante. Les troupes devaient être fatiguées, mais il y avait une telle animation, une si grande confiance dans le succès que tout le monde voulait aller en avant pour compléter la victoire. Cependant il n'en fut rien; et sur les observations fermement présentées par le général Grant qui prétendit que ses troupes étaient fatiguées n'ayant pas mangé, le général de Montauban donna contre ordre à l'artillerie française qui déjà s'était portée, sur son ordre, vers le fleuve pour l'attaque des forts, et qui dut revenir. Ce brusque mouvement de retraite au milieu de la victoire fut une faute grave qui retarda de quelques jours la prise des forts du Pei-ho et augmenta le chiffre des victimes; il fallait poursuivre avec acharnement l'ennemi, qui, démoralisé, s'enfuyait de toutes parts, il fallait profiter de la victoire et marcher en avant sans laisser au général tartare le temps de réorganiser son armée. Une marche hardie, rapide, eût amené infailliblement la reddition immédiate des forts. C'était du reste l'avis de tout le corps d'état-major français qui frémissait d'impatience, c'était la volonté du général de Montauban ; mais devant l'observation du général Grant, il fallut modifier le plan de bataille et attendre que nos alliés, dont je n'attaque nullement la bravoure, fussent reposés.

Il fut convenu que les opérations seraient momentanément suspendues. L'armée anglaise qui, à son tour, devait marcher la première, prit la garde du camp retranché, et le corps français revint prendre position au camp de Sing-ho. Il était alors cinq heures du soir.

Le même jour, on détruisit les ouvrages en terre élevés entre Sing-ho et les forts Takou, et on mit le feu à un grand nombre de jonques mouillées dans des canaux intérieurs.

Le village de Tang-kou, compris dans le camp retranché, est un misérable ramassis de petites maisons bâties en torchis, au milieu desquelles il était facile de reconnaître la maison du mandarin à la potence énorme qui en décorait l'entrée. Ce village, dont la base s'appuie à la rivière, s'étend jusqu'au milieu du camp retranché. Entre les deux portes attaquées et prises par les Français et les Anglais, s'élève une caserne.

Dans la partie nord qui n'a pas été attaquée, sont groupées quatre autres casernes au milieu desquelles s'élève un observatoire. C'est dans cette partie du camp retranché, que la razzia a été la plus belle; on y a trouvé plus de six cents tentes de toile blanche, des chevaux, des mulets, des armes de toute espèce et de nombreux barils de poudre.

Dans l'après-midi du 14, un drapeau parlementaire arriva avec des lettres pour le baron Gros et lord Elgin, de la part de Hang-fou, gouverneur de la province. Quelques instants après, arriva au quartier général un envoyé des habitants de Tang-kou et de Takou, suppliant les généraux de mettre fin à la guerre. Vous devinez facilement la réponse qui fut faite.

Le lendemain matin, le général de Montauban écrivit au lieutenant-colonel Schmitz, chef d'état-major général qui, accablé de fatigue et gravement indisposé, s'était fait transporter à Pé-tang, pour le complimenter de sa brillante conduite et lui annoncer sa nomination de colonel. Cette nouvelle a été accueillie avec enthousiasme par toute l'armée; elle n'est pas seulement la récompense d'un brillant fait d'armes, mais d'une longue suite de services non interrompus pendant toute la durée de l'expédition. Quelques jours avant l'attaque de la redoute de Tang-kou, le colonel Schmitz était malade et alité, et nous pensions tous qu'il ne pourrait pas bouger. L'étonnement général a été grand quand, le 14, on l'a vu arriver au quartier général pouvant à peine se tenir sur son cheval. L'odeur de la poudre avait opéré un miracle, et, une fois de plus, notre brave chef d'état-major général s'est montré à la hauteur de la position importante à laquelle l'a appelé la confiance de l'empereur.

En tête de l'ordre du jour présenté ce matin à l'armée, figure le colonel Schmitz avec une mention toute particulière.

DANS L'ÉTAT-MAJOR GÉNÉRAL

Les capitaines Chanoine et Guerrier.

DANS L'ARTILLERIE

Le colonel de Bentzman, commandant en chef l'artillerie du corps expéditionnaire.

Le colonel Foulon de Grandchamps.

Les chefs d'escadron de Laportalière, Crouzat, Schnéegans.

Les capitaines de Blairville, Coatpont et Marie, qui ont dirigé et commandé les batteries qui ont éteint le feu de l'ennemi.

DANS LE CORPS DE DÉBARQUEMENT DE LA MARINE

Le capitaine de frégate Jaureguiberry, commandant le corps.

Betzer et Dugues, quartiers-maîtres de *la Némésis.*

Dubreuil et Lepage, matelots de *la Némésis.*

Adam, Gourris, Mariette, matelots de *la Vengeance.*

Fouchiraud, quartier-maître de *la Renommée.*

Olivier, matelot de *la Renommée.*

DANS LE GÉNIE

Klam, caporal.

Leclerc, sergent.

Lévy, maître ouvrier.

DANS LE 102e RÉGIMENT DE LIGNE

Le sous-lieutenant Devaux, commandant le détachement des coolies porteurs d'échelles.

DANS LE 2e BATAILLON DE CHASSEURS

Les capitaines Étienne, de Paillot.
Les lieutenants Raissac, de Roquefeuil.
Les sous-lieutenants des Garets, Bourguignon.
Le sergent-major Gée.
Le sergent Lainé.
Les chasseurs Torny, Drouard, Delaye.

DANS LE 3e RÉGIMENT D'INFANTERIE DE MARINE

Le chef de bataillon Domenech-Diégo.
Le capitaine Renaud.
Le sergent-major Carreau.
Les fusiliers Castet, Chouart, Fontenas.

Ce matin, à six heures, le canon français, auquel l'artillerie anglaise a immédiatement répondu, annonçait la fête de l'empereur. Nous ne pouvions mieux la célébrer que par la victoire de la veille. Ce fut une double fête dont nous conserverons longtemps le souvenir.

Au milieu du camp on avait élevé un autel orné de feuillage. A neuf heures, toutes les troupes formées en carrés, les officiers au centre, assistaient à la célébration de l'office divin, pendant lequel se sont fait entendre alternativement des chœurs parfaitement organisés, et les musiques de nos divers régiments.

Les Anglais, qui professent leur culte religieux avec une extrême régularité, ont paru frappés du recueillement de nos troupes. C'était en effet un émouvant spectacle de voir notre corps expéditionnaire, encore accablé des fatigues de la veille et noirci de poudre, réuni autour d'un autel en plein air pour remercier Dieu du succès de nos armes, et prier pour la conservation des jours de l'empereur.

Après la messe, on fit des distributions extraordinaires à toutes les troupes; on organisa des courses à pied et à cheval qui eurent lieu avec un ordre parfait et un entrain extraordinaire. Une dernière salve d'artillerie nous annonce la fin de la fête de l'empereur. Demain, peut-être, recevrons-nous l'ordre d'enlever les forts de la rivière du Pei-ho : quelle que soit l'énergie de la défense, je vous réponds du succès.

Fort de Takou, 26 août.

Je reprends à la hâte mon journal des opérations militaires. Les événements se succèdent avec une telle rapidité que j'ai toutes les peines du monde à les enregistrer succinctement.

Les journées des 16 et 18 août furent employées par les brigades, successivement envoyées à Pé-tang, à chercher six jours de vivres.

Le 18, pendant que les marins fusiliers et les pontonniers s'occupaient à construire un pont de bateau pour relier les deux rives du Pei-ho à la hauteur de Sing-ho, un corps nombreux de fantassins chinois appuyés par des cavaliers tartares se précipita pour les enlever. Les marins et pontonniers se battirent bravement, mais sans pouvoir parvenir à mettre l'ennemi en fuite. Fort heureusement un cavalier sick était venu au galop prévenir le général de Montauban, qui fit aussitôt partir le 2e bataillon de chasseurs. Les deux premières compagnies se servirent des joncques disponibles pour traverser le fleuve, et, à peine débarqués sur la rive droite se déployèrent en tirailleurs pour dégager marins et pontonniers. Pendant ce temps, les autres compagnies poussaient à l'eau les jonques échouées sur le rivage et bientôt après prenaient part au combat. L'ennemi, à l'abri dans un terrain entrecoupé de petits canaux et planté de vignes et d'arbres fruitiers, avait un grand avantage. Il fallut le chasser pied à pied ; mais arrivés aux dernières limites des jardins ils prirent la fuite en désordre, dans la grande plaine comprise entre le fleuve et le bourg fortifié de Si-kou.

On recueillit en cette affaire vingt canons abandonnés par l'ennemi sur le champ de bataille et deux batteries établies sur la rive droite du fleuve, près d'un petit village dans lequel le 2e bataillon resta campé, pendant que les marins rentraient au camp de Sing-ho.

Pendant la nuit qui suivit on aperçut de grandes lueurs d'incendie accompagnées de fortes détonations. C'étaient les Chinois qui, évacuant la rive droite pour s'installer dans les forts en pierre situés à l'embouchure du fleuve, faisaient sauter leurs poudrières et brûlaient leurs fourrages. Au même moment des fusées lancées par les marins fusiliers nous annonçaient que les pontonniers avaient passé sur la rive droite et qu'ils travaillaient à construire un pont de bateau. Les chasseurs et un bataillon du 101e reçurent ordre de garder ce pont, pendant que la 2e brigade, sous les ordres du général Collineau venait s'installer, le 20, au camp des Anglais à Tang-kou.

Les opérations, momentanément suspendues, avaient été reprises avec vigueur pendant les journées des 19 et 20 ; et, il faut le reconnaître, toutes les positions occupées sur les deux rives du Pei-ho par l'armée chinoise, furent courageusement défendues et longtemps disputées. Sur la rive droite surtout, l'ennemi, sentant toute l'importance de la position, se battit en désespéré, et ce ne fut qu'après un combat qui dura plus de trois heures qu'il se retira en désordre. Pendant ce temps, le génie travaillait activement pour relier les deux rives par un pont, et faciliter ainsi les communications entre les diverses brigades de l'armée alliée.

Dans la journée du 20, le colonel Pouget, sur l'ordre du général Jamin, se mit à la tête d'une compagnie du génie, de deux compagnies d'artillerie, de deux compagnies de marins et de cinq compagnies du 101e de ligne, pour faire une reconnaissance du côté du fort de Si-kou, dont on approcha à mille ou douze cents mètres. Pendant tout le jour et toute la nuit, le fort ne cessa de lancer une grêle de fusées pour éclairer les abords et éviter une surprise.

Dans la matinée, M. Parkes, accompagné de quelques officiers d'état-major, se rendit à cheval au fort du nord, porteur d'une sommation d'avoir à se rendre. Le général chinois, commandant le fort, somma les étrangers de se retirer immédiatement, en ajoutant que s'ils voulaient les forts, ils vinssent les prendre.

Le 20 au soir, le général Collineau reçut ordre de se porter le lendemain matin sur la rive gauche avec toute sa brigade, une grande partie de notre artillerie et toute la 2e division anglaise, commandée par sir Napier, pour enlever les forts situés de ce côté du Pei-ho, pendant que la 1re division anglaise, appuyée de la 1re brigade française menacerait les forts du sud.

Le 21 août, dès quatre heures du matin, le corps de l'armée alliée se mit en marche. Une partie de l'artillerie de siége vint ouvrir le feu contre un des forts du nord, pendant que l'autre partie ripostait à un second fort qui cherchait à battre en écharpe les troupes alliées. Depuis cinq heures du matin jusqu'à huit, le feu de l'ennemi fut incessant, ce fut une grêle de projectiles auxquels on répondit vivement. Bientôt plusieurs poudrières sautèrent dans les deux forts et le feu de l'artillerie chinoise devient plus lent. Le général Collineau profita de ce ralentissement pour commander l'assaut. Les colonnes d'attaque se portèrent en avant aussi vite que possible pour éviter la grosse artillerie, et eurent le bonheur d'arriver près des forts sans une grande perte d'hommes; arrivés à portée de fusil, les premières compagnies furent accueillies par plusieurs décharges successives de mousqueterie qui, sans occasionner de désordre dans les rangs, vint y semer la mort. Il fallait traverser deux fossés profonds remplis d'eau, franchir une palissade formée de pointes de bamboux, et escalader une muraille élevée. Pendant que nos braves soldats franchissaient tous ces obstacles, l'ennemi cherchait à les arrêter en leur lançant des boulets, des pierres, des flèches, des piques, tout ce qu'il trouvait sous la main; les uns cherchaient à repousser les échelles, d'autres se précipitaient sur les nôtres pour les combattre corps à corps. Ce fut pendant une heure une effroyable mêlée dans laquelle les Chinois finirent par succomber, tout en se battant en désespérés. La mort de leur général, parent du général en chef Sang-ko-lin-sin, les démoralisa complétement; alors ce fut un sauve qui peut général qui entraîna la déroute complète de l'armée chinoise et la prise successive des deux forts du nord.

Dans cette brillante affaire du 21 août, si la défense a été désespérée, rien n'a pu surpasser l'énergie de l'attaque pendant laquelle, Français et Anglais, ont, pendant plusieurs heures, rivalisé d'audace. Parmi les plus braves, je crois pouvoir vous citer M. Duchayla, engagé volontaire, qui eut le bonheur d'arriver le premier sur le parapet au cri de *vive l'empereur!...* Pendant quelque temps, il y resta seul déchargeant sur l'ennemi les fusils qu'on lui passait. Malheureusement cet intrépide sous-officier, le petit-fils de Blanquet Duchayla, a été tué en escaladant le parapet; atteint de trois balles à la cheville, à la cuisse et au ventre, d'un coup de lance à la clavicule gauche, il a pourtant combattu encore, ayant la bouche fendue d'une oreille à l'autre par un coup de sabre; puis, après avoir tué les deux Chinois qui l'avaient blessé, il est tombé expirant sur leurs corps. Ce pauvre garçon, maréchal des logis de dragons, était digne du nom qu'il portait. Dans cette affaire, nous avons perdu 150 hommes, dont un officier tué, le capitaine Perrier du 102e de ligne, et un certain nombre d'officiers blessés, parmi lesquels le capitaine Beauvet et le lieutenant Gangloff dans le génie.

Si le génie, l'artillerie, le 102e de ligne, l'infanterie de marine ont vaillamment combattu dans la journée du 21, nous ne pouvons oublier de citer les compagnies de débarquement composées de fusiliers-marins, qui ont pris une part brillante dans l'attaque des forts. Pendant longtemps ces compagnies ont soutenu seules l'effort d'une nuée de Tartares qui espéraient les envelopper et les détruire.

Nous devons surtout mentionner la part active prise par la marine depuis le commencement de la journée jusqu'à dix heures du matin. Je n'hésite pas à dire que la reddition des forts est due en grande partie aux projectiles creux lancés avec une admirable précision par les chaloupes numérotées, et qui ont incendié les magasins à poudre, tué un grand nombre d'ennemis et jeté le désordre partout.

Dans l'armée anglaise, les premiers officiers arrivés sur les murailles du fort sont les lieutenants Rogers et Burslem, l'enseigne Chaplain, le colonel Mann et le major Anson. Le général sir Robert Napier a échappé miraculeusement à la mort. Au plus fort du combat, une balle est venue briser son lorgnon qu'il tenait à la main.

A dix heures du matin, le feu avait cessé complétement, et des drapeaux blancs étaient hissés sur tous les ouvrages ennemis. Des parlementaires se présentèrent au fort du nord qui avait été enlevé d'assaut, pour demander une suspension d'armes. Les généraux de Montauban et Grant, qui étaient survenus, répondirent que, si à deux heures la reddition n'était pas complète, on recommencerait les hostilités.

A deux heures, le général Collineau, à la tête de troupes fraîches, s'avança vers le second fort du nord où il ne trouva aucune résistance, mais une formidable artillerie et une garnison de trois mille hommes qui mit bas les armes.

De nouveaux pavillons étant agités sur la rive gauche, le commandant Campenon et le capitaine Cools d'une part ; M. Parkes, M. Loch et le major anglais Sarel d'autre part, traversèrent le fleuve pour aller sommer le vice-roi Hang-fou d'abandonner immédiatement toutes les positions fortifiées du Pei-ho.

Ce ne fut qu'à huit heures du soir, après une conférence de plusieurs heures, pendant laquelle M. Parkes montra la plus grande fermeté, que le vice-roi Hang-fou consentit à faire l'abandon des rives du Pei-ho et de tous les forts le défendant.

La journée du 21 pouvait compter parmi les plus importantes. Nous restions maîtres de deux camps retranchés, de cinq forts pris ou abandonnés, de cinq cents bouches à feu de gros calibres, de munitions de guerre et d'une quantité d'armes de toute sorte.

En tête de l'ordre du jour publié au corps expéditionnaire par le général de Montauban, au sujet du combat du 21 août, figure le général Collineau, qui, pendant toute l'attaque, a fait preuve d'un sang-froid, d'une habileté et d'une énergie remarquables.

DANS L'ÉTAT-MAJOR GÉNÉRAL.

Le lieutenant-colonel Dupin.
Le chef d'escadron Campenon.
Les capitaines Foerster, de Cools et Lesergent.
D'Hendecourt, aide de camp du général Collineau.

DANS LE GÉNIE.

Les capitaines Beziat, Galimard et Bovet.
Le lieutenant Gangloff.
Les sergents Chauvin et Chalin.
Le sergent-major Leclerc.
Les sapeurs Deglave et Lawendowski.
Le docteur Guérin, attaché au génie.

DANS L'ARTILLERIE.

Le colonel Foulon Grandchamp, commandant l'artillerie, dans la journée du 21.
Le chef-d'escadron Taillefer de Laportalière.
Les capitaines de Brives et Martimor.
Les lieutenants de Sazilly et Rossignon.
L'adjudant Garelly.
Les maréchaux de logis Maratray et Chauvat.

DANS LE 102e DE LIGNE.

Le colonel O'Malley.
Les capitaines Canel et Gomichon.
Les sous-lieutenants Houlès, Méry et Balme.
Le sergent Gibon.
Les caporaux Poucet et Demay.
Le tambour Fachard.
Le sergent-major Labalme.
Les fusiliers Mailly et Loni.
Le caporal Fourcade.
Le sergent-fourrier Mathieu.
Le fusilier Jublot.
Le caporal Sapia (2e chasseurs à pied).

DANS L'INFANTERIE DE MARINE.

Le colonel de Vassoigne.
Le commandant Testard.
Le capitaine Devau.
Le sous-lieutenant Campi.
Le sergent-major Chardon.
Le sergent Demangel.
Le caporal Dubois.
Les soldats Delvitte, Stocker, Lamy et Lepisquer.

DANS LES SERVICES ADMINISTRATIFS.

Le docteur Gerrier, médecin en chef de l'ambulance.
Lasnier, médecin-major de première classe.

Rousselot, officier comptable de l'ambulance.

Le sergent infirmier-major Mouchard.

Les infirmiers Poujade et Guéry.

Le maréchal des logis Juge.

Le lieutenant de vaisseau Rouvier, commandant supérieur des coolies.

Le maréchal des logis Blanquet du Chayla.

Le caporal Cruveiller.

Le général de Montauban finit par citer l'abbé Trégaro, aumônier supérieur, qui s'est fait remarquer par son courage et son dévouement pendant tout le temps du combat.

Nos braves alliés se sont dignement conduits, et, dans son ordre du jour, le général Grant cite entre autres :

Sir Robert Napier, général divisionnaire.

Crofton, brigadier général de l'artillerie.

Maun, colonel du génie.

Reeves, brigadier général.

L'amiral Hope.

Le colonel Knox, du 67e.

Le colonel Thomas, du 67e.

Le lieutenant-colonel Mac-Mahon, du 44e.

Le major Graham.

Le colonel Travers, de l'infanterie de marine.

Le capitaine Govan, de l'artillerie.

Le lieutenant Rogers, du 44e.

Le lieutenant Barslem, du 67e.

L'enseigne Chaplin, du 67e.

Le soldat Lane, du 67e.

M. l'abbé Trégaro, mis à l'ordre du jour par M. le généra de Montauban après le combat du Pei-ho, et qui vient d'être promu au grade d'officier de la Légion d'honneur, est un ecclésiastique du diocèse de Vannes. Aumônier de la marine depuis 1852, il était en 1853 sur la frégate *Jeanne d'Arc*, portant le pavillon de M. le contre-amiral Laguerre, lorsqu'eut lieu l'attaque de Shang-haï par ce bâtiment : c'est en reconnaissance de son courageux dévouement pendant l'action, qu'il fut nommé chevalier de la Légion d'honneur.

Pendant la campagne de l'Adriatique, M. l'abbé Trégaro était embarqué près de M. le vice-amiral Bouët-Willaumez, en qualité d'aumônier supérieur de l'escadre de siége et des canonnières.

Parti de France, il y a environ six mois, comme aumônier de *la Dryade*, M. l'abbé Trégaro a été momentanément détaché, ainsi que plusieurs de ses collègues de la marine, près du corps expéditionnaire.

Nous voilà donc, après quelques jours de combats glorieux, maîtres de l'embouchure du Pei-ho, de ses deux rives, et enfin de tout le pays jusqu'à Tien-tsin.

Nos canonnières, après avoir rompu les estacades, ont franchi le passage réputé infranchissable, et vont d'une rive à l'autre ravitailler les différentes divisions du corps expéditionnaire qui occupent les forts pris ou abandonnés.

La joie est au comble dans l'armée ; nous sommes heureux d'avoir donné un si prompt démenti aux incrédules qui disaient hautement que les rives du Pei-ho nous serviraient de tombeau, et d'avoir mis à néant en quelques jours les fanfaronnades de l'armée chinoise. Le succès obtenu par l'armée alliée est d'autant plus important, qu'elle n'a perdu qu'un petit nombre d'hommes.

Je vous envoie la notification faite par Hang-fu, gouverneur général et vice-roi du Tché-li, aux commandants en chef des forces anglaises et françaises, le cinquième jour du septième mois de la seizième année du règne de Hieng-fong (21 août).

Cette notification prouve une fois de plus qu'on ne peut se fier aux Chinois.

« Les honorables commandants en chef ont attaqué les forts » par terre et par eau, et se sont emparés de ceux qui sont » sur le côté nord de la rivière. Ce succès atteste la supério- » rité des commandants en chef, et par suite l'armée chinoise » défaite se soumet. En conséquence, les Chinois se sont re- » tirés des forts placés sur le côté sud et consentent à aban- » donner entre les mains des commandants en chef les forts, » les munitions de guerre, les camps fortifiés et les retran- » chements. Le soussigné ordonne qu'on fasse connaître aux » officiers qui pourront être désignés par les commandants en » chef, les positions exactes de toutes les mines qui existent » dans les forts, ainsi que les défenses cachées qui se trou- » vent dans la rivière, afin qu'aucun malheur n'arrive aux » honorables alliés. Il est entendu que la reddition des forts » sera suivie de la cessation des hostilités, et qu'aucun mau- » vais traitement ne sera infligé aux habitants, qui seront » protégés efficacement dans leurs personnes et leurs pro- » priétés. »

Hier, 25 août, nos ambassadeurs, généraux et amiraux, sont partis pour Tien-tsin avec un nombreux état-major et une escorte imposante ; ils arriveront sous peu de jours à Pékin. Après avoir vengé la défaite de 1859, nous n'occuperons une position militaire dans le Céleste Empire que pour soutenir les justes prétentions de l'armée franco-anglaise.

Le point important n'est pas d'obtenir un traité avantageux, mais de contraindre le gouvernement chinois à ne plus l'éluder.

Nous ne demandons, au reste, que l'extension, la sécurité

du commerce, la liberté du culte chrétien, et l'admission de nos représentants officiels dans la capitale de l'empire ; cette fois, les gouvernements de France et d'Angleterre ne sauraient abandonner des gages sérieux de la promesse chinoise.

M. Deschien, lieutenant-colonel d'état-major, nouvellement promu à ce grade, part pour la France, porteur de dépêches pour l'empereur, et d'états de propositions pour le ministre de la guerre.

C'est la quatrième fois que les Européens pénètrent dans le Pei-ho. En 1793, lord Macartney, en 1816, lord Amherst, remontèrent la rivière jusqu'à Pékin ; mais montés sur des barques chinoises, et plutôt en tributaires qu'en vainqueurs. En 1858, le baron Gros et lord Elgin forcèrent la barre du Pei-ho et vinrent jusqu'à Tien-tsin sur des chaloupes canonnières. Cette fois, en l'an de grâce 1860, ces mêmes ambassadeurs iront jusqu'à Pékin et ne signeront que dans la capitale du Céleste Empire un traité qui aura pour conséquence d'augmenter dans ces contrées éloignées la puissance des deux grandes nations alliées, et d'établir d'une façon permanente de nouveaux marchés ouverts à toutes les nations du globe.

CHAPITRE XII

Préparatifs de guerre. — Combat du 18 août, sur la rive droite du Pei-ho. — Sommation des généraux alliés. — Combat acharné du 21 août. — Grande victoire. — Prise du fort du nord. — Les Chinois arborent le pavillon de paix. — Entrevue des officiers français et anglais avec le vice-roi Hang-fou. — Abandon des forts de la rive droite du Pei-ho. — Notification du vice-roi aux généraux alliés. — Départ des ambassadeurs, généraux et amiraux alliés pour Tien-tsin. — Départ pour la France de M. le lieutenant-colonel Deschien, porteur des drapeaux pris sur l'ennemi. — Arrivée des alliés à Tien-tsin. — Importance de la ville au point de vue commercial. — Le Pei-ho. Aperçu pittoresque. — Arrivée des hauts commissaires chinois. — Conférences diplomatiques. — Rupture des négociations. — Départ de l'armée alliée pour Thoung-tcheou. — Mépris des Tartares pour la mort. — Souvenirs historiques. — Étude sur l'armée chinoise.

Tien-tsin, 26 août.

Depuis le 23, les chaloupes canonnières de la flotte alliée, *Dragonne*, *Alarme*, *Avalanche*, *Mitraille*, *Fusée*, *Shang-haï Bang-kok*, commandées par MM. Turin, Dol, Mauduit, Saisset, Salmon et Peyron, lieutenants de vaisseau, et les jonques de transport *Tien-shah* et *Camilla*, naviguent librement sur le Pei-ho.

Le 24, mille soldats d'infanterie anglaise se sont embarqués se dirigeant sur Tien-tsin; le 25, un même nombre de soldats français, se sont également embarqués sur le Pei-ho; nos troupes, composées d'une compagnie de chasseurs, d'une compagnie du 101e de ligne, des spahis et des chasseurs d'Afrique, doivent servirent d'escorte à nos ambassadeurs qui vont obtenir du grand conseil chinois, arrivé à Tien-tsin, l'échange de la ratification du traité et des indemnités de guerre.

Les forts de l'embouchure du Pei-ho sont gardés par le bataillon de fusiliers marins, nos matelos organisés en bataillon et un nombre équivalent de soldats anglais. Dans ces deux forts on a trouvé 110 canons en bronze et de très-grande dimension. Dans ce nombre figurent quelques pièces prises l'an dernier par l'ennemi sur les chaloupes canonnières coulées par l'artillerie des forts. Ces pièces portent encore les initiales de Sa Majestée Britannique.

En examinant la construction, la position et la défense matérielle de ces forts, nous avons acquis une fois de plus la conviction que le plan de campagne conçu par les généraux de Montauban et Grant était le seul possible ; non que ces forts n'eussent pu être détruits par la formidable artillerie de la flotte alliée, mais parce qu'un débarquement, opéré sous le canon de l'ennemi, eût causé une grande perte d'hommes, sans compter les désastres que la flotte n'eût pas manqué d'éprouver.

C'est le 26 août que sont arrivés à Tien-tsin les généraux et ambassadeurs français et anglais. L'amiral anglais Hope et le vice-amiral français Charner, remontant le Pei-ho sur des chaloupes cannonières d'un faible tirant d'eau, ont débarqué le 24. Dès l'arrivée des troupes alliées, plusieurs mandarins, accompagnés d'un grand nombre d'habitants vinrent au-devant des amiraux pour faire leur soumission et demander aide et protection.

Les mandarins Kwei-lang (négociateur du traité de 1858) et Hang-fou, vice-roi de la province de Tché-li, sont nommés hauts commissaires impériaux, à l'effet de négocier à Tien-tsin, avec les ambassadeurs européens : aussitôt leur arrivée, les négociations commenceront.

Dans quelques jours, le baron Gros et lord Elgin, nos ambassadeurs, vont donc renouveler les demandes faites le 15 octobre 1854, par sir John Bowring, ex-gouverneur de Hong-kong, et M. Mac-Lane, ministre des États-Unis, et renouvelées par eux-mêmes en 1858.

La force des armes seule a pu contraindre le gouvernement chinois à accueillir les demandes formulées il y a quelques mois par nos ambassadeurs ; la force des armes aidera, s'il le faut, au maintien des promesses que ne manqueront pas de faire les commissaires de l'empereur du Céleste-Empire. Si le traité est signé à Tien-tsin, c'est à Pékin qu'il devra être ratifié, et, cette fois l'empereur ne dira plus : « L'enceinte impériale de la dynastie céleste est un lieu sacré que ne doivent pas profaner les étrangers. »

Comme toutes les villes chinoises, Tien-tsin est entourée de hautes et épaisses murailles; sa physionomie est semblable à celle de Shang-haï ; seulement, ses rues sont plus larges et aérées, ses maisons plus élevées. Une large chaussée macadamisée relie Tien-tsin à Pékin presque en ligne directe ; cette chaussée est constamment envahie par des voitures chargées de grains et traînées par des mulets, par des coolies qui portent des fardeaux ou par les palaquins des mandarins qui se rendent à la ville céleste. Cette route macadémisée présente sur les voies de communication du même genre établies en Europe l'avantage de ne pas conserver à sa surface les eaux pluviales et de sécher en quelques minutes, aussitôt après que la pluie a cessé.

Les habitants de la ville ont déclaré que les principales routes de la Chine sont construites de la même manière, et que ce procédé est en usage dans le pays depuis plusieurs siècles.

En rapprochant les faits, il est facile de démontrer que le

macadam a dû être importé directement de Chine en Angleterre.

On connaît la célèbre ambassade de lord Macartney, qui, en 1792, put arriver jusqu'à Pékin. Lord Macartney avait pour secrétaire, dans sa mission, sir Georges Staunton, dont le père, riche propriétaire de Bristol, avait pour architecte et pour ingénieur le célèbre Mac Adam. Sir Georges Staunton, après être resté plusieurs années en Asie, revint en Angleterre à la fin de 1799, et fit différentes communications à la Société royale de Londres. Mac Adam exécuta à Bristol, en 1801, et sur ses indications, un route empierrée, et il a donné son nom à ce système, dont l'origine chinoise nous paraît incontestable. On sait que ce système est appliqué aujourd'hui dans le monde entier.

On peut dire que Tien-tsin est le grenier d'approvisionnement de la capitale ; sa population est en grande partie composée de marchands, de dépositaires et de facteurs ; de nombreux coolies sont journellement occupés à transporter les marchandises sur d'immenses chariots aux roues massives, traînés par des bœufs et des mulets, et qui, concurremment avec les jonques du grand canal impérial, contribuent à l'approvisonnement de Pékin. Le faubourg qui longe le grand canal offre le spectacle le plus animé qu'on puisse voir. Outre les denrées alimentaires en blé, en riz, qui y sont accumulées, on peut y voir réunis les produits de tous les pays ; les pelleteries de la Russie, les cotonnades de l'Angleterre, les soieries de France, les draps d'Amériques et l'opium de l'Inde au milieu de toutes les antiquités et curiosités de la Chine.

L'importance commerciale de Tien-tsin est considérable à cause de sa position topographique. En effet, elle est bâtie au point de jonction du grand canal impérial, qui aboutit à la rivière du Pei-ho, et de la grande chaussée qui conduit à Pékin. C'est à cette jonction qu'on a élevé la grande forteresse de

Toung-tcheou, qui, avec les fortifications de Tien-tsin, complète la défense de la route de la capitale.

Au centre de la ville, et à proximité de la rivière de Pei-ho, s'élève un yamoun, ou palais impérial qui en 1858 servit de résidence à notre ambassadeur, le baron Gros.

A peu de distance de la ville, sur les bords du canal impérial, on voit la grande pagode Haï-kouang qui, en 1858, servit de lieu de réunion aux ambassadeurs européens et aux commissaires chinois. Cette pagode, des plus curieuses au point de vue architectural, réunit tous les genres chinois, on peut dire que c'est un des rares monuments de la renaissance chinoise.

De Takou à Tien-tsin on compte dix lieues par terre; mais par le Pei-ho, qui fait d'énormes détours, la distance est une fois plus grande. Le fleuve est étroit, sinueux et d'une navigation difficile; ses sinuosités sont tellement brusques que les chaloupes canonnières, d'une faible tirant d'eau, éprouvent de sérieuses difficultés à se mouvoir; l'amiral Charner et l'amiral Hope savent à quoi s'en tenir, et malgré toute la vigilance possible, ce n'est qu'après de nombreux échouages qu'ils ont pu arriver jusqu'à Tien-tsin.

Les eaux du Pei-ho, sales et boueuses, charient toutes sortes d'immondices, elles sont malsaines et impotables. Nous ne pouvons nous servir que de l'eau des ruisseaux qui viennent y aboutir, et de celle des puits qui sont en assez grand nombre dans les divers quartier de la ville. Ce célèbre cours d'eau que les Chinois appellent aussi Pe-yun-ho, c'est-à-dire grande artère des mouvements du nord, ne passe pas à Pékin, comme on l'a souvent dit, mais s'y relie par un affluent qui, passant par Toung-Tcheou, met Tien-tsin en communication avec la capitale.

C'est cet affluent du Pei-ho qui a été canalisé en 1685 par l'empereur Kang-hi pour favoriser dans la capitale l'arrivage des approvisionnements de toute espèce.

Toung-Tcheou, ville très-commerciale située sur la rive droite du canal à 160 kilomètres de l'embouchure du Pei-ho, n'est éloignée de Pékin que de 20 kilomètres.

Le Pei-ho donnant accès directement dans la capitale, les empereurs de Chine, depuis 1697, y ont élevé sur différents points, et principalement à son embouchure des ouvrages destinés à en défendre l'entrée. Ce sont ces ouvrages, dont les fort de Takou peuvent être considérés comme les principaux, qui ont été enlevés d'une manière si brillante.

Par suite des coups de vents qui soufflent sur les côtes du nord pendant quelques mois, le climat de Tien-tsin durant cette période climatérique, est des plus variables. Ainsi, la température s'abaisse souvent tout à coup de 35 à 40° à 10 et 15°. Ces brusques changements provoquent des indispositions nombreuses dont il est facile de se préserver par des vêtements de flanelle.

Jusqu'à présent, rien de semblable, et l'état sanitaire de l'armée est des plus satisfaisants.

Tien-tsin, 9 septembre.

Le 30 au matin, toute la première division de l'armée quittait le camp de Sing-ho pour se diriger sur Tien-tsin. Le jour même on campait au village de Lang-tchin situé sur les bords du Pei-ho, et le lendemain, 31 août, on arrivait aux portes de Tien-tsin, où l'on avait ordre de s'arrêter. Deux jours après, tout le corps expéditionnaire était au complet.

De Sing-ho à Tien-tsin, le paysage, encore vert, est d'une

monotonie extrême. Près des rives du Pei-ho, çà et là quelques jardins garnis de légumes et d'arbres fruitiers, des fermes ou des maisons isolées, de petits villages construits en boue et d'un aspect misérable; au delà, de vastes plaines entièrement plates qui se perdent à l'horizon; du côté de la mer, d'immenses salines, des lacs de boue liquide dominés par de petits tumulus en terre. Telle est, à vol d'oiseau, la physionomie du pays.

La route que nous avons suivie jusqu'à Tien-tsin était couverte de chapeaux coniques dont quelques-uns étaient ornés de plumes noires, de débris d'arcs, de flèches et de carquois, de bannières, de fusils à mèche, de hallebardes, de paquets de cartouches et de mitraille, d'armes de toute espèce enfin, que les soldats chinois, dans leur fuite précipitée, avaient abandonnés sur le sol.

Depuis notre arrivée aux portes de Tien-tsin nous sommes toujours dans nos campements respectifs : l'infanterie, dans le fort qui, bâti à l'entrée de la ville, la commande complétement ; l'état-major et la cavalerie, dans les faubourgs. Quant à la ville, personne n'y pénètre, pas même les généraux.

Cette mesure a été prise, d'un commun accord, par les généraux français et anglais pour donner toute confiance aux habitants et toute sécurité à l'armée alliée. La ville est entourée d'un mur d'enceinte n'ayant qu'une porte gardée par un fort détachement de nos troupes ; de la sorte, nous sommes massés et prêts à toute éventualité.

A notre arrivée les généraux en chef ont été reçus par le vice-roi de Tien-tsin; les conférences n'ont pas tardé à s'ouvrir entre nos ambassadeurs et les commissaires chinois, et après deux jours passés en discussion, acceptation, rejet, acceptation définitive, il était question de donner aux armées alliées : la somme de *cent quarante-huit millions* pour frais de guerre, l'entrée libre de toutes les villes de l'empire chinois pour notre commerce, et la résidence de nos consuls à Pékin.

Tout était convenu de part et d'autre et nous devions partir le 10 septembre pour Pékin avec deux mille hommes de l'armée alliée pour rendre visite à l'empereur de Céleste Empire et faire ratifier par lui le traité conclu avec le vice-roi de Tien-tsin, quand on nous fit connaître que d'une part l'armée tartare, que nous avons eu à combattre depuis l'ouverture des hostilités, s'opposait au traité de paix et nous défendait l'entrée de Pékin, et d'autre part que les commissaires chinois, alléguant tout à coup le manque de pleins pouvoirs, se refusaient à signer les préliminaires déjà acceptés par eux, et avaient déclaré aux ambassadeurs qu'ils ne pouvaient traiter qu'*ad referendum.*

Ainsi, encore une fois, la vieille question des pleins-pouvoirs est venue mettre tout en suspens. Mais cette fois les ambassadeurs alliés n'ont pas jugé à propos de la respecter avec la même patience que par le passé.

Ce n'est pas que les Chinois aient mis en avant des prétentions nouvelles ou aient dérogé à leurs habitudes diplomatiques. Dans leur théorie pratique, ils n'admettent pas la possibilité qu'un ambassadeur signe un traité que l'empereur ne soit pas libre de rejeter, s'il répugne à la dignité de Sa Majesté. Il en résulte qu'on ne peut jamais savoir si un traité est valable que lorsqu'il est approuvé et signé par l'empereur lui-même, à moins que des commissaires désignés par décret spécial ne soient munis de pouvoirs déterminés; ce qui jusqu'à présent n'a jamais eu lieu.

Il fut convenu, d'un commun accord, entre le baron Gros et lord Elgin, qu'on ferait avancer l'armée alliée jusqu'à Toung-tcheou, grande ville située sur la route de Pékin, à quatre lieues de la capitale. Là seulement les plénipotentiaires français et anglais se montreront disposés à écouter les propositions des commissaires impériaux, munis cette fois de pouvoirs illimités et réels. Si les conditions des alliés n'y sont pas complétement acceptées, nous marcherons sur Pékin.

Au lieu d'y aller en amis, en alliés, nous irons en ennemis; et, avec l'aide de nos canons, il faudra bien, de gré ou de force, qu'on nous reçoive dans la capitale. Une brigade d'infanterie quitte le camp aujourd'hui même pour se porter à quatre kilomètres en avant et servir d'avant garde à l'armée. Nous ne tarderons pas à rencontrer cette belliqueuse armée tartare qui, campée entre Tien-tsin et Pékin, à Thoung-tcheou, n'est pas éloignée de nous de plus de 32 kilomètres.

Tout porte à croire que nous aurons à Thoung-tcheou une très-chaude affaire pour faire décamper l'armée chinoise, qui s'obstine à ne pas nous livrer passage.

Dans les journées des 14, 20 et 21, nous avons été à même de l'apprécier, et en voyant *de visu* l'opiniâtreté et le courage déployés en ces diverses affaires par les soldats tartares, nous sommes forcés de reconnaître que ce sont des adversaires qu'il ne faut pas mépriser. Mais, avec l'aide de Dieu, nous arriverons au but tant désiré. Toute l'armée alliée est superbe et pleine de confiance; les succès remportés sur les bords du Pei-ho n'ont fait que doubler son impatience.

Tout porte à croire que le combat prochain mettra fin aux hostilités et permettra à nos troupes de prendre un repos nécessaire. Depuis notre débarquement, nous avons eu beaucoup à souffrir par suite du mauvais temps. Dans ces contrées, les pluies sont fréquentes, il suffit d'une journée d'eau pour détremper complétement le terrain et rendre la marche difficile, sinon impossible. Aujourd'hui même la brigade Jamin est partie à six heures pour aller camper à quatre kilomètres au-dessus de Tien-tsin, sur la route de Pékin.

Avec une lorgnette on peut apercevoir dans la direction de Pékin, divers campements d'infanterie et de cavalerie tartares ; une certaine agitation semble les animer, et de nombreuses patrouilles de cavalerie viennent parcourir la campagne dans tous les sens.

Nous partons demain pour Thoung-tcheou avec toute l'armée anglaise, et j'espère vous dater ma prochaine lettre de la capitale du Céleste Empire.

Tien-tsin, 10 septembre.

Par suite de ce qui s'est passé à Tien-tsin au sujet des négociations de paix entamées et brusquement rompues, les généraux alliés ont donné ordre de marcher sur la capitale du Céleste Empire.

L'armée alliée est effectivement partie, mais tout porte à croire que les hostilités n'auront pas lieu. Cette croyance est basée sur l'opinion des mandarins chinois qui arrivent du nord; elle est fortifiée par une dépêche du nord, que nous recevons à l'instant, et qui nous annonce que l'empereur de Chine accepte sans conteste toutes les demandes formulées par nos ambassadeurs.

Je comprends combien il doit être pénible au maître absolu d'un si grand empire, de subir des conditions de paix qui le blessent dans son orgueil et dans son autorité despotique; mais cette fois, il ne peut songer à éluder ce que ses hauts commissaires ont admis en principe; et si, contrairement au bon sens, au mépris des traités, à la puissance des faits de guerre accomplis, il voulait de nouveau tenter la chance d'une bataille, une fois de plus la force armée des alliés aurait raison de la duplicité chinoise.

Le parti de la guerre, à la tête duquel se trouve Sang-ko-lin-sin, généralissime des armées chinoises, a, je le sais, de nombreux partisans parmi les Tartares mandchoux qui occupent à Pékin les principales fonctions publiques. Les Tartares, qui composent en partie l'armée Chinoise, sont très-braves, et ne reculeraient pas devant les chances d'un nouveau combat. Ils affrontent volontiers la mort, et, plutôt que de tomber vivants au pouvoir de leur ennemi, ils se frappent eux-mêmes avec leurs armes, et, à défaut, avec tout ce qu'ils trouvent, jusqu'à ce que mort s'ensuive. Mais la valeur personnelle du généralissime chinois, ni le courage, ni le mépris de la mort que peuvent avoir ses troupes, ne sont des motifs suffisants pour engager de nouveau la guerre. Sang-ko-lin-sin peut trouver la mort dans une bataille, et par suite l'empereur pourrait perdre sa couronne. Les rebelles, dont l'audace s'accroît chaque jour, seraient enchantés d'une nouvelle bataille et applaudiraient à la déroute des Tartares.

Le mépris de la mort qu'affectent les Chinois, me rappelle un des incidents de la campagne de 1842.

L'escadre anglaise, sous le commandement de l'amiral Parker, après s'être emparée de Who-sung, de Shang-haï et autres villes, s'avançait, en remontant le grand fleuve Yang-tsé-kiang, jusque sous les murs de Nankin, pour s'emparer de cette ville et intercepter toute communication avec Pékin, par la garde du canal impérial.

La célèbre ville *Chin-kiang-fou*, située sur l'une des rives du grand fleuve, en face de l'île d'Or, ne se rendit qu'après une résistance opiniâtre des Tartares qui la défendaient. Si nos troupes n'avaient pu apprécier la valeur de ces Tartares dans les divers combats livrés il y a quelques jours, sur les rives du Pei-ho, la journée du 21 juillet 1842 suffirait pour établir d'une manière incontestable la réputation de farouche courage que les Tartares ont de tout temps méritée. Chassés des remparts de la ville, après avoir perdu un grand nombre de leurs meilleurs soldats, et perdant tous espoir de vaincre, les Tartares ne voulurent pas du moins abandonner leurs femmes et leurs enfants à la discrétion des vainqueurs ; ils se précipitèrent dans leurs maisons où, de leurs mains, ils poignardèrent femmes, enfants et vieillards ; puis, couverts de sang, ils revinrent au combat se faire tuer dans les rangs de l'armée anglaise ; ceux qui, trop faibles pour porter les armes, étaient restés dans l'intérieur de la ville, se suicidèrent ; le général tartare lui-même, ne voulant pas survivre au déshonneur de la défaite, se brûla dans sa maison.

Le souvenir plus récent de la prise des forts de Takou, le 20 mai 1858, me donne encore un exemple saisissant du courage tartare et de leur mépris de la mort. Le commandant militaire des forts, voyant le feu des siens cesser et les matelots étrangers envahir les batteries chinoises, ne voulut pas survivre à sa défaite, et, saisissant son grand sabre, il se scia lui-même la gorge aux yeux des matelots étonnés.

Ce que j'avance des soldats tartares n'est pas applicable aux Chinois, qui tournent volontiers les talons après la première décharge ; et c'est pour ces derniers seuls que les empereurs du Céleste Empire ont stipulé dans le code militaire les peines disciplinaires les plus rigoureuses pour tous les actes d'irrégularité ou de lâcheté.

On sait combien sont nombreux les points de rapports entre les institutions du vieux monde chinois et ceux de la jeune Europe. L'étude des institutions militaires de la Chine renferme des analogies frappantes avec celle que nous possédons. La composition seule de l'armée présente des anomalies étranges qu'expliquent jusqu'à un certain point l'étendue territoriale de l'empire, l'esprit fondamental du pays et les tendances du gouvernement. Des recherches nombreuses faites sur la matière, puisées à des sources officielles, des observations personnelles m'ont permis de réunir sous forme d'étude spéciale un chapitre consacré à l'armée chinoise, je vous le livre tel quel ; les événements présents peuvent lui donner un intérêt de circonstance.

ARMÉE CHINOISE

Les forces de terre et de mer dont peut disposer l'empereur de Chine s'élève à douze cent mille hommes répandus sur toute la surface de l'empire et partagés en trois grandes divisions. La première comprend les *huit bannières*, composée des Tartares mandchoux, de Mongols et de Han-kiun (Chinois ralliés au gouvernement dès la conquête tartare mandchoue), dont le chiffre total s'élève à 270,000 ; la deuxième comprend les *milices du drapeau vert*, au nombre de 600,000 et composée de Chinois, à l'exception de quelques officiers généraux ; enfin, la troisième comprend la milice urbaine, au nombre de 300,000, espèce de garde municipale dont les fonctions sont de veiller à la sûreté générale.

En dehors de ces trois grandes divisions bien distinctes, il y a l'armée des volontaires, qui, en temps de guerre, doit prendre les armes au commandement de l'empereur. Cette quatrième division, espèce de landwehr, présente un chiffre indéterminé et qu'il n'est possible d'évaluer qu'en raison de l'appel fait par ordre supérieur. Quel qu'il soit, son nombre ne laisse pas que d'être imposant ; et au premier aperçu, on ne peut qu'être étonné qu'une armée aussi considérable soit impuissante à étouffer une rébellion qui, chaque année, augmente de puissance et d'étendue.

Occupons-nous d'abord de la première division, la plus importante, sinon comme nombre, du moins comme composition et valeur militaires.

L'armée dite des *huit bannières* est ainsi divisée :

1re bannière	jaune.	dites bannières supérieures et composées de Tartares mandchoux et Mongols.
2e —	jaune à bordure rouge.	
3e —	blanche.	
4e —	blanche à bordure rouge. . . .	dites bannières inférieures et composées de Tartares mandchoux, Mongols et Hankiun.
5e —	rouge.	
6e —	rouge à bordure blanche. . . .	
7e —	bleue.	
8e —	bleue à bordure rouge.	

Toutes ces bannières sont en outre subdivisées en vingt-cinq corps qui ont d'abord la garde exclusive de Pékin, de la province impériale, puis tiennent garnison dans onze provinces de l'empire, dans la Mandchourie et le Turkestan.

1° Le premier corps, *tsin-kiun-yng*, est la garde impériale attachée à la personne de l'empereur, et chargée du service intérieur du palais impérial comme des vingt-quatre portes de la ville tartare de Pékin.

Il est composé de:

12	officiers mandarins de	1er	rang
12	—	2^e^	—
616	—	3^e^	—
28	—	4^e^	—
272	—	5^e^	—
261	—	6^e^	—

Et de 1,750 sous-officiers et soldats, formant un total de 2,957 hommes.

Tous les officiers de la garde impériale sont nobles, princes ou alliés de la famille impériale ; les sous-officiers et soldats, Tartares, Mongols et Chinois, sortent des trois bannières supérieures, où ils sont choisis parmi les plus braves et les plus dévoués. Toutes les nominations, par suite d'admission ou avancement, sont faites directement par l'empereur sur la présentation du conseil de la garde impériale, composé des officiers généraux et supérieurs. Les règlements particuliers qui régissent les officiers et soldats de la garde sont des plus sévères, et les moindres infractions à la consigne sont punies de la manière la plus rigoureuse, par cent coups de bâton pour les plus légères infractions, par le bannissement et la mort pour les fautes les plus graves.

Vous remarquerez que, sur 2,957 militaires composant la garde impériale, il y a 1,756 sous-officiers et soldats, et 1,201 officiers, nombre presque égal à celui des soldats. L'état-major, très-nombreux, est composé, comme je l'ai dit plus haut, des princes ou alliés de la famille impériale et forme deux classes distinctes : la première comprend les Tartares mandchoux, descendant en ligne directe du fondateur de la dynastie régnante ; la deuxième comprend les branches collatérales, descendant des oncles et frères du fondateur. Parmi ces deux classes, sont des rois, des princes, des ducs, des comtes formant douze degrés de noblesse héréditaire.

Outre la famille royale, il y a en Chine une classe de nobles héréditaires, dont les titres sont transmissibles, mais qui, baissant de degrés à chaque génération, finissent par s'éteindre à la deuxième, troisième, quatrième ou cinquième génération, suivant le degré de noblesse.

Au surplus, la noblesse, en Chine, n'est qu'un titre qui ne constitue en faveur de celui qui s'en est rendu digne, aucun privilége, aucun douaire. Toutes les plus hautes charges de l'État sont remplies par des personnages qui sortent de la dernière classe du peuple et qui ne sont arrivés du dernier rang au premier que par le travail et l'intelligence. Je ne veux pas dire que le favoritisme n'exerce pas son pouvoir en Chine comme partout ailleurs, je constate seulement l'élément populaire dans les rouages du gouvernement chinois.

L'armement de la garde impériale consiste en fusil, sabre, poignard, hallebarde, bouclier, arc et flèches. Une certaine quantité de fusils sont à percussion, mais le plus grand nombre rentre dans la catégorie des fusils primitifs, tels que fusils à pierre et à mèche. La poudre dont on se sert en Chine est d'un grain très-gros, ressemblant assez à notre poudre à canon; elle crasse vite et contribue encore à rendre le tir incertain. Tous les arquebusiers se servent de balles cylindriques ou de cartouches à balle cylindrique, par-dessus lesquelles ils glissent encore des lingots de plomb ou de la grenaille de fer. Leurs connaissances militaires, au point de vue du tir de précision, laissent, vous le voyez, beaucoup à désirer.

La hallebarde est une espèce de lance en bois, terminée par un trident en fer.

L'arc est l'arme primitive et favorite de l'armée chinoise. On le porte en bandoulière ; à côté de l'arc se trouve le carquois en cuivre, qui contient les flèches de plusieurs grandeurs, et armées de pointes ou de tridents en fer. Chaque carquois, divisé en trois compartiments, contient généralement trois grandes flèches, douze moyennes à pointe et douze plus petites à trident. Il y a des carquois qui contiennent cinquante ou soixante flèches.

Quelques escadrons ne portent ni arcs, ni flèches, ni fusils, ni lances, mais seulement un grand sabre qu'ils manient avec une grande habileté.

Tous portent pour coiffure un petit casque orné d'une tête de tigre, et pour vêtement une jaquette à ramages, couverte d'une cotte de mailles faite en chaînettes de fer ; tous portent encore, comme arme défensive, des boucliers ayant un mètre de hauteur, et sur lesquels sont peintes des têtes de tigre ou d'animaux fantastiques à l'aspect terrible.

Aucun cavalier tartare ne se met en route sans sa pipe et son éventail, qu'il maintient dans ses bottes. La grande pipe et l'éventail sont deux choses indispensables qui révèlent les mœurs et les habitudes des soldats du Céleste Empire.

Le deuxième corps des huit bannières, Tsien-fong-yng, entièrement composé de Tartares mandchoux et de Mongols, choisis parmi les meilleurs soldats des huit bannières, est chargé de la garde d'une partie des portes de la ville tartare de Pékin. Ce corps, faisant fonctions d'avant-garde en temps de guerre, est divisé en deux compagnies de fantassins de 966 hommes : la première est armée de sabres et de fusils, la deuxième de sabres, d'arcs et de flèches.

Le troisième corps, Hou-kiun-yng, composé de Mandchoux et de Mongols choisis dans les troupes des huit bannières, est divisé, par parties égales, en cavaliers et fantassins, qui, en temps de guerre, font le service d'éclaireurs, d'ordonnances et de troupes légères pour soutenir les flancs; en temps de paix, ils font le service d'ordonnances, de plantons, de garde-portes et de patrouilles. Ils sont armés, comme les Tsien-fong-yng, de fusils, de sabres, d'arcs et de flèches, et forment un total de 15,274 hommes, dont 1,200 officiers.

Le quatrième corps Hiao-ky-yng, composé de Mandchoux, de Mongols et de Han-kiun, comprend une division d'infanterie, une division de cavalerie, une brigade d'artillerie et l'intendance générale des huit bannières. Il forme un total de 68,000 hommes, dont 3,340 officiers, 36,000 sous-officiers et soldats, 27,000 enfants de troupes, élèves soldats, et 2,500 ouvriers d'administration.

Ce corps, le plus nombreux des huit bannières, embrasse tous les services administratifs de ladite armée : entretien, solde et rations des troupes ; armement, équipement et munitions de guerre ; ordonnancement et contrôle général des dépenses ; division des services civils et militaires.

Les militaires qui font partie du corps *Hiao-ky-yng* sont désignés par le surnom de *Makia*, qui signifie cotte de mailles ; en effet, tous, soit qu'ils appartiennent à l'infanterie, à la cavalerie, à l'artillerie ou à l'intendance, sont armés d'une cotte de mailles. Les compagnies d'archers, celles qui sont armées du sabre ou du fusil, portent en outre un grand bouclier garni de tôle à l'intérieur, et orné à l'extérieur de figures fantastiques, destinées sans doute à effrayer l'ennemi.

Le cinquième corps, composé de Tartares de la province Ssé-tchuen et de Chinois du Fo-kien, sert de troupe d'attaque dans les batailles rangées, dans les assauts ou les abordages. Tous les soldats de ce corps, au nombre de 4,000, sont journellement exercés à des travaux de force et des exercices d'adresse dans lesquels ils excellent. Ils portent une petite cotte de mailles, un casque en tôle et une petite jaquette jaune bordée de bleu. Pour toutes armes, ils n'ont qu'un grand sabre et une espèce de hallebarde terminée par une pointe de fer.

Le sixième corps, Ho-ki-yng, composé de 8,000 Tartares et Mongols, dont le service spécial, en temps de guerre, est le tir du canon et de l'arquebuse, forme deux divisions : l'une destinée à la défense de la capitale, et y tenant garnison ; l'autre, dite de l'extérieur, et campant hors la ville. La première, armée d'arquebuses que les soldats portent en bandoulière, fait le service de l'artillerie de rempart ; la deuxième, armée seulement de petits sabres et de lourdes arquebuses, fait l'office de tirailleurs. Tous portent une casaque de peau épaisse et un casque de métal ; les officiers sont armés d'un sabre court, d'arc et de flèches.

Le septième corps, Pou-kiun-yng, gendarmerie à pied et à cheval, forme un total de 23,000 hommes, dont 557 officiers.

Ce corps de gendarmerie, dont les éléments sont recrutés parmi les Mandchoux, les Mongols et les soldats chinois, des bannières et du drapeau vert, se trouve sous le commandement d'un Mandchou mandarin de première classe, choisi parmi les ministres de l'empereur. Il a pour mission de veiller à l'ordre, à la sûreté générale, à la police de la ville impériale, à la garde des portes, à la surveillance des rues, des barrières et des ponts-levis.

Chaque fois que sort l'empereur, une partie de son escorte est fournie par le corps de la gendarmerie, qui l'accompagne partout où il va.

Ces *Pou-kiun* doivent veiller à l'exécution des lois somptuaires en ce qui concerne les palanquins et la couleur des vêtements, à la circulation de la voie publique, à la propreté des rues, à l'étalage des boutiques autorisées sur la voie publique, à la police spéciale du palais impérial.

Le huitième corps, composé de 6,500 Tartares, Mongols et Chinois, Yuen-ming-yuen-yng, partage avec la gendarmerie le service des rondes et patrouilles, et forme plusieurs compagnies à pied et à cheval, l'une armée de l'arc, l'autre du sabre, une troisième du fusil, et une quatrième de la hallebarde. Ces compagnies portent la cuirasse et une jaquette rouge et blanche.

Le neuvième corps, King-si-yng, chargé de la défense extérieure de la province impériale, forme un total de 18,000 hommes.

Enfin, le dixième corps Ling-tsin-yng, gardes des mausolées, composé de 1,200 hommes, est chargé de la garde spéciale des mausolées, dont le nombre s'élève à dix-sept dans la province impériale.

Les troupes des huit bannières, réparties dans les garnisons diverses des provinces de l'empire chinois, et qui ne viennent dans le Tché-li que sur un ordre spécial de l'empereur, sont ainsi divisées :

		Officiers	Soldats
11e corps, province de	Shan-si	183	9,284
12e —	Chang-tong	62	2,546
13e —	Ho-nan	31	920
14e —	Kiang-sou	118	6,454
15e —	Tche-kiang	115	3,944
16e —	Fo-kien	59	2,463
17e —	Kouang-tong	100	5,265
18e —	Ssé-tchuen	79	2,672
19e —	Hou-pé	181	6,628
20e —	Cheu-si	131	6,588
21e —	Kan-sou oriental	129	5,922
22e —	Kan-sou occidental	147	6,108
23e —	Turkestan	281	14,208
24e —	Mandchourie	1,631	45,010
25e corps,	Mausaulées des provinces	57	550

Les troupes des huit bannières réparties dans les provinces forment un total de . . . . 120,000 hommes.

Celles en garnison dans le Tché-li représentent au total 150,000

L'armée des bannières forme donc un total général de. . . . . 270,000 hommes.

Une seule fois tous les trois ans, toutes ces troupes se rendent dans la capitale pour être passées en revue par l'empereur.

De plus, chaque année, l'empereur désigne un mandarin de l'ordre le plus élevé pour inspecter les divers corps de l'armée disséminés dans les provinces. Ce mandarin exerce les mêmes fonctions que celles que remplissent en France les inspecteurs généraux divisionnaires.

Il a en outre une responsabilité qui, dans les moments difficiles, entraîne la peine de mort. Cet excès de responsabilité, véritable épée de Damoclès toujours suspendue sur la tête des mandarins inspecteurs, est assurément une des causes qui, depuis 1840, ont amené tous les embarras, tous les conflits, toutes les guerres entre les gouvernements européens et l'empereur de Chine, par la dissimulation complète de la vérité déguisée par lesdits mandarins.

C'est en présence de ces mandarins inspecteurs militaires qu'ont lieu les examens des candidats bacheliers, licenciés et docteurs ès lettres qui, par leur réception, acquièrent le droit au rang militaire; c'est en leur présence qu'ont lieu les exercices et les évolutions des troupes de l'armé chinoise. Ces exercices consistent, pour l'infanterie, à tirer des balles et des flèches, à manier le sabre, à bander des arcs, à soulever des poids d'une certaine pesanteur; pour la cavalerie, à manier le sabre et la lance, à tirer des balles et des flèches au galop du cheval, à enlever à la pointe du sabre ou de la lance des objets piqués en terre, à sauter d'un cheval sur l'autre, enfin à faire, avec sa monture, tous les exercices de voltige possibles.

Pour les officiers, il n'y a pas d'arme ni d'école spéciale, comme en Europe; les besoins du service, les vacances dans les cadres et le degré honorifique auquel appartiennent les lettrés décident seuls des nominations militaires; ainsi il suffit d'obtenir le titre de lettré pour être considéré apte à remplir un grade dans une division quelconque de l'armée. Aussi, au point de vue militaire, le corps des officiers est-il composé d'une manière déplorable, et je n'hésite pas à dire qu'une telle composition est une des causes les plus sérieuses de la faiblesse des armées chinoises.

Toutes les milices rassemblées sous l'étendard du drapeau vert (lou-yng), et répandues dans les dix-huit provinces de l'empire chinois, s'élèvent au total de six cent mille hommes, dont soixante mille dans la seule province de Tché-li. Elles sont divisées en cavalerie (ma-ping), en infanterie (pou-ping), et garnisons sédentaires (scheou-ping). Toutes ces troupes fort médiocres ne peuvent rivaliser avec les bataillons tartares, les meilleurs soldats du Céleste Empire ; ces lou-yng sont plutôt des sergents de ville, des douaniers, des gardes-champêtres, des constables, que des soldats; cependant ceux qui tiennent garnison dans le Tché-li, et sur les frontières du nord comme sur les bords de la mer, sont quelquefois appelés à faire un service militant.

Mais la nature des fonctions dont sont chargés les lou-yng doit être une des causes de la faiblesse réelle de ce grand corps ; ainsi, ce sont les milices du drapeau vert qui ont la garde des fleuves, des rivières, des canaux et des digues, des prisons et des prisonniers pendant leur transport, des bateaux chargés de munitions de guerre, de fourrages et de vivres ; ce sont eux qui ont la surveillance des bâtiments en construction sur les chantiers, des greniers d'approvisionnement et des magasins du gouvernement ; ce sont ces mêmes lou-yng qui font le service des côtes pour la répression de la contrebande, de l'intérieur des villes pour la police, et des dépêches pour le service civil et militaire ; ils ont de plus la surveillance des salines et des plantations diverses.

Tous ces soldats sont à l'état de liberté, vivant chacun chez eux, et s'occupant d'agriculture. Ils ne se réunissent qu'à certaines occasions sur un ordre de leur chef, sont peu exercés au maniement des armes, et, par suite de leur organisation mixte, forment de fort mauvaises troupes.

Outre les milices du drapeau vert, il y a la milice urbaine (thou-ping), véritable garde municipale dont les fonctions sont de veiller à la sûreté générale et de maintenir la tranquillité publique. Cette milice, qui relève de l'autorité du mandarin gouverneur de la province, est commandée dans chaque district par un capitaine, trois lieutenants, six sous-lieutenants, quarante sous-officiers commandant à trois cents soldats.

Parmi la milice urbaine (thou-ping), il y a trois divisions différentes qu'on distingue par leur armement spécial : la première (miao-thsiang-ping) est armée de fusils et de sabres ; la deuxième (tchang-tshiang-ping), est armée de lances et de hallebarde ; la troisième (theng-pai-ping) n'a que sabres et boucliers.

Pour uniformes ils portent une coiffure pointue en carton peint et une tunique sans manches, sur laquelle est écrit en gros caractères le mot : thou-ping.

La solde de chaque garde de la milice urbaine est de deux taels (le tael vaut 7 fr. 50) par mois. Si la solde est minime, il est juste de dire que le service militaire est insignifiant. Tous les gardes sont si peu occupés par leurs fonctions militaires, qu'ils passent leur temps, ou une grande partie, sur les marchés ou dans des boutiques, occupés à divers genres de commerce.

Ces trois grandes divisions de l'armée chinoise sont soumises au code militaire qui, publié en **1731**, sous le règne de l'empereur Young-tching, comprend les lois et règlements constitutifs de l'armée, les devoirs des officiers et soldats, et les peines disciplinaires et correctionnelles infligées aux uns et aux autres par suite des sentences rendues par les tribunaux. Suivant la gravité de la faute, les condamnations sont : la suppression de vivres et de solde, l'emprisonnement, la bastonnade et la cangue, le bannissement perpétuel ou limité, le percement du nez et de l'oreille au moyen d'une petite flèche, et enfin la peine de mort.

Les principaux articles du code militaire sont les suivants :

Sera décapité tout militaire qui, dans une action, n'avancera pas, murmurera dans les rangs, ou refusera de battre le gong; tout militaire qui, chargé de transmettre un ordre, le modifiera d'une manière quelconque, ou le divulguera à un tiers; tout militaire qui, dans un rapport, exagérera les services qu'il aura rendus ; tout militaire qui opprimera la population indigène ou étrangère, ou sera convaincu de vol ou de viol; tout militaire qui se permettra d'effrayer ses camarades par des récits mensongers ; tout militaire qui refusera de marcher au combat en simulant une maladie quelconque ou qui donnera une fausse alerte ; tout militaire qui laissera pénétrer dans un camp une personne étrangère sans autorisation spéciale.

Quant à la bastonnade, elle est distribuée pour les moindres méfaits ou délits avec une libéralité parfaite.

Dans toutes les révisions du code militaire, les empereurs de Chine ont toujours cherché, par la rigueur des lois et règlements, à maintenir intacte la discipline militaire et à exalter le patriotisme par la promesse de récompenses. Ces récompenses sont honorifiques et pécuniaires. Toutes sont décernées ou distribuées par le ministre de la guerre, qui statue sur les rapports qui lui sont adressés par la voie hiérarchique, et par l'empereur, qui nomme d'office.

En temps de guerre seulement, la nomination des officiers et sous-officiers appartient à l'officier général commandant en chef; mais encore dans cette situation, il ne peut disposer que de la moitié des nominations à faire, et il faut, pour les rendre valables, qu'il les fasse ratifier par le ministre. S'il n'y a pas urgence, le général doit borner son action à dresser une liste de présentation comprenant les faits de guerre, les distinctions obtenues, la durée des services militaires, l'aptitude, l'intelligence, l'instruction, enfin tous les renseignements touchant l'âge, la famille, la fortune et les agréments personnels de chaque individu.

Pour une action d'éclat, non-seulement les militaires, officiers et soldats, sont nommés à un grade supérieur, mais encore reçoivent une certaine somme d'argent, qui varie en raison du grade de l'individu. S'ils succombent sur le champ de bataille, leurs parents sont nourris aux frais de l'État, et les orphelins reçoivent une indemnité qui varie de 400 à 10,000 francs. Quand la famille d'un officier, décédé dans l'exercice de ses fonctions civiles ou militaires, ne peut subvenir aux frais d'inhumation, elle n'a qu'à adresser une demande à l'administration compétente, et l'État se charge de tout.

Dans les cérémonies funèbres, des détachements de l'arme à laquelle ont appartenu les militaires décédés, escortent le cercueil. En avant du cortége marchent des officiers portant les armes du défunt et son oraison funèbre, qui est transcrite sur une des pierres de la chapelle mortuaire.

Les blessés eux-mêmes, outre l'avancement qu'ils obtiennent toujours, reçoivent une certaine somme d'argent proportionnée à leur grade.

On peut dire que la sollicitude du gouvernement chinois est extrême pour tous les gens de guerre et pour la famille de ceux qui se sont illustrés ou sont morts sur le champ de bataille. Malgré tous ces éléments de force, on est obligé de reconnaître que l'armée chinoise laisse beaucoup à désirer.

Plusieurs causes expliquent la faiblesse réelle de ce grand corps d'armée et l'infériorité personnelle du soldat chinois : d'abord l'étendue considérable de l'empire chinois, qui s'étend depuis les rives de l'Océan au sud jusqu'à la Russie asiatique au nord, depuis l'Indoustan à l'ouest jusqu'à la mer du Japon à l'est ; puis, la politique du gouvernement, qui a, depuis les temps les plus reculés jusqu'à présent, tourné ses efforts vers l'agriculture, en négligeant tous ce qui a trait à l'art militaire. Tous les honneurs sont réservés au corps des lettrés, à qui on donne des mandarinats militaires de préférence à ceux moins lettrés qui ont des connaissances spéciales dans l'art militaire.

Les empereurs de Chine ont toujours agi ainsi dans la crainte de mettre entre les mains de quelques généraux une trop grande puissance dont ils pussent abuser contre le chef de l'État.

Jusqu'en 1644, dura cet ordre de choses, qui ne fut modifié que par les nouveaux conquérants du trône de Chine, les Tartares mandchoux, qui, voyant tout le parti qu'ils pouvaient tirer de la situation, se réservèrent tous les principaux postes de l'armée, la garde exclusive de la ville impériale, et donnèrent à tous les chefs de corps des priviléges exclusifs.

Peu à peu les empereurs tartare mandchoux, amollis par le contact et les mœurs des Chinois, se départirent de ces principes, et l'élément civil reprit le dessus.

Tous les soldats de l'empire sont mariés et adonnés à l'agriculture ; chacun a une partie de terrain qu'il cultive et au soin duquel il donne tout son temps. Les soldats ne quittent la charrue que sous la menace de la cangue ou de la bastonnade, et je puis ajouter que ces peines correctionnelles sont appliquées avec une libéralité qui prouve aussi peu en faveur des suppliciés que des gouvernants. Les exercices militaires n'ont lieu qu'à des intervalles éloignés et avec une mollesse extrême.

En résumé, le soldat chinois ne possède aucune des qualités du soldat européen, mu par l'intelligence, l'instruction, l'amour de la patrie, l'enthousiasme et l'élan, mobiles qui poussent toujours aux grandes choses ; amolli par sa vie sédentaire et contemplative, abruti par ses coutumes et par ses passions, le soldat chinois n'est qu'un bon cultivateur, inhabile à manier une arme.

Je ne fais exception à cette opinion générale qu'en faveur des Tartares mandchoux et des Dakhour, peuple originaire des bords de l'Amour, qui, par leur manière d'être, méritent le nom de guerriers. Ils sont aussi braves et énergiques que les Chinois sont mous et lâches; aussi, connaissant toutes leur valeur, l'empereur actuel en fait grand cas. Ce sont les troupes tartares des huit bannières, appuyées sur les soixante mille hommes de la milice du drapeau vert, que le corps expéditionnaire anglo-français a eues à combattre sur les rives du Pei-ho.

FIN DU TOME PREMIER.

Paris. — Imp. de la Librairie Nouvelle, A. Bourdilliat, 15, rue Breda

TABLE

FIN DE LA TABLE DU TOME PREMIER.

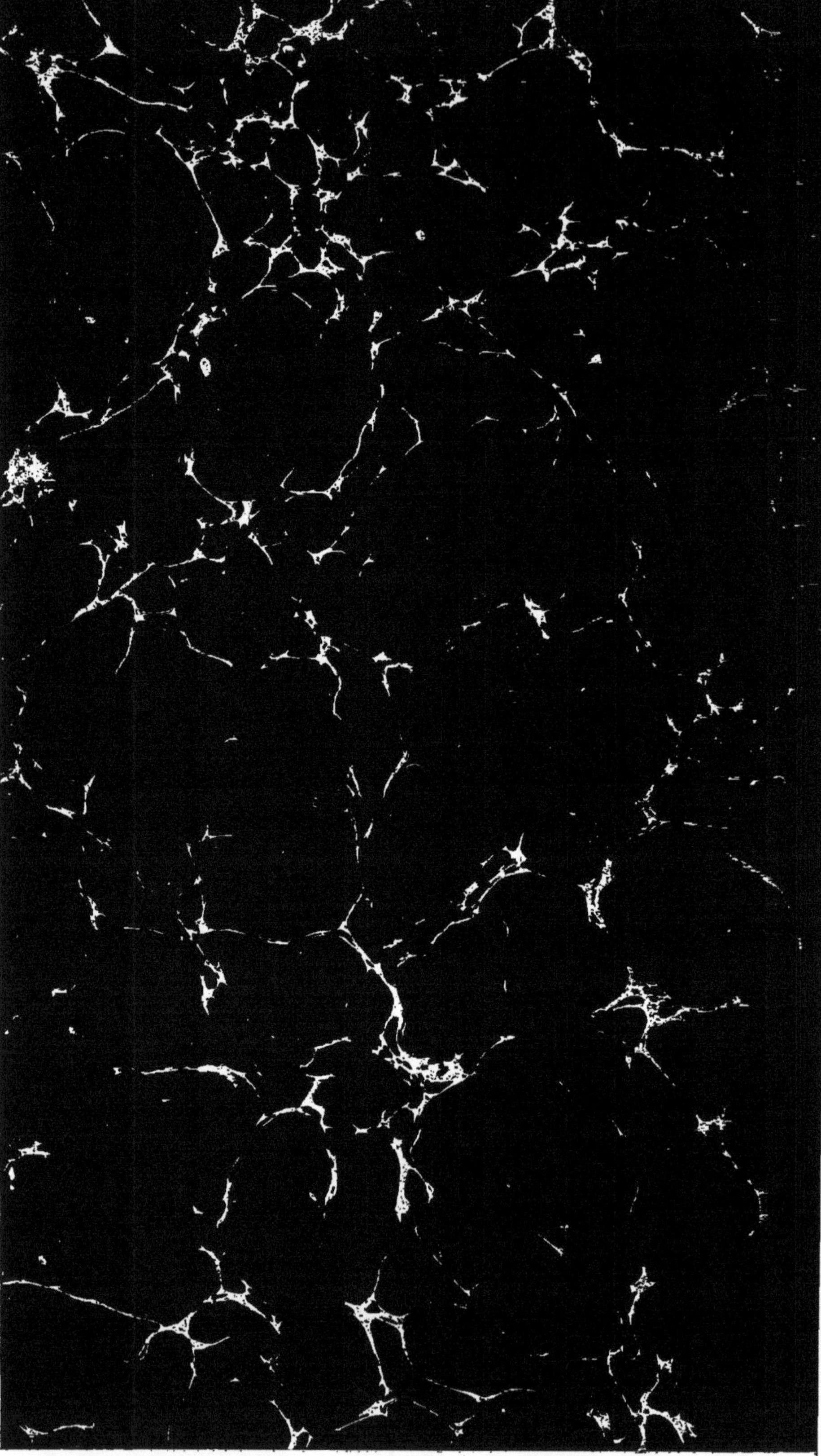

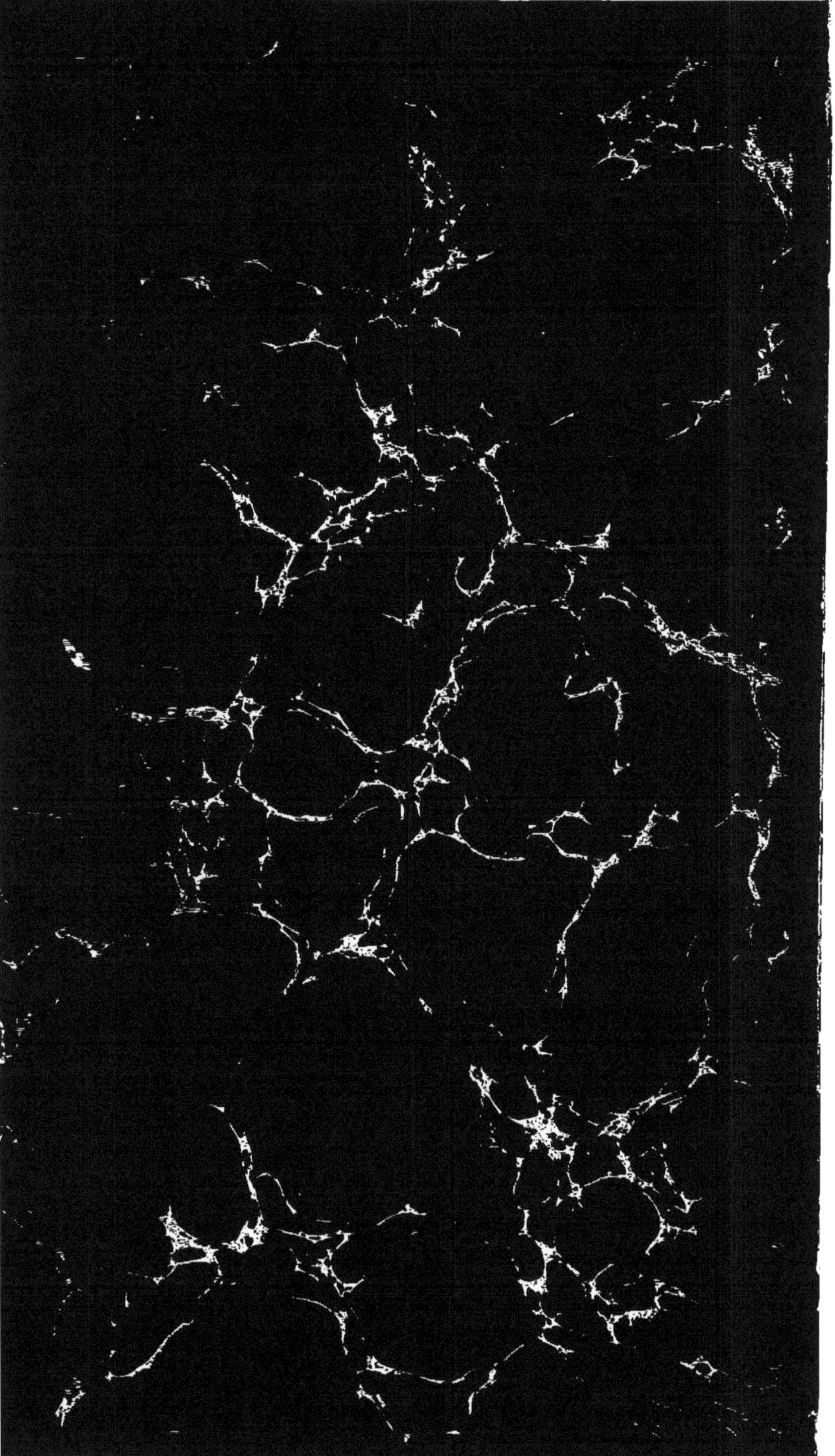

3 7502 04202801 1
BIBLIOTHEQUE NATIONALE DE FRANCE

www.ingramcontent.com/pod-product-compliance
Ingram Content Group UK Ltd.
Pitfield, Milton Keynes, MK11 3LW, UK
UKHW020154250726
13967UKWH00003B/1052

9 782012 889996